뉴미디어 시대의 미디어 리터러시

뉴미디어 시대의 미디어 리터러시
어떻게 읽고 어떻게 쓸 것인가

초판 1쇄 발행 | 2020년 12월 30일

지은이 | 장소원, 이수연, 김혜영

펴낸곳 | (주)태학사
등록 | 제406-2020-000008호
주소 | 경기도 파주시 광인사길 217
전화 | 031-955-7580
전송 | 031-955-0910
전자우편 | thspub@daum.net
홈페이지 | www.thaehaksa.com

편집 | 조윤형 김성천 최형필
디자인 | 이보아 이윤경
마케팅 | 김일신
경영지원 | 정충만
인쇄 · 제책 | 영신사

이 책에 직간접적으로 자료 게재를 허락해 주신 모든 분께 감사드립니다.
저작권자와 연락이 닿지 않아 부득이 허가를 구하지 못한 일부 자료에 대해서는
연락 주시는 대로 적법한 절차를 따르겠습니다.

값 19,500원
ISBN 979-11-90727-50-1 93710

뉴미디어 시대의
미디어 리터러시

장소원·이수연·김혜영 지음

어떻게 읽고 어떻게 쓸 것인가

MEDIA LITERACY

태학사

대학마다 거의 예외 없이 교양과목으로 개설되는 교과목이 대중매체의 언어이다. 서울대학교도 2000년대 초부터 〈대중매체의 언어〉라는 이름의 교과목을 개설해서 뉴스, 영화, 드라마, 대중가요, 광고 등의 언어를 분석하고 그 특성을 공부하다가, 약 10년 전부터 〈미디어 언어의 이해〉로 교과목명을 바꾸어 신문, 텔레비전, 라디오, 인터넷 등 미디어별로 다른 양상을 보이는 뉴스 언어의 특성을 규명하고 학생들로 하여금 직접 TV 뉴스 한 꼭지씩을 만드는 실습을 해 보도록 하는 식으로 강의를 운영해 오고 있다. 2년 전부터는 강좌명을 〈미디어 리터러시의 세계〉로 변경하였는데, 이는 미디어 리터러시에 집중해서 뉴스 읽기와 뉴스 쓰기로 강좌를 크게 이분한 후 학생들의 읽기와 쓰기 능력을 향상시키는 데 도움이 되는 방향으로 운영하고자 하는 취지에서였다.

  시대가 바뀌면서 주가 되는 미디어가 달라지고 있음을 본다. 10년 전만 해도 신문 뉴스와 텔레비전 뉴스를 비교하는 시험 문제를 내는 것이 하나도 이상하지 않았지만 이젠 신문 구독률이 현저하게 떨어져서 신문과 다른 매체를 구분해 보라고 하는 것이 의미가 있을까를 고민하게 되었다. 대신 인터넷 뉴스와 텔레비전 뉴스의 차이를 비교하고 카드 뉴스와 신문 뉴스를 비교하는 것이 매체별 뉴스 특성을 이해시키는 데 더 도움이 되는 것 같아 시험 문제를 내는 방식도 달라지고 있다.

  뉴미디어라고 부르는 새로운 매체들의 등장과 함께 우리의 삶도 바뀌고 있다. 뉴스를 생산해 내는 사람이 더 이상 언론사에 소속된 전업 기자에 제한되지 않고 누구나 1인 미디어를 생산할 수 있게 되었고, 그에 따라 뉴스의 성격도 변화해서 길이도, 문체도 예전과는 확연히 다른 양상을 보인다. 그러나 미디어 생산자의 폭이 넓어지고 미디어를 접하는 방식이 다양해졌다고 해서 '미디어 언어'가 지녀야 할 기본이 바뀐 것은 아니다. 뉴스를 전달하는 매체의 성격은 변화해도 뉴스는 다른 어떤 텍스트보다 간결하고 정확하고 공정해야 한다는 사실은 변화하지 않기 때문이다. 어느 외국어를 배울 때나 고급 단계에 다다르면 대표적인 실용 교재로 예외 없이 텔레비전 뉴스 텍스트를 채택한다는 사실은 뉴스 텍스트가 우리가 접할 수 있는 가장 잘 만들어진 텍스트임을 방증한다. 실제로 뉴스 텍스트를 분석해 보면 꼭 완벽한 것은 아니지만 정확하고 명료하고 압축적인 뉴스 텍스트를 쓰고자 노력하는 것이 느껴진다. 또 뉴스를 읽는 사람은 자신이 읽는 텍스트에 오류가 있으리라고는 상상조차 하지 않는다. 이들을 실망시켜서는 안 된다.

동일한 사건이 어떻게 뉴스로 작성되느냐에 따라 독자에게 끼치는 영향력은 큰 차이를 보인다. 이 책은 단지 정확한 뉴스를 쓰기 위한 지침서가 아니다. 뉴스 읽기를 통해 어떻게 구성된, 어떻게 쓰여진 뉴스가 정확하고 좋은 뉴스인가를 판별하는 능력을 키운다. 그 후에 뉴스 쓰기를 통해 뉴스의 내용을 결정하고 취재와 인터뷰를 해서 뉴스 본문에 포함시키고 제목을 붙여서 어떤 모습의 뉴스로 완성할 것인가를 고민하고 연습하도록 도와주고자 하였다.

또한 뉴스 외에도 다양한 장르의 미디어 언어를 고찰하고 국내외 미디어 언어에 대한 연구를 폭넓게 담아 한 학기 동안 이 책의 순서를 따라 공부한다면 누구나 한 단계 향상된 미디어 리터러시 능력을 갖게 되리라 믿는다.

20년 가까운 시간 동안 현직 기자들의 뉴스를 분석하고 바른 뉴스 작성법의 기준을 설정하고 좋은 뉴스 텍스트를 구성하는 능력을 키우기 위한 단계별 과제를 고민해 왔다. 이 책은 이 수업을 들은 학생들과 같이 고민하면서 얻어진 결과물이다. 또한 2018년과 2019년, 'KAIST-D'LIVE 미디어 융합발전 연구과제'의 하나로 선정되어 2년간 미디어 언어에 대한 분석과 연구에 집중할 수 있었던 것도 이 책의 출판을 마음먹게 된 계기가 되었다. 이 자리를 빌려 ㈜IHQ의 전용주 대표님과 큰 과제 전체를 이끌어 주신 이창우 교수님께 감사드린다. 그리고 다른 학술서에 비해 편집도, 저작권의 해결도 훨씬 어려웠을 것이 분명한데도 책의 출판을 선뜻 허락해 주신 태학사의 지현구 회장님과 김연우 대표님 그리고 편집을 꼼꼼히 챙겨 주신 조윤형, 김성천 님께 감사드린다.

2020년 12월 필자 일동

차례

미디어 리터러시란?

1 미디어 리터러시의 정의

1.1. 미디어 리터러시와 미디어 언어

미디어란?

미디어의 사전적 정의는 '어떤 작용을 한쪽에서 다른 쪽으로 전달하는 역할을 하는 것'(표준국어대사전) 혹은 '정보를 전달하는 매체(媒體)'(정보통신용어사전)이다. 신문이나 잡지와 같은 활자 매체부터 전파를 이용하는 텔레비전, 라디오 등 정보를 전달할 수 있는 모든 매체를 '미디어'라고 할 수 있다.

불과 30년 전만 해도 가정에서 이용할 수 있는 미디어는 신문이나 서너 개의 텔레비전 채널, 라디오 채널이 전부였지만 오늘날의 '미디어'는 훨씬 다변적이고 역동적으로 변화했다. 컴퓨터와 인터넷을 기반으로 여러 정보와 영상, 문자 등을 전달·공유하는 '멀티미디어'는 모바일 기기로도 그 영역을 확장하였고, 시청자들은 텔레비전을 이용하여 지상파 외에도 케이블 TV, 종합편성채널, IPTV, OTT 서비스[1] 등 다양한 방송을 시청할 수 있게 되었다.

미디어 리터러시란?

리터러시(literacy)란 원래 교육의 영역에서 주로 사용되어 온 용어로 문해력, 즉 문장을

---

[1] Over The Top. 전파나 케이블 대신 인터넷으로 드라마나 영화 등 다양한 콘텐츠를 제공하는 서비스를 말한다. 대표적인 OTT 업체로는 넷플릭스, 유튜브 등이 있다.

읽고 쓰는 능력을 의미한다. 좁게는 문자를 읽고 쓰는 일에서부터 넓게는 문자와 시각적 이미지 등 다양한 내용을 이해하고 해석하며 이를 통해 의사소통하고, 콘텐츠를 창작하는 것까지를 포함한다. 따라서 미디어 리터러시란 현대의 미디어에서 제공되는 정보에 접근하여 이를 이해하고 사용·평가하며, 또 미디어를 통해 정보를 생산하는 능력이라고 이해할 수 있다.

혹자는 인터넷과 모바일 기기로 대표되는 현대의 미디어 생태를 '미디어의 권력 이동'이라고 이르기도 하고, 그 어떤 시대보다 수많은 정보에 접근이 가능한 특성을 가리켜 '정보의 홍수'라고 표현하기도 한다. 누구나 손쉽게 원하는 정보를 얻을 수 있고 또 생산해 낼 수 있는 현재의 미디어의 특성을 고려할 때, 무엇보다도 중요한 것은 정보의 비판적 수용이다. 여러 미디어에서 쏟아지는 정보들 중에서 내가 정말 필요로 하는 정보는 어떤 것인지, 해당 정보의 내용이 올바른지, 정보의 출처가 믿을 만한 곳인지 등을 미디어의 소비자가 직접 따져 보아야 하는 것이다. 정보의 생산 과정에서도 마찬가지이다. 미디어의 윤리와 책임을 인식하고 내가 생산해 내는 정보가 정말 정확한지 거듭 확인하여야 한다. 내가 믿고 시청해 온 방송이 거짓 정보를 담고 있을 수도 있고, 내가 무심코 옮긴 가짜 뉴스에 나와 내 가족, 내 친구가 피해자가 될 수 있기 때문이다.

미디어 언어란?

첨단 영상의 시대에서도 미디어를 구성하는 가장 중요한 부분은 언어이다. 정보의 전달은 본질적으로 언어를 매개로 하기 때문이다. 따라서 언어의 이해 능력과 표현 능력은 미디어 리터러시의 가장 핵심적인 영역이라고 할 수 있다. 현대 미디어의 비평적인 수용과 생산을 위해 가장 기본이 되는 것은 미디어 언어를 분석하여 올바른 정보를 가려내고, 개성 있는 표현력을 바탕으로 미디어 언어를 생성하는 것이다.

'미디어 언어'란 미디어에서 사용되는 언어를 말한다. 따라서 현재의 미디어 언어란 신문, 잡지, 텔레비전, 라디오, 인터넷, OTT 서비스 등 다양한 영역에서 사용되는 언어를 모두 포괄한다. 이때 '언어'에는 문자 형태, 음성 형태의 언어는 물론 음조나 억양, 표정이나 몸짓으로 전달되는 준언어·비언어도 포함된다. 다만 '미디어 언어'의 연구에서 '언어'의 범위는 음성과 문자 형태의 언어를 중심으로 다루어져 왔으므로 미디어 언어의 범위는 좁은 범위의 '언어'에 한정하는 것이 효율적일 것이다.

텔레비전 뉴스를 생각해 보자. 뉴스를 진행하는 앵커와 사건의 내용을 전달하는 기자들은 음성 형태의 언어를 사용한다. 그런데 이들이 전하는 말 가운데 중요한 내용은 요약적으로 정리되어 화면의 위와 아래에 문자 형태의 자막으로 표시된다. 시민이나 전문가 인터뷰 역시 자막으로 만들어진다. 그러므로 진행자와 기자의 음성과 화면 자막 등이 모두 미디어 언어의 연구 대상이 된다.

이전에는 '미디어 언어'보다 '방송언어'라는 용어가 활발하게 사용되었다. 그러나 현재의 미디어는 단순히 방송 외에도 다양한 형태의 매체를 포함하고 있으므로 '미디어 언어'는 '방송언어'를 포함하며, 그 외연이 더 넓다. 또한 미디어의 성격에 따라 기존의 방송언어와는 구별되는, 미디어 언어만의 특성을 보이기도 한다. 아래의 화면은 웹드라마 『연애세포』의 한 장면이다. '웹드라마'는 텔레비전이 아닌 인터넷 플랫폼을 통해 서비스되는 드라마인데, 등장인물의 이름과 성격을 소개하는 자막이 화면에서 제법 큰 부분을 차지한다. 이렇게 드라마에 자막이 쓰이는 것은 기존의 드라마에서는 볼 수 없는 방식이다.

〈그림 1〉 웹드라마 『연애세포』

이렇게 미디어가 다양해지면서 미디어 언어의 사용 양상이 달라졌고, 그로 인해 미디어 언어를 정의하기도 어려워졌다. 특히 기존의 '방송언어'에서 전제로 하는 '방송'은 방송 제작자가 제작한 내용을 일방향적으로 전달하였지만, '미디어'의 범위가 인터넷, OTT 서비스 등 다양한 플랫폼으로 확장되면서 제작자와 시청자의 양방향적인 소통이 미디어를 통해 직접적으로 이루어질 수 있게 되었다. 기자가 작성한 기사에 독자들의 댓글이 실시간으로 달리기도 하고, 방송인들이 방송을 하는 중에 시청자들과 채팅을 나누기도 한다. 그렇다면 독자들의 댓글과 시청자들의 채팅 언어도 '미디어 언어'에 포함될 수 있는 것인가?

이러한 상호작용은 오늘날 미디어 언어의 중요한 특성으로, '미디어'의 소비자였던 독자나 시청자들을 미디어의 생산에도 활발하게 참여시킨다. 그러나 미디어의 운영자들은 여전히 이에 대한 편집의 권한과 여과의 책임을 진다. 미디어 언어의 지평이 넓어진 만큼 미디어 언어에 대한 다양한 연구가 가능하지만, 미디어 언어의 책임과 관련하여 다룰 수 있는 미디어 언어의 범위는 어디까지인지 고민이 필요한 시점이다.

1.2. 미디어의 현황[2]

앞에서 살펴보았듯이 현대의 미디어는 다양화되고 그 수도 많아졌다. 이에 다변화된 미디어를 종합적으로 아우르고 총체적으로 분석하기 위해서는 현대의 미디어 현황에 대해 살펴볼 필요가 있다. 여기에서는 2019년 봄에 발간된 『2018 방송영상산업백서』와 『2019 방송매체 이용행태 조사』, 『2019 방송산업 실태조사 보고서』 등의 내용을 바탕으로 방송사의 수, 방송 산업의 규모, 시청률 및 화제성 등의 현황을 파악해 보기로 한다.

방송사의 수와 방송 산업의 규모

『2019 방송산업 실태조사 보고서』에 따르면 2018년도 말을 기준으로 우리나라의 방송 시장에는 총 408개의 사업자가 존재한다. 이 중 프로그램의 제작과 편성을 수행하여 '방송사'라고 부를 수 있는 사업자는[3] 지상파 방송사(총 51개), 방송채널사용사업자(총 172개)이다. 이 중 주요 방송사는 지상파 사업자 중 '한국방송공사(KBS), 문화방송(MBC), SBS, 한국교육방송공사(EBS)'의 4개사와 방송채널사용사업자 중 '채널A, 조선방송(TV조선), JTBC, 매일방송(MBN)(이상 종합편성채널), YTN, 연합뉴스TV(이상 보도전문채널)'의 6개사이다.[4, 5]

『2019 방송산업 실태조사 보고서』에 따르면 2018년 방송사업매출액은 총 17조 3,057억

---

2   1.2.의 일부 내용은 장소원(2018: 4~10)을 발췌·수정한 것이다.

3   유선중계사업자나 IPTV와 같이 방송을 생산하지 않고, 중계하는 업자는 일단 제외한 것이다.

원으로, 이 중 21.9%에 해당하는 3조 7,965억 원을 지상파 방송이, 39.5%에 해당하는 6조 8,402억 원을 방송채널사용사업자가 차지하고 있다.

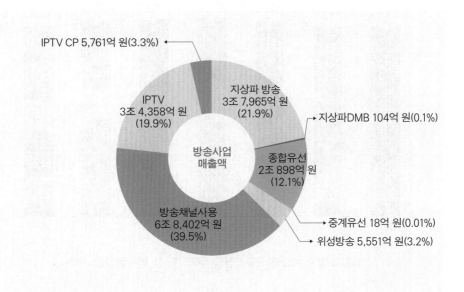

〈그림 2〉 2018년 방송 매체별 방송사업 매출액(『2019 방송산업 실태조사 보고서』)

다만 지상파 방송사가 51개, 방송채널사용사업자가 172개라는 점을 고려할 때, 여전히 지상파 방송은 사업자 수에 비해 방송 산업 전체에 미치는 영향이 크다고 할 수 있다.

시청률과 화제성

지상파 방송이 방송 산업 전체에 미치는 영향이 크다는 사실은 시청률에도 어느 정도 반영이 된다. 다음은 『2018 방송영상산업백서』에 따른 2011년부터 2017년까지의 채널별 연간 가구시청률이다.[6]

---

4   이들은 방송통신발전 기본법 제40조에 의한 재난방송 의무송출 방송사이다.

5   지상파 방송사의 경우, TV 방송사가 30개, 라디오 방송사가 21개이다. 『2019 방송산업 실태조사 보고서』, 66~67쪽 참조.

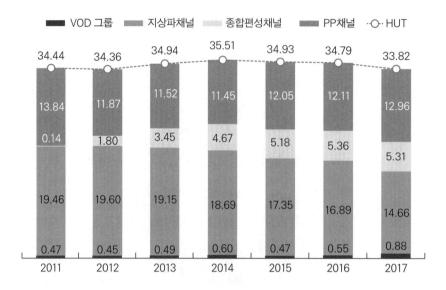

<그림 3> 방송 채널별 가구시청률 동향(『2018 방송영상산업백서』)

2011년부터 2017년까지 지상파 시청률이 감소하고 있기는 하지만, 그래도 여전히 지상파 시청률이 가장 높다. PP채널(케이블채널)[7]의 시청률도 높지만 이는 200여 개의 채널에 대한 시청률의 합이기 때문에 개별 채널로 보면 그다지 높다고 할 수 없다.

그러나 해마다 지상파채널의 연간 가구시청률은 떨어지고 있는 반면, 종합편성채널을 비롯한 방송채널사용사업자가 제공하는 채널의 시청률은 약진하고 있다는 점도 눈여겨볼 만하다. PP채널과 지상파채널 간의 차이는 지속적으로 감소하여 2017년에는 2%p 이내로 줄어들었다. 2011년 12월 개국한 종합편성채널의 시청률은 2016년까지 지속적으로 상승하다가 2017년에는 다소 감소했다.[8] 종합편성채널을 비롯한 비지상파 방송의 지속적인 성

---

6 여기에서는 방송 채널을 크게 4종류로 구분하고 있다. 첫 번째 범주는 지상파채널로 여기에는 KBS1, KBS2, MBC의 지역방송사와 EBS, 그리고 SBS와 지역민영방송사를 모두 포함하였다. 두 번째 범주에는 종합편성 4개 채널(JTBC, MBN, TV조선, 채널A)이 포함되고, 세 번째 범주는 유료방송채널(종합편성채널 이외의 PP채널)이며, 마지막 범주인 VOD에는 디지털 케이블과 IPTV를 통해 제공되는 서비스가 통합되어 있다.

7 『2018 방송영상산업백서』의 PP채널은 종합편성채널을 제외한 '방송채널사용사업자(CJ ENM, tvN 등)'를 의미한다. 흔히 '케이블채널'이라고 지칭하기도 한다.

8 한국콘텐츠진흥원(2019), 『2018 방송영상산업백서』, 192쪽.

장은 시청자들의 관심이 다변화되었다는 것을 의미한다.

또한 VOD 서비스 등으로 인해, 이제는 시청자의 관심을 대변해 주는 지표로 시청률만을 따지기 어려운 것이 사실이다. 이러한 점을 보완할 수 있는 것이 '화제성 지수'이다. 화제성 지수가 시청률을 보완해 준다고 볼 수 있는 까닭은 어떤 프로그램이 반드시 시청률이 높다고 해서 언제나 시청자들 사이에서 화제가 되는 것은 아니기 때문이다. 반면 화제성이 높지만 시청률이 낮은 프로그램도 존재한다. 즉 시청률과 화제성 지수는 서로 무관한 것은 아니지만 충분히 구분이 되는 변수인 것이다.[9] 2020년도의 프로그램들을 예로 들어 보자. 다음은 2020년 2월 첫째 주의 시청률 순위와, TV 화제성 순위이다. 시청률 순위는 닐슨코리아(http://www.nielsenkorea.co.kr)의 자료를, TV 화제성 순위는 굿데이터코퍼레이션(http://www.gooddata.co.kr)의 자료를[10] 참고하였다.

〈표 1〉 2020년 2월 1주차 시청률 순위(닐슨코리아 제공)

순위	방송사	프로그램명
1	TV조선	미스트롯 2부
2	KBS2	사랑은 뷰티풀 인생은 원더풀
3	KBS1	꽃길만 걸어요
4	SBS	낭만닥터 김사부2
5	tvN	사랑의 불시착
6	SBS	스토브리그
7	KBS2	우아한 모녀
8	KBS1	KBS 9시 뉴스
9	KBS1	전국노래자랑
10	MBC	나 혼자 산다

9　박명진(2017)에서는 2016년도에 방영된 드라마를 통하여 이러한 사실을 논의하였다. 결국 시청률과 화제성은 각각 하나씩 축이 되어 '고시청률/고화제성, 고시청률/저화제성, 저시청률/고화제성, 저시청률/저화제성'의 총 4개 영역을 구분해 준다는 것이다.

10　화제성 지수 산출 방법은 연구자마다 다르게 나타난다. 그러나 대부분 방송 시간에 한하여 시청 여부만을 측정하는 시청률과 달리 각 프로그램 방송 후의 온라인 뉴스, 블로그, 커뮤니티, 트위터 등에서 나타난 네티즌 반응을 바탕으로 산출한다는 점에서는 공통적이다.

〈표 2〉 2020년 1월 3주차 TV 화제성 순위 (굿데이터코퍼레이션 제공)

순위	방송사	프로그램명
1	tvN	사랑의 불시착
2	SBS	스토브리그
3	SBS	낭만닥터 김사부 2
4	TV조선	미스터트롯
5	tvN	블랙독
6	JTBC	검사내전
7	SBS	백종원의 골목식당
8	SBS	그것이 알고 싶다
9	MBC	나 혼자 산다
10	KBS2	슈퍼맨이 돌아왔다

위 두 표를 비교해 보면, 종합편성채널이나 케이블채널의 프로그램들이 시청률 부문에서는 지상파보다 평균적으로 낮은 순위를 보이지만 TV 화제성 부문에서는 지상파와 격차를 좁히고 있다. 이러한 사실은 더는 지상파만으로 방송 산업 전체를 속단할 수 없음을 보여준다.

결국 지상파 방송이 여전히 시청률과 매출액 등에서 중요한 위치를 점하고 있지만, 종합편성채널이나 케이블채널의 방송도 점차 그 영향력을 넓혀 가고 있다고 요약할 수 있다. 그러므로 미디어 언어의 연구에서도 지상파 방송뿐 아니라 다른 여러 채널에서 사용하는 언어가 모두 중요하게 포함되어야 할 것이다.

1.3. 새로운 미디어의 출현

뉴미디어─인터넷과 모바일 기기

종합편성채널 및 케이블채널의 강세와 더불어 최근 방송 산업에서 주목할 만한 것은 인터넷이라는 뉴미디어를 바탕으로 한 새로운 방송 콘텐츠의 출현이다. 이들은 지상파 방송이나 유선 방송 등 기존의 방송매체를 통해 전파되는 것이 아니라 인터넷이라는 플랫폼을 바탕으로 전파된다는 점에서 기존의 방송과 큰 차이가 있으며, PC나 모바일 기기에서의 시청에 최적화되어 있다는 특징이 있다. 스마트폰으로 웹드라마를 시청하는 시청자가 50%(『국내·외 방송통신 규제동향 및 사후규제 동향 분석보고서』, 2014)가 넘는다는 사실이 시사하듯이 뉴미디어를 이용하는 주된 방법은 모바일 기기의 사용이다.

　미디어 환경에서 모바일 기기, 특히 스마트폰이 차지하는 비중은 점점 더 커지고 있다. 『2019 방송매체 이용행태 조사』에 따르면 2015년 이후로 사람들은 스마트폰(2017년 56.4%)을 TV(2017년 38.1%)보다 더 필수적인 매체로 인식하고 있다. 이러한 경향성은 연령이 낮아질수록 커지는데, 10~30대의 경우 스마트폰을 필수 매체라 답한 비율이 80%가 넘고 40~50대에서도 TV보다 스마트폰을 필수 매체라고 꼽은 비율이 더 높다.

　다양한 웹 콘텐츠의 출현은 바로 이러한 인터넷의 발달과 모바일 기기의 대중화 등 새로운 매체를 바탕으로 하고 있다. 특히 스마트폰을 통해 짧은 영상 콘텐츠를 즐기는 스낵 컬

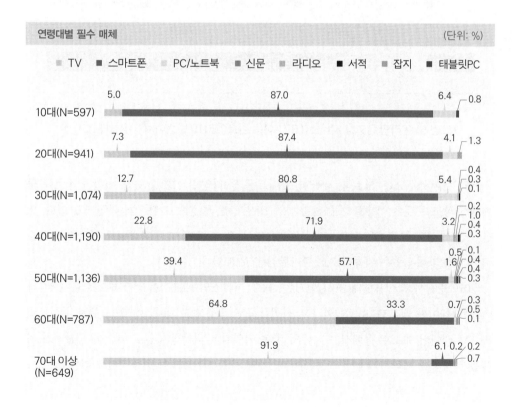

〈그림 4〉 연령별 필수 매체(『2019 방송매체 이용행태 조사』)

처(snack culture)가 유행하게 되었는데, 이들 콘텐츠의 길이는 편당 20분을 넘지 않는 것이 보통이다. 웹 콘텐츠의 제작자들은 뉴미디어 발전의 한 가운데에 있는 세대들을 공략하기 위해 주요 시청자를 스마트폰의 주요 소비 세대인 10~30대로 설정하고 있다.

최근 급성장하고 있는 온라인 동영상 서비스(OTT) 역시 인터넷과 모바일 기기의 발달을 근간으로 하고 있다. 특히 유튜브와 넷플릭스 등의 온라인 동영상 서비스(OTT)는 젊은 연령대의 콘텐츠 이용 습관을 변화시키는 주요 동인 중의 하나다. OTT 서비스의 이용 빈도를 조사한 설문에서 전체 응답자 7,416명 중 36.1%가 이 서비스를 이용하고 있는 것으로 나타났다. 1주일에 5일 이상 OTT 서비스를 이용하는 이용자는 전체 응답자 중 11.1%이고, 1주일에 1~4일 이용하는 사람은 19.4%이다.

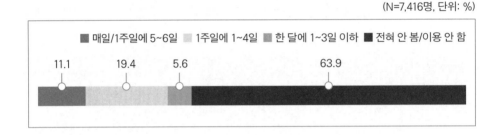

(N=7,416명, 단위: %)

■ 매일/1주일에 5~6일 ■ 1주일에 1~4일 ■ 한 달에 1~3일 이하 ■ 전혀 안 봄/이용 안 함

11.1   19.4   5.6   63.9

〈그림 5〉 온라인 동영상 서비스(OTT) 이용 빈도(『2019 방송매체 이용행태 조사』)

OTT 서비스는 PC, 노트북, 태블릿, 스마트폰 등 다양한 기기를 통해 시간과 장소에 구애받지 않고 콘텐츠 이용을 가능하게 하여 젊은 층을 중심으로 빠르게 확산되고 있다. 또한 최근 완성도 높은 OTT 오리지널 콘텐츠의 제작, 보급 등이 활성화되고 있어 앞으로도 이 서비스의 이용률은 지속적으로 증가할 것으로 보인다.[11]

『2019 방송매체 이용행태 조사』에서는 OTT 서비스의 대표적인 플랫폼으로 유튜브, 페이스북, 네이버 캐스트, 아프리카 TV, 카카오 TV 등을 들고 있다. 이 중 유튜브나 아프리카 TV, 네이버 캐스트 등에서는 기존의 방송 사업자로 허가받지 않은 개인이나 단체가 자유롭게 영상을 제작하고 공유하는 이른바 '개인 방송(1인 방송)'이 선풍적인 인기를 끌고 있

11 한국콘텐츠진흥원(2019), 『2018 방송영상산업백서』, 177쪽.

다. 그러나 이러한 '개인 방송'은 방송법상 '방송'으로 분류되지 않기 때문에 방송 심의의 대상이 아니다. 방송법에서는 허가받은 방송사업자가 해당 채널(텔레비전, 라디오, 데이터 등)을 이용하여 방송프로그램을 송신하는 것을 '방송'으로 설정하고 있기 때문이다. 그러나 인터넷 등의 통신망을 통한 개인 방송의 불법 유해 정보에 대한 시정 요구가 꾸준히 증가하고 있어서 방송통신심의위원회에서는 2015년 '인터넷 방송 가이드라인'을 만들어 자율규제 방안을 제시하기도 했다. 하지만 그 수가 너무 방대할 뿐만 아니라, 현실적으로 직접적인 실시간 모니터링을 하기가 거의 불가능하다. 따라서 이들에 대한 실질적인 규제를 기대하기는 아직 힘든 상황이다.

새로운 미디어의 출현을 통해 미디어가 다변화됨에 따라 미디어 언어의 지평도 넓어지고 있다. 미디어에서 사용되는 언어에 대한 연구도 채널과 프로그램의 특성에 따라 체계화되고 있으며 그 외연도 넓어지고 있다. 다변화된 미디어를 종합적으로 아울러 미디어별 언어 사용을 체계적으로 분석하고 그 결과를 비판적으로 수용함으로써 창조적인 미디어 언어를 생산하는 것이야말로 바람직한 '미디어 리터러시의 세계'를 향한 첫걸음이 될 것이다.

다음 질문에 대한 개인의 생각을 정리한 후, 토론해 봅시다.

- 인터넷을 통한 '개인 방송'의 심의가 필요한가? 또는 필요하지 않은가?

- 그 이유는 무엇인가?

- 심의가 필요하다면 효과적인 심의 방법에는 어떤 것이 있겠는가?

2 미디어 리터러시의 연구—미디어 언어를 중심으로

미디어 리터러시에 관한 연구는 크게 두 가지로 요약할 수 있다. 첫째, 미디어 리터러시의 교육에 관한 연구이다. 교육 분야에서는 주로 미디어를 수용하는 올바른 방법과 학생들이 미디어에 중독되지 않게 하는 방안에 대해 연구한다. 또 하나는 미디어학의 측면에서 미디어 리터러시의 정의 및 미디어 리터러시를 구성하는 여러 요인에 대해 살펴보는 연구이다.

미디어 리터러시의 연구에서 미디어 언어를 집중적으로 살피고 있는 경우는 많지 않다. 그러나 관심을 '미디어 언어' 자체로 돌려 보면, 미디어 언어의 비판적인 수용과 미디어의 생산 및 규제와 관련하여 개인에서부터 국가 기관까지 여러 연구를 살펴볼 수 있다. 여기에서는 미디어 언어 연구[12]의 발자취를 집중적으로 살펴본다.

미디어 언어에 대한 비판적인 연구는 기관에 의해 주도된 연구와 개인 연구자에 의해 행해진 연구로 나뉜다. 기관 연구에는 미디어 언어와 관련된 업무를 수행하는 방송통신심의위원회, 국립국어원에서 수행한 연구와 직접 방송을 제작·송출하는 방송사에 의해 주도된 연구가 존재한다. 개인 연구는 미디어 언어와 관련된 개인의 학술적인 연구 전체를 포함한다. 개인 연구는 그 내용과 범위가 매우 방대하므로 주제별로 나누어 살펴보기로 한다.

---

12 '미디어 언어'라는 용어가 학계에서 사용된 지는 그리 오래되지 않았다. 현재에도 기관 및 개인 연구에서 활발히 사용되는 용어는 '방송언어'이다. 따라서 선행 연구를 살펴보는 기관 연구와 개인 연구 부분에서는 필요에 따라 '방송언어'라는 용어를 사용한다.

2.1. 기관 연구[13]

방송통신심의위원회와 각 방송사에서는 방송 내용의 공공성 보장, 건전한 언어문화 창달과 같은 목적에서 미디어 언어에 대한 실태 조사나 개선 방안을 논의하는 연구들을 진행해 왔다. 국립국어원 역시 언어 규범을 바로잡기 위한 활동의 일환으로, 공공언어를 개선하고 올바른 언어생활을 권장한다는 목적 아래 미디어 언어에 대한 실태 조사를 수행하고 규제 방안을 마련하는 연구들을 진행한 바 있다.

1) 방송통신심의위원회

미디어 언어와 관련된 연구 및 활동을 수행하는 가장 대표적인 기관은 방송통신심의위원회이다.[14] 방송통신심의위원회는 이전의 방송위원회의 방송 심의 기능과 정보통신심의위원회의 정보통신 심의 기능을 통합하여 설립된 기관이다. 방송통신심의위원회는 방송, 통신, 인터넷, 스마트 미디어 등 전자 미디어 전반에 관련된 심의체제를 일원화함으로써 그동안 방송 영역과 정보통신 영역으로 양분되었던 심의 정책의 갈등과 혼선을 효율적으로 조정하는 역할을 해 왔다. 미디어 언어에 관한 심의 및 연구도 중요한 업무 중 하나로 홈페이지 정보마당에서 연구 보고서 및 심의 전문 발간물, 방송언어 모니터링 자료들을 공개하고 있다.

방송통신심의위원회에서 발간한 미디어 언어 관련 연구로는 다음과 같은 것이 있다. 이들은 주로 방송언어의 올바른 사용을 위한 개선 방안이나 길잡이를 제시하는 연구, 혹은 기존 보고서나 방송통신심의위원회 제재 사안을 분석한 연구들이다.

> 2009년 8~10월, 『올바른 방송언어의 확립을 위한 방송언어 개선방안』
> 2009년 11~12월, 『방송에서의 외래어 외국어 오남용 개선방안』, 『올바른 방송언어 사용을 위한 길잡이』
> 2011년 1월, 『방송언어 이용환경 개선방안』

---

13 2.1과 2.2.의 일부 내용은 장소원(2018: 13~43)을 발췌·수정한 것이다.

14 이하 방송통신심의위원회의 기능 및 역할, 관련 연구에 관한 내용은 방송통신심의위원회 홈페이지(http://www. kocsc.or.kr)에 제시된 해당 내용을 정리한 것이다.

2012년 1월, 『방송프로그램 언어 건전성 평가지수 개발 연구』
2012월 1월, 『방송언어 개선을 위한 방송 글쓰기 교육프로그램 개발 연구』
2014년 1월, 『연예오락프로그램의 방송언어 건전성 실태 및 심의 개선 방안 연구』
2015년 1월, 『방송언어에 대한 시청자 및 제작자 인식조사 연구』
2015년 1월, 『방송품위와 방송언어 관계에 대한 문헌 조사』
2015년 9월, 『방송통신심의위원회 심의 제재에 나타난 종편 시사·보도 방송언어 문제점 분석』
2016년 9월, 『예능 프로그램의 자막 사용 점검 및 분석』
2017년 3월, 『방송통신심의위원회 방송언어 제재 실태 분석』
2020년 1월, 『방송프로그램의 언어 사용에 대한 시청자 인식조사』
2020년 1월, 『인터넷에서의 성차별적 혐오표현에 대한 심의 방안 연구』

위의 연구 보고서들은 주로 기존의 '방송언어', 즉 텔레비전이나 라디오 등의 매체를 통해 전달되는 방송에서 사용되는 언어에 대한 연구들이다. 연구 보고서는 사용 실태 파악, 국민 의식 조사, 평가 지수 개발, 개선 방안 제안, 교육 프로그램 개발 등의 세부 내용들로 이루어져 있다. 공통된 문제의식은 현재의 방송언어가 건전성, 윤리성 등에서 많은 문제가 있으며 이들을 개선해야 한다는 것이다.

최근의 연구에서는 심의 기관의 일방적인 규제가 오히려 미디어의 이용 가치를 떨어뜨리거나 과도 규제라는 오해를 불러일으킬 수 있다는 점에 주목하여, 사회적 공감대를 얻을 수 있는 수준의 규제는 어디까지인가에 대해 고민한 연구들도 발견된다. 뉴미디어 사회에 걸맞은 규제 방안이 새롭게 논의되어야 할 필요가 있음을 보여 준다.

미디어 언어에 대한 방송통신심의위원회의 연구들은 크게 세 가지 목적하에서 진행되었다. 첫째는 미디어에서 언어가 어떻게 사용되고 있는지 객관적으로 살피는 실태 조사 연구, 둘째는 오·남용되거나 교정이 필요한 미디어 언어에 대하여 그 규제 방법을 논의하는 개선 방안 연구, 셋째는 미디어 언어와 교육 등 다른 관련 분야와의 상관성이나 적용 가능성에 대해 논의한 응용 연구이다.

2015년 9월, 2016년 9월, 2017년 3월의 실태 조사 연구들은 주로 현행 언어 규범에서 벗어나는 오용 사례나 공공성에 부합하지 않는 언어 표현의 출현 용례나 빈도 등을 확인함으로써 어떤 장르 또는 어떤 프로그램에서 이러한 공공성 훼손이 가장 심하게 일어나는지를 파악하고자 했다는 점에서 공통된다. 이러한 실태 조사 연구는 개선 방안 연구의 바탕이 되는 자료로 사용되기도 하고, 또 규제 필요성을 역설하기 위한 자료로도 적극 활용되고 있다.

2009년, 2011년 1월, 2014년 1월, 2015년 1월의 개선 방안 연구는 실태 조사 연구에서 나아가 공공 언어로서 적합하지 않은 언어 표현이 등장하는 원인 등 미디어 언어의 규제에 대해 주로 논의한다. 특히 앞서 언급한 것처럼 실효성 있는 규제 방안을 마련하기 위하여 규제 방안에 대한 평가 지수 개발, 적용 방법 모색, 인식 분석 등 규제 환경 개선을 위한 유기적인 연구도 함께 진행하였다.

응용 연구는 그 수는 많지 않지만, 2012년 1월의 연구와 같이 미디어 언어 개선을 위한 교육 방안을 모색하는 연구가 특징적이다. 응용 연구의 경우, 방송통신심의위원회보다는 후술할 개인 연구 분야에서 활발하게 진행되고 있다.

최근에는 '방송'에 국한되지 않고 '뉴미디어', '인터넷', '유사방송 콘텐츠' 또는 '스마트 인터넷 및 융합 미디어'를 대상으로 하는 연구도 증가하고 있어 미디어 언어 전반에 대한 연구가 이루어지고 있다. 관련된 목록은 다음과 같다.

2014년 7월, 『방송통신융합에 따른 콘텐츠 규제체계 정비 방안』
2015년 1월, 『융합형 콘텐츠 서비스 실태 조사 연구』
2015년 1월, 『인터넷 공동규제 시스템 정립 방안 연구』
2015년 1월, 『미디어콘텐츠 수평적 규제체계 정립 방안 연구』
2016년 2월, 『2015년 인터넷 불법·유해정보 실태 조사 보고서』
2017년 2월, 『유사방송 콘텐츠 규제 개선 방안 연구』
2017년 2월, 『청소년 유해정보 필터링 S/W 이용 실태 조사』
2017년 2월, 『인터넷에서의 혐오표현(hate speech) 규제개선방안 연구』
2017년 2월, 『외국(독일·프랑스)의 유사방송 콘텐츠 규제 실태 조사』
2018년 1월, 『어린이·청소년 보호를 위한 융합미디어 콘텐츠 이용 실태조사』
2018년 1월, 『뉴미디어 환경에서의 인터넷 내용규제 실효성 제고 방안 연구』
2018년 1월, 『인터넷 개인방송 산업 현황 및 자율규제 조사』
2018년 1월, 『스마트 미디어 시대의 방송통신 내용규제 체계 정립방안 연구』
2018년 1월, 『스마트 인터넷 및 융합미디어 내용규제 방안 연구』
2018년 1월, 『스마트 미디어 시대의 방송 내용 규제 방안 연구』
2019년 1월, 『어린이·청소년 인터넷 개인방송 이용실태조사』
2020년 1월, 『인터넷에서의 성차별적 혐오표현에 대한 심의방안연구』

가장 많은 수를 차지하는 연구는 인터넷상의 미디어 언어에 대한 연구들이다. 관련 규정이 미비한 상태에서 인터넷 방송, 특히 1인 미디어가 급속도로 증가하면서 언어뿐만 아니라 각종 분야의 공공성 문제가 제기되었다. 이에 따라 방송통신심의위원회에서는 전자미디어 전반에 관련된 심의 체계를 정비하기 위해 실태 조사 및 개선 방안에 대한 연구를 진행하면서, 인터넷에서의 미디어 언어도 함께 연구 대상으로 다루었다.

인터넷상의 언어 또는 개인방송의 언어에 대한 연구 또한 실태 조사 연구와 개선 방안 연구로 나뉜다. 특히 실태 조사 연구가 활발히 진행되었는데, 이는 인터넷 미디어의 규모가 상당하고 분야도 다양하므로 분야·장르별 실태 조사가 필요했기 때문일 것으로 보인다. 유해 및 불법 정보에 대한 실태 조사를 통해서 불법 정보 차단과 어린이·청소년 보호 방안을 모색하고자 한 연구도 많았다.

또한 스마트폰이나 태블릿 PC 등 스마트 미디어의 사용이 급증함에 따라 이와 관련된 규제 방안을 마련하기 위해서 실태 조사 연구나 개선 방안 연구가 함께 진행되기도 하였다. 미성년자에게 노출되는 빈도가 잦은 스마트 미디어의 경우, 언어 규범에 어긋나는 표현을 지적하는 데서 더 나아가 교육적 차원에서 미디어 언어를 전면적으로 검토하려는 시도들이 있었다.

한편 방송통신심의위원회에서는 방송언어특별위원회를 구성, 매달 분야별 방송언어 모니터링을 진행하고 그 내용을 홈페이지 정보마당에 공개하고 있다. 현재까지 공개된 자료는 방송언어특별위원회가 2008년 11월부터 2019년 12월까지 진행한 것으로,[15] 199개의 보고서 형식 파일들이다.

2) 국립국어원

국립국어원 역시 미디어 언어와 관련한 실태 조사 및 연구를 추진하고, 이를 바탕으로 미디어 언어의 개선 사항을 지침으로 공표하는 작업을 진행해 왔다.[16] 국립국어원은 국어

---

15 방송통신심의위원회 홈페이지에서 자료를 열람할 수 있다. http://www.kocsc.or.kr/02_infoCenter/info_BroadcastLang_List.php.

16 국립국어원에서의 연구는 국립국어원 홈페이지(https://www.korean.go.kr/)에서 확인할 수 있다.

의 발전과 국민의 언어생활 향상을 목적으로 하는 문화체육관광부 산하 기관으로, 관련 사업을 추진하고 체계적 정책 수립의 기반을 마련하는 역할을 한다. 특히 미디어 언어에 관해서는 정책 추진을 위한 실태 조사와 이를 바탕으로 한 규범 보완, 관련 규제 정책의 제안 등을 추진하고 있다. 또한 외국인을 대상으로 한 한국어 교육의 질적 향상을 위해, 언어 자료로서의 미디어 언어를 교정하는 일에도 관여하고 있다.

한편 국립국어원은 지상파 방송 3사와 협약을 맺고 공동 연구를 추진하여, 토론회를 개최하고 연구 보고서를 제작하는 활동도 수차례에 걸쳐 진행하였다. 공공 언어에 대한 일방적인 규제 방안을 마련하기보다는 방송 제작자의 입장과 환경을 고려하고 이용자의 인식을 반영하기 위한 목적에서 공동 연구를 시행한 것이다. 여기서는 국립국어원이 자체적으로 추진한 연구를 그 성격에 따라 구분하고 방송사와 공동으로 수행한 연구를 보태어 함께 살펴보고자 한다.

방송언어 관련 연구들은 국립국어원의 '공공언어과'에서 주관한다. 공공언어과에서는 미디어 언어와 관련된 공공언어 상시 점검 및 개선 권고나 매체 언어 개선, 공공언어 감수 지원 등의 활동을 하고 있으며, 이 밖에도 미디어 언어 관련 사업을 추진하거나 관련 지침 발간 등의 업무도 함께 담당한다.

국립국어원, 특히 공공언어과의 연구들은 주로 사용 실태 및 오용 사례에 대한 조사 연구와, 지침으로 제시되는 개선 방안 연구로 나뉜다. 후술할 개인 연구에 비해 규범적 역할이 강조되기 때문에 방송언어 사용에 관한 지침을 제시하는 연구들이 다수 확인된다.

① 실태 조사 연구

국립국어원에서 실시한 실태 조사 연구에는 다음과 같은 것들이 있다.

국립국어연구원(2000), 『방송언어 오용 실태 조사』, 국립국어연구원.
국립국어연구원(2001), 『방송 언어 오용 사례』, 국립국어연구원.
국립국어원 외(2007), 『방송 프로그램 제목 언어사용 실태조사』, 국립국어원.
국립국어원 외(2011), 『신문과 방송의 언어 사용 실태 조사』, 국립국어원.
국립국어원 외(2013), 『방송의 저품격 언어 사용 실태 조사』, 국립국어원.

국립국어원(2014), 『방송언어 오용사례』, 생각쉼표.

국립국어원(2000)에서는 KBS, MBC, SBS, EBS 등 4개 방송사의 19개 방송 프로그램을 분야별로 나누어 조사하고, 규범에 맞지 않는 언어 표현들을 사례로 제시하였다. 이들 실태 조사 연구는 주로 오·남용 표현이나 부적절 표현을 나열하는 방식으로 이루어졌기 때문에 주로 2차 연구의 분석 자료로 활용된다.

국립국어원의 실태 조사 연구는 주로 규범적인 입장에서 전개되었기 때문에, 맞춤법이나 표준 발음 등 규범을 준수하지 않는 경우들을 대상으로 한 예가 많다. 이른 시기의 연구들은 방언의 사용이나 유행어의 사용 등에 대해서도 지적하곤 했는데 이는 방송 심의를 준수하기 위한 목적의 연구와 차이를 보이는 부분이다. 방송통신심의위원회나 방송사의 연구들은 주로 잘못되거나 불건전한 내용의 언어 표현을 살피는 반면, 국립국어원은 표준어, 맞춤법, 표준발음법 등 규범을 기준으로 삼고 이에서 벗어나는 표현을 지적하기 때문이다.

② 개선 방안 연구

국립국어원의 개선 방안 연구는 주로 지침으로 제시된 경우가 많다. 즉 개선 방안을 모색하는 단계를 넘어 기준으로서의 규정을 제시한 연구들이 많다. 이는 언어 관련 규범을 제시하는 역할을 수행하는 국립국어원의 연구에서 확인되는 특징적인 점이다.

국립국어원(2011), 『보도 자료 쓰기 길잡이』, 국립국어원.
문화체육관광부 국어정책과(2012), 『한눈에 알아보는 보도 자료 바로 쓰기』, 문화체육관광부 국어정책과.
국립국어원(2014), 『2014년 한눈에 알아보는 공공언어 바로 쓰기』, 국립국어원.
김미형 외(2014), 『2014년 방송언어 개선 사업—재난방송언어 사용 실태 분석 및 개선 방안 연구』, 국립국어원.
국립국어원(2016), 『2016년 한눈에 알아보는 공공언어 바로 쓰기』, 국립국어원.

미디어 언어와 관련된 지침은 공공언어 사용 지침에 포함되기도 한다. 또한 보도 자료 작성 지침은 신문과 방송의 언어 사용과 관련이 깊은데 주로 보도 자료에 사용해야 하는 올바른 표현과 맞춤법 등을 설명하고 있다.

이 밖에도 위탁 연구 등을 통해 국어 교육, 북한의 방송언어와 문화 등 방송언어와 관련된 여러 분야의 쟁점을 정리하고 분석하기도 하였다.

전수태(2002),『북한 방송 용어 조사 연구』, 국립국어원.
이선웅 외(2010),『국어 교육의 관점에서 본 방송언어 연구』, 국립국어원.

③ 방송사와의 공동 연구

국립국어원은 방송사와 협약을 맺고 공동 연구를 진행하여 연구 발표회를 개최하거나 두 기관이 공동으로 저서를 출간하는 등 다양한 연구 성과들을 이룩하였다. 특히 지상파 3사와의 공동 연구 성과들이 대표적인데, 방송언어의 사용 실태 조사 및 개선 방안, 교육 연구 등 다양한 주제들을 다루었다.

(가) MBC

국립국어원은 2005년 4월 MBC 문화방송과 방송화법에 대한 공동연구 협약을 체결하고 바람직한 방송언어의 방향을 제시하며 시청자의 올바른 언어생활을 선도하겠다는 목적에서 공동 연구를 추진하였다. 이에 따라 2005년부터 2008년까지 4년 간 공동 연구 발표회를 개최하였는데 해당 연구의 내용은 다음과 같다.

국립국어원·MBC문화방송(2005), 제1회 국립국어원·MBC문화방송 공동 연구,『방송 보도문 개선을 위한 연구』, 국립국어원·MBC문화방송.
국립국어원(2006), 제2회 국립국어원·MBC 방송 언어 공동 연구,『방송 언어 교육 프로그램의 교수법과 교재 개발』, 국립국어원.

국립국어원 외(2007), 제3회 국립국어원·MBC문화방송 공동 연구,『구어적 의사소통 능력 향상을 위한 교육 프로그램 연구』, 국립국어원·MBC문화방송.

김수정 외(2008), 제4회 국립국어원·MBC문화방송 공동 연구,『사회인을 위한 효과적인 의사소통 교육 연구』, 국립국어원·MBC문화방송.

이 밖에도 국립국어원과 MBC는 방송언어 총서 시리즈로 아래와 같은 논저들을 발간하였다.

국립국어원·MBC(2006),『보도 가치를 높이는 TV 뉴스 문장 쓰기』, 시대의 창.

장소원·신선경·이홍식·신선경(2007),『방송 글쓰기』, 커뮤니케이션북스.

장소원·강재형·정희원·정재은(2007),『방송 화법』, 커뮤니케이션북스.

김성규·최혜원·한성우(2008),『방송 발음』, 커뮤니케이션북스.

총서 1권에 해당하는『보도 가치를 높이는 TV 뉴스 문장 쓰기』는 TV뉴스 보도문을 작성할 때 지침으로 삼아야 할 내용을 중심으로 구성되었고 나머지 3권은 글쓰기와 화법, 발음 등 방송언어의 주요 영역별 지침을 다루고 있다.

(나) SBS

국립국어원은 2005년 10월부터 SBS와 방송언어 발전협약을 체결하면서 방송언어의 발전이 곧 우리 국어의 발전에 밑바탕이 된다는 인식을 공유하여 협약을 체결하게 되었다고 밝힌 바 있다. 2005년의 첫 협약 이후 2006년부터 2010년까지 총 5년에 걸쳐 공동 연구 발표회를 개최하였는데 각 회차마다 주제를 달리하면서 방송언어의 실태 및 개선 사항에 관한 연구들을 발표하였다.

국립국어원·SBS(2006), 제1회 국립국어원·SBS 방송언어 공동 연구,『방송언어의 경어법 개선을 위한 연구』, 국립국어원·SBS.

국립국어원(2007), 제2회 국립국어원·SBS 방송언어 공동 연구,『시청자와 함께하는 방송언어』, 국립국어원·SBS.

국립국어원 외(2008), 제3회 국립국어원·SBS 방송언어 공동 연구,『방송언어의 품격 향상을 위한 아나운서 국어 사용 연구』, 국립국어원·SBS.

조태린 외(2009), 제4회 국립국어원·SBS 방송언어 공동 연구,『방송에서의 외래어·외국어 사용 실태 연구』, 국립국어원·SBS.

국립국어원·SBS(2010), 제5회 국립국어원·SBS 방송언어 공동 연구,『방송 언어와 국어 교육』, 국립국어원·SBS.

그 밖에도 2016년 국립국어원과 SBS는 '존중과 배려의 방송언어'라는 제목으로 공동 연구 발표회를 개최하였다. 최근 방송언어에 대한 관심은 정확성은 물론, 소통성으로도 확장되고 있는데 이는 방송언어에 대한 사회적인 기대와 방향이 변화하고 있음을 보여준다. 2016년 공동 연구 발표는 방송언어에서 소통을 저해하는 다양한 요소를 살펴 존중과 배려의 방송언어로 나아갈 수 있는 대안을 마련하는 것을 목적으로 스포츠 중계방송, 방송 토론 프로그램, 언어 소외 계층을 위한 방송에서의 언어 사용과 오락 프로그램의 자막 사용 등을 다루었다.

(다) KBS

국립국어원과 KBS한국방송은 2005년 8월, 방송언어 공동연구 협약을 체결하고 국어의 발전이 민족의 정체성을 지키고 문화가 발전하는 길이라는 데 인식을 같이하며 방송언어가 모범적인 한국어로 자리매김할 수 있도록 방송언어의 발전을 위해 함께 노력할 것을 협의하였다. 공동연구 협약에서는 방송언어에 알게 모르게 숨어 있는 공정하지 못한 언어 표현을 걸러내고 방송언어가 사회적 가치를 담은 공공성 높은 언어가 될 수 있도록 노력할 계획임을 밝혔다. 또 당시 언론 기관이 참여하는 '정부 언론 표준어 사정 심의회'의 공동 운영 또한 제안된 바 있다.

이 외에도 국립국어원과 KBS는 오락·예능 프로그램의 언어에 대한 지침으로서,『한눈에 알아보는 오락 프로그램 언어 바로 쓰기』(국립국어원·KBS한국어진흥원 2011)를 발간하였다. 여기에서는 방송 심의에서 문제가 되는 예능 프로그램에 주목하여 해당 지침을 마련하고 있다.

국립국어원·KBS한국어진흥원(2011),『한눈에 알아보는 오락 프로그램 언어 바로 쓰기』, 국립국어원·KBS한국어진흥원.

3) 방송사

방송사에서도 자체적으로 연구 논문을 발표하거나 자료집을 편찬하는 등 다양한 연구를 진행하고 있다. 특히 각 아나운서국 산하에 한국어연구회(KBS), 우리말위원회(MBC)라는 조직을 만들어 미디어 언어와 관련한 연구 성과를 일구어 왔다.

① KBS한국어연구회

KBS한국어연구회는 1983년 4월 KBS 아나운서 전체를 회원으로 하여 발족한 이래 30년 간 방송언어 순화와 표준 한국어 보급을 위한 다양한 연구를 수행하였다. 1982년 10월『국민언어연구회 발족을 위한 학술강연회 논문집』이라는 이름으로 연구 논문집을 발간하기 시작했고, 이는 2015년『한국어 연구논문 제65집』에 이르기까지 그 명맥을 유지해 왔다.

방송언어와 관련해서는 1983년부터 2009년까지 총 65편의『방송언어 순화 자료집』을 출간하였고 그중 일부를 모아 1987년과 1988년에는『방송과 표준 한국어』를 발행하였다.

한국방송공사·한국어연구회(1983~2009),『방송언어순화 자료집』, 한국방송공사.
KBS한국어연구회·방송연수원(1985),『한국표준방송언어』, 한국방송공사.
KBS한국어연구회(1987),『방송언어 변천사』, 한국방송사업단.
KBS한국어연구회(1987),『방송과 표준 한국어 제1집』, 한국방송공사.
KBS한국어연구회(1988),『방송과 표준 한국어 제2집』, 한국방송공사.
KBS한국어연구회(1988),『방송언어 연구 논총』, 한국방송공사.
KBS한국어연구회(1989),『아나운서 방송교본 I』, KBS한국어연구회.
KBS한국어연구회(1990),『아나운서 방송교본 II』, KBS한국어연구회.
KBS한국어연구회(1994),『남북한 방송언어의 동질성 회복을 위한 연구』, KBS한국어연구회.
KBS한국어연구회(2006),『세계 한국어 방송인을 위한 방송언어 과정』, KBS한국어연구회.

　　KBS한국어연구회(2007),『해외 한국어 방송인을 위한 우리말 방송 길라잡이』, KBS한국방송·방송위
　　　　원회.
　　KBS한국어연구회(2010),『해외 한국어 방송인을 위한 표준 한국어 방송』, KBS한국어진흥원.

그 외에도 표준어와 표준 발음을 설명하고 적절한 방송언어 용례를 담고 있는『한국표
준방송언어』및『방송언어 변천사』등을 발간하기도 하였다. 90년대에 들어서는 남·북한
언어에 대한 이해를 도모하기 위하여, 그 차이를 개괄하고 이를 통해 통일 시대의 방송언
어의 문제점을 예상하는『남북한 방송언어의 동질성 회복을 위한 연구』도 진행한 바 있다.

　　2000년대에 들어서는 주로 해외 동포를 대상으로 방송을 하는 해외 한국어 방송인에
게 도움이 되는 교육 자료를 발간하는 활동이 이루어졌다. 2006년, 2007년, 2010년의 자
료에는 해외의 한국어 방송인들을 위한 어문 규범, 방송언어의 원리와 이론, 바른 표현, 화
법, 진행 기법 등을 실어 이를 알리고자 하였다.

② MBC우리말위원회

　　MBC우리말위원회는 전문위원을 중심으로 방송언어의 연구와 순화 사업을 진행하는 조
직이다. MBC우리말위원회의 연구 성과는 주로 다음과 같은 보고서 형식으로 발간되었다.[17]

　　MBC우리말위원회(2005), 2005년 1분기 보고서,『고빈도 보도어휘의 활용 방안』.
　　MBC우리말위원회(2005), 2005년 4분기 보고서,『방송 언어 오류 유형 분석─1기 우리말 위원회의
　　　　주간 방송 언어 보고서를 바탕으로』.
　　MBC우리말위원회(2007), 2007년도 우리말위원회 연구 과제,『대선방송 화법 실무지침 개발』.
　　MBC우리말위원회(2008), 2008년도 1분기 우리말위원회 전문위원 연구 과제,『스포츠 중계방송의
　　　　언어─현실과 개선 방안』.
　　MBC우리말위원회(2008),『주간 방송 언어 보고서·우리말 도우미』.

---

17 MBC우리말위원회의 연구보고서는 아직 공개된 것이 많지 않아 아나운서국을 직접 방문하여 보유 자료를 조사
　　하였다.

『주간 방송 언어 보고서·우리말 도우미』[18]는 한 주일 동안의 방송 내용을 바탕으로 방송언어의 문제점이나 순화 대상을 찾아 정리하는 방식으로 구성되어 있으며, 이를 바탕으로 유의해야 할 한국어 표현을 소개하고 있다.

주간 보고서 외에도 분기별 연구 보고서를 출간하여 방송언어와 관련된 다양한 주제를 다루었으며(보도 어휘, 대선 방송 화법, 스포츠 중계 속 언어 등) '방송과 우리말'(2004년 창간호)이라는 이름의 연구모음집을 발간하기도 하였다.

2.2. 개인 연구

방송언어와 관련된 개인의 연구는 그 양이 매우 방대하지만, 주제에 따라 아래와 같이 분류된다.

① 주제별 연구 분류

가. 방송언어의 정의 및 조건

나. 방송언어의 사용 실태

다. 방송언어의 평가

라. 방송언어의 연구 방법론

마. 방송언어를 활용한 연구

(가)~(다)는 방송언어가 갖추어야 할 조건이 무엇인지, 그러한 조건에 부합하지 않는 언어사용상의 오류로는 어떤 것들이 있는지, 방송언어 사용 양상을 평가하는 방법에는 어떤 것들이 있는지 등을 다룬 것이다. (가)~(다)가 방송언어 자체에 관한 것이라면, (라)는 연구 방법론에 관한 것으로서, 방송언어의 연구와 규제가 나아갈 방향을 제시하는 연구들이다. 그 외에 (마)는 방송언어를 국어학이나 국어교육학, 문화 연구 등의 자료로 활용하는 연구들이다.

18 현재 확인 가능한 자료는 2008년 2월부터의 자료이다.

(가)에 해당하는 연구로는 민현식(1999), 김상준(2005), 오새내(2011) 등이 있다. 민현식(1999)에서는 방송언어의 조건을 내용적 조건과 형식적 조건으로 나누어 아래와 같이 제시한다.

② 방송언어의 내용적 조건

가. 객관성, 정확성, 사실성

나. 지식성, 교양성

다. 건전성

③ 방송언어의 형식적 조건

가. 표준어를 써야 한다.

나. 자연스러운 입말체(구어체)를 써야 한다.

다. 간결하고, 쉽고, 논리적인 언어를 써야 한다.

방송언어의 사용 실태를 분석하여 그 문제점을 지적하고, 개선 방안을 제시하고자 한 시도들도 여럿 있었다. 논문 및 저서를 다시 하위분류하면 아래와 같다.

〈표 3〉 방송언어의 사용 실태를 다룬 논문 및 저서

분류	내용	
전반적인 실태 분석	이주행(2004) 박덕유 · 강미영 · 김수진 · 이혜경 · 이옥화 · 김철희(2014)	
자막 언어의 분석	이준환(2011) 이성범(2011)	
장르별 분석	보도	이두원(1996) 임태섭(1999) 장소원(2000, 2013) 윤재홍(2005) 이완수 · 박재영(2013)

장르별 분석	연예 오락	김영용(1999) 김기태(2005) 박은희·심미선·김경희(2014)
	광고	김희재(1996) 편석환(2005)
	어린이 만화	구현정·정수희·김해수(2006)
	인터넷 게임 방송	박정연·황성욱(2016)
대상별 분석	외래어	김수현(2005) 한국어문학교육학회(2015)
	표준어	조민하(2013) 조민하·홍종선(2015)
	발음	유만근(1995)
	음운, 어휘, 문장	최진근(1992, 1993, 1994)
북한 방송언어	이봉원·홍종선(1998) 손범규(2006) 이창환·김경일·박종민(2010) 박종민·이창환(2011)	

이 중 장소원(2000)에서는 보도 방송의 언어를 음운, 어휘, 문장 구성, 표기의 측면에서 분석하여 문제점을 제시하였다. 그 분석 대상 목록은 다음과 같다.

〈표 4〉 장소원(2000)에서 제시한 보도 방송의 문제 언어

문제 언어 기준	예시
음운	
모음	'에'와 '애'의 구별
자음	'ㅅ:ㅆ'의 대립
모음조화	부사형 어미 '아/어'
음장	–
음운현상	경음화, 격음화, 자음동화
억양	특정 지역의 억양을 가졌는가?

어휘	
사투리	–
비속어·은어	–
비표준어	–
난해한 한자어	–
문장구성	
성분호응	
진행형	
명령형	좋은 하루 되십시오
피동형	긴장이 계속되어지고
가능형	좋은 새우젓을 고를 수 있는 방법
사동표현	주차를 시킨 뒤(주차를 한 뒤)
인용격 조사	참 즐거웠다라는 생각과 함께
기타 남용되는 표현	~ㄹ 전망입니다, ~가 예상됩니다
표기	
자막처리 맞춤법	–

방송언어의 평가에 관한 연구는 아래와 같이 크게 세 가지 방향으로 이루어진다.

④ 방송언어의 평가와 관련한 연구의 방향

가. 방송언어의 기준 설정

나. 방송언어의 평가 지수 개발

다. 시청자 인식 조사

평가에 관한 선행 연구로는 김한샘(2011), 박덕유 외(2015), 서은아(2011), 이주행(2005), 주창윤(2017), 황하성 외(2012) 등이 있으며, 이 중 황하성 외(2005)에서 제시한 방송언어 평가 지수는 다음과 같다.

<표 5> 황하성 외(2005)에서 제시한 방송언어 평가 지수

요인	평가 지수
1. 언어의 공손성	극단적이고 과장된 표현의 정도
	고함, 언성을 높이는 정도
	상대방에게 반말을 하는 정도
	특정 신체 부위를 연상시키는 표현의 정도
	통용되지 않는 의미 없는 신조어를 남발하는 정도
	공존하는 고유어 대신 불필요한 외국어를 사용하는 정도
2. 언어의 선정성	성(性)관계, 행위를 연상시키는 표현의 정도
	욕을 하는 정도
	성(性)적 수치심을 유발하는 언어나 표현의 정도
	상대방을 성(性)적으로 유혹하는 표현의 정도
	상대방에게 성(性)과 관련된 차별된 표현을 사용하는 정도
3. 언어의 폭력성	상대방을 위협하고 심리적으로 위축시키는 표현의 정도
	상대방의 인격을 모독하는 표현의 정도
4. 언어의 표준성	한국어 문법에 맞지 않는 표현을 하는 정도
	비속어를 사용하는 정도
	비표준어를 사용하는 정도

그 외 방송언어의 연구 방법론에 관한 논의는 정수희(2007)과 조태린(2017)에서 살펴볼 수 있고, 방송언어를 활용한 연구로는 국어학 및 국어교육과 관련된 이정복(1997), 이성범(2011), 구현정(2016) 등이 있다. 특히 2015년 교육과정에서 '언어와 매체'라는 선택과목이 다시 생겨나면서 이와 관련한 국어교육 측면의 연구도 활발히 이루어졌다(이상우·고보현 2013, 이관규 2017, 신호철 2014, 양영희 2016 외).

한편, 방송언어를 통해 문화 현상을 기술하려는 시도들이 있는데(김형배 2007, 오미영 2007, 김병홍 2012, 오새내 2015), 이들 가운데에는 언어문화를 기술한 것도 있고, 언어를 통해 사회적인 문화 현상을 고찰한 것도 있다.

- 앞에서 언급된 논의 중 가장 관심이 가는 영역을 골라 그와 관련된 선행 연구를 구체적으로 조사해 봅시다.

미디어 언어의 요건

미디어 언어에 대한 사회적 우려

우리는 '미디어 언어'를 '신문, 잡지, 텔레비전, 라디오, 인터넷, OTT 서비스 등 다양한 매체에서 사용되는 언어를 모두 포괄한 것'이라고 정의하였다. 그러나 그렇다고 하여 미디어에서의 언어가 일상에서 사용하는 언어를 그대로 미디어라는 매체를 통해 전달하기만 하는 것은 아니다.

'미디어 언어' 혹은 '방송언어'와 관련된 내용을 포털사이트에서 검색해 보면,[19] 아래와 같이 '개선, 순화, 부적절, 제재' 등의 단어가 보인다.

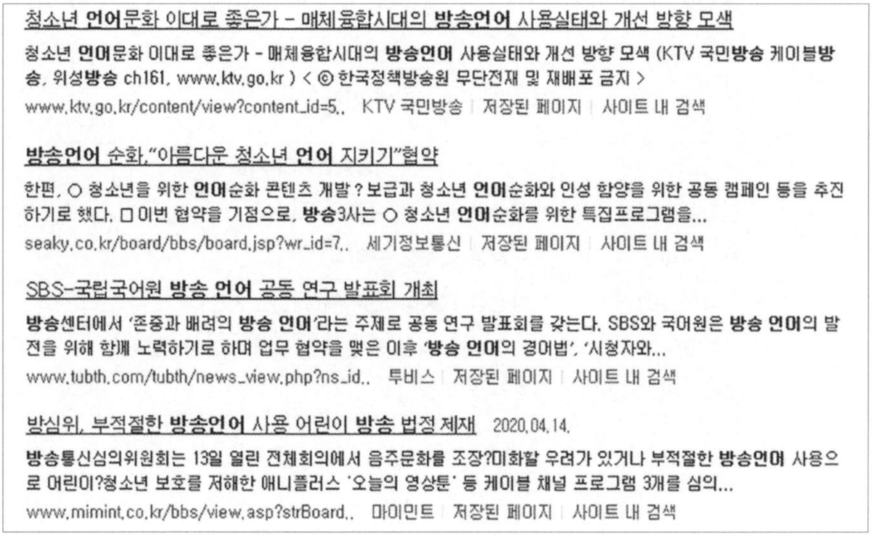

<u>청소년 **언어**문화 이대로 좋은가 - 매체융합시대의 **방송언어** 사용실태와 개선 방향 모색</u>
청소년 **언어**문화 이대로 좋은가 - 매체융합시대의 **방송언어** 사용실태와 개선 방향 모색 (KTV 국민**방송** 케이블방송, 위성**방송** ch161, www.ktv.go.kr) < ⓒ 한국정책방송원 무단전재 및 재배포 금지 >
www.ktv.go.kr/content/view?content_id=5,. KTV 국민방송 ┃ 저장된 페이지 ┃ 사이트 내 검색

<u>**방송언어** 순화, "아름다운 청소년 **언어** 지키기"협약</u>
한편, ○ 청소년을 위한 **언어**순화 콘텐츠 개발？보급과 청소년 **언어**순화와 인성 함양을 위한 공동 캠페인 등을 추진하기로 했다. □ 이번 협약을 기점으로, **방송**3사는 ○ 청소년 **언어**순화를 위한 특집프로그램을...
seaky.co.kr/board/bbs/board.jsp?wr_id=7,. 세기정보통신 ┃ 저장된 페이지 ┃ 사이트 내 검색

<u>SBS-국립국어원 **방송 언어** 공동 연구 발표회 개최</u>
방송센터에서 '존중과 배려의 **방송 언어**'라는 주제로 공동 연구 발표회를 갖는다. SBS와 국어원은 **방송 언어**의 발전을 위해 함께 노력하기로 하며 업무 협약을 맺은 이후 '**방송 언어**의 경어법', '시청자와...
www.tubth.com/tubth/news_view.php?ns_id,. 투비스 ┃ 저장된 페이지 ┃ 사이트 내 검색

<u>방심위, 부적절한 **방송언어** 사용 어린이 **방송** 법정 제재</u> 2020.04.14.
방송통신심의위원회는 13일 열린 전체회의에서 음주문화를 조장？미화할 우려가 있거나 부적절한 **방송언어** 사용으로 어린이？청소년 보호를 저해한 애니플러스 '오늘의 영상툰' 등 케이블 채널 프로그램 3개를 심의...
www.mimint.co.kr/bbs/view.asp?strBoard,. 마이민트 ┃ 저장된 페이지 ┃ 사이트 내 검색

〈그림 6〉 포털 사이트 '방송언어' 검색 화면

이는 미디어와 방송의 언어를 더 품격 있는 것으로 만들어야 하고 개선해야 하는 대상으로 인식하고 있음을 알려 준다. 미디어 언어와 관련해서 '무분별한 언어 사용에 따른 언어문화 파괴'라는 사회적인 우려가 존재하고 있는 것이다.

미디어 언어의 기준과 요건

그렇다면, 미디어 언어는 어떤 점에서 일상 언어와 다를까? 미디어 언어는 다수의 시청자와 청취자를 대상으로 하므로 1회의 발화도 대중에게 큰 영향을 끼친다. 이러한 점에서 미디어 언어는 '공공성'을 지닌다. 김한샘(2011: 4)에서 지적한 바와 같이 각각의 미디어는 독립성과 창의성을 가지지만, 미디어에서 사용되는 언어는 자연스럽게 공공성을 지닐 수밖에 없다. 예능 프로그램에서 사용된 출연자의 말이 사회 전체의 유행어가 되기도 하고, 보도 프로그램에서 사용된 전문 용어가 많은 사람들에게 용인되어 널리 사용되기도 하는 등 미디어에서의 언어는 대중에 대한 파급력을 가지기 때문이다. 또한 미디어 언어는 건전하고 교양이 있는 대상으로 파악되기도 한다. 사람들은 미디어에서 사용된 언어를 모범으로 삼기 때문이다. 즉 '품격성', '건전성' 등도 미디어 언어의 특성이며 미디어 언어가 가져야 할 요건이다.

이렇게 일상 언어와 달리 미디어 언어는 '미디어 언어'로서의 기준을 갖출 것을 요구받는다. 방송언어와 관련하여서는 아래와 같은 기준들을 갖추어야 할 것이 연구된 바 있다.

〈표 6〉 방송언어의 기준

	방송언어의 기준
김한샘(2011)	정확성, 품격성, 공정성, 용이성
서은아(2011)	규범성, 적절성, 용이성
주창윤(2017)	공정성, 정확성, 언어 예절, 인권 존중
이주행(2005)	순정성, 공식성, 공손성, 공정성, 세련성, 용이성
황하성 외(2012)	표준성, 공손성

19 www.daum.net.

박덕유 외(2015)	공정성, 품격성, 용이성, 정확성
박재현·김한샘(2015)	공공성, 공정성, 건전성, 정확성

각 연구가 설정하고 있는 세부 기준은 다르지만, 중복되는 내용과 유사한 요건을 정리하면 다음과 같다.

① 방송언어의 요건
가. 공공성(공식성), 공정성
나. 정확성, 규범성, 표준성
다. 용이성
라. 건전성(품격성), 언어 예절, 인권 존중, 적절성, 세련성, 순정성, 공손성

위의 요건들을 하나씩 구체적으로 살펴보도록 하자.

공공성과 정확성

방송언어는 개인과 개인의 발화가 아니라 많은 사람들에게 전달된다는 점에서 공공성(공식성)을 지니므로 방송에서는 정확하고 규범적인 언어를 사용하여야 한다. 방송에서 전달하는 내용은 틀리거나 과장되지 않고 정확해야 한다. 그러나 방송에서는 시청자들의 눈길을 끌기 위해 사실을 과장하거나 제작자가 내용을 정확하게 파악하지 못해 잘못된 정보를 전달할 때도 있다. 그런가 하면 때로는 출연자들의 발음이 불명확하여 부정확한 내용을 전달하기도 하고, 잘못된 문장을 사용하여 혼동을 주기도 한다.

(1) 문 대통령 "한국 기업 <u>**피해 생기면 필요한 대응**</u>" (SBS, 자막)
(2) 연령대 <u>**클래스**</u>를 뛰어넘은 이강인의 합류 (KBS, 기자)

(1)의 경우 '한국 기업 피해가 생기면 필요한 대응을 하겠다.'라는 의미인지, '(이 대응/전략/정책 등이) 한국 기업 피해가 생겼을 때의 필요한 대응'이라는 의미인지 해당 문장만으

로는 알기 어렵다. (2)의 '클래스'도 어떠한 등급을 의미하는 것 같지만 무엇을 '뛰어넘은' 것인지 해당 문장을 통해서는 알기 어렵다.

또한 보도 프로그램에서는 표준어가 사용되어야 하고, 차별적이거나 소외되는 부분이 없도록 공정한 언어가 사용되어야 한다. 성별, 연령, 지역, 외모, 장애, 학력 등의 요소에 대한 비하나 차별의 언어가 사용되어서는 안 된다. 이러한 점도 방송언어가 전 국민을 대상으로 하는 공공언어의 범주에 포함된다는 점과 연관된다.

(3) **의원님** 태우고 '숙취운전' (MBC, 자막)

(3)에서는 '국회의원'을 '의원님'이라고 칭하고 있다. '의원님'이라고 높여야 할 상황도 아니며 오히려 조롱의 의도로 '의원님'을 사용하고 있는 것으로 보이나 객관적인 표현인 '국회의원'을 사용하는 것이 바람직하다.

용이성

용이성 역시 방송이 전 국민을 대상으로 한다는 점에 맞닿아 있다. 특히 용이성은 사회 구성원들의 소통과 관련되는 특성이다. 한자어, 외래어, 전문 용어 등 너무 어려운 용어나 표현이 사용되거나 특정 세대만 즐겨 사용하는 단어나 표현이 전체 연령을 대상으로 하는 프로그램에서 사용되는 것은 사회 구성원 간의 원활한 소통을 방해한다.

(4) 그 인물과 거의 100% **싱크로율**로 똑같이 방송을 한다고 합니다. (MBN, 앵커)

(5) 오른쪽이 보정, 이른바 **'뽀샵'** 처리를 한 거죠. (MBN, 앵커)

(6) 이른바 **룰메이커**로 경제행태, 거래행태를 바꿀 수 있습니다. (연합뉴스, 자막)

(4)에서는 '동시에 일어나다, 동일하다'의 의미를 가진 영어 'synchro-'와 한자어 '율'이 결합하여 '동일한 정도'를 나타내는 신조어인 '싱크로율'이 사용되었다. 이는 많은 사람들이 쉽게 이해할 수 있는 표현이 아니다. (5)는 '포토샵'을 유행하는 표현인 '뽀샵'으로 바꾸어 말한 경우이다. 이 경우도 문장의 앞부분에 나오는 '보정'을 통해서 해당 내용을 충분히 이

해할 수 있으므로 군이 불필요한 유행어를 사용할 필요가 없다.

(6)의 '룰메이커'는 우리말로 바꿀 수 있는 표현이 현재로서는 존재하지 않는다. 또한 자주 사용되는 용어가 아니라서 어떤 의미인지 쉽게 짐작할 수 없다. 이러한 표현 역시 설명과 함께 사용하는 것이 좋다.

건전성

앞에서 살펴 본 방송언어의 '개선, 순화, 부적절, 제재' 등과 가장 직접적으로 연관되는 부분은 건전성이다. 방송통신심의위원회나 국립국어원 및 방송사의 모니터 프로그램 등에서는 방송언어의 여러 문제점들을 지적하는데, 대부분은 방송언어의 폭력성, 선정성 등 '품격'을 지키지 못해 발생하는 사례들이다. 아래의 예는 비속어, 욕설 등이 사용되어 방송통신심의위원회의 규제를 받은 사례이다.

2018년 SBS 『키스 먼저 할까요?』에 대한 방송통신심의위원회 규제 사례

- 처음 소개 받는 자리에서 안순진이 손무한의 모습을 보고 "정말 눈을 버리게 병맛이죠."라는 독백에 이어 배경음악으로 "웬일인지 낯설지가 않아요. 김새고 있죠. 내 마음을 얼게 한 찐따… 그대에게 난 빅엿을 줄게요."라는 개사한 노래가 들리는 내용, 안순진이 마음속으로 '이런 신발새끼 쌍쌍바 ×카 십팔색 크레용 같은 새끼.'라고 말하는 내용, 안순진이 헤어지고 나오면서 "비까지 처오고 양산도 안 가지고 왔는데. 아 신발새끼 재수가 없으려니까. 아 신발새끼다."라고 말하는 내용,
- 안순진이 손무한에게, "너 내 눈에 다시 한번만 더 띄면 니 잘난 그 거시기 싹둑 잘라 버릴 거다."라고 말하는 내용 등
자극적인 표현을 수차례 사용하여 시청자에게 불쾌감을 유발하고 바른 언어생활을 해치는 내용을 방송하고, 이를 일부 편집하여 청소년시청보호시간대에 재방송한 것은 관련 심의규정을 위반한 것으로 판단되나,
- 중년의 독신남녀 간에 벌어질 수 있는 가상의 현실을 극화하여 보여주는 드라마의 장르적 특성과 기존 유사 심의사례와의 형평성 등을 감안하여, '방송법' 제100조 제1항, '방송심의에 관한 규정' 제27조(품위유지) 제5호, 제44조(수용수준) 제2항, 제51조(방송언어) 제3항에 따라 향후 관련 규정을 준수하도록 권고함.

위 드라마는 이 외에도 여러 언어 표현들로 인해 심의규정을 위반한 것으로 판단되었다. 드라마에서 욕설이 사용되거나 예능이나 코미디 프로그램에서 폭력적·선정적·차별적인 언어 표현들이 사용되어 권고 이상의 징계를 받는 경우도 다수 존재한다.

방송언어가 갖추어야 하는 요건은 공공성, 용이성, 규범성, 건전성으로 요약된다. 미디어 언어 역시 방송언어의 이러한 요건을 포함하여야 한다. 다만 방송이 매체별, 장르별로 갖추어야 할 요건에 차이가 있다는 점을 감안하면 미디어 언어 역시 매체나 장르에 따라 갖추어야 할 요건을 다르게 설정하여야 할 것이다. 예를 들어 뉴스 프로그램에서는 규범 성이 중요하게 지켜져야 하며, 다른 장르의 프로그램에서보다 정확하고(correct), 간결하며(concise), 명확한(clear) 언어가 사용되어야 한다. 반면 드라마나 예능 프로그램에서는 언어 표현의 건전성에 좀 더 초점을 맞출 필요가 있다. 즉 미디어 언어의 요건 역시 방송언어의 요건을 기본으로 하되, 미디어의 다양한 특성을 고려하여 개별 채널에 대한 접근성이나 프로그램의 특성을 반영할 수 있어야 한다.

- 인터넷 방송, 개인 방송 등 뉴미디어에서 지켜야 할 새로운 윤리와 요건은 무엇인가에 대해 생각해 봅시다.

4 미디어 리터러시의 윤리―가이드라인과 규제

미디어가 시청자들에게 미치는 영향이 큰 반면, 미디어에서의 표현의 자유 또한 중요하므로 일방적인 심의나 규제만으로 미디어 언어가 안고 있는 문제를 모두 해결할 수는 없다. 관련 법규를 제정하고 관리 기구를 마련함으로써 미디어가 방송 윤리를 잘 지킬 수 있도록 가이드라인을 만들어 제공한 후, 각 미디어에서 사용하는 언어 표현이 균형을 잘 지키고 있는지 지속적으로 감시할 필요가 있다. 이 장에서는 국내외에서 미디어 리터러시 정립 및 미디어 언어의 올바른 사용을 위해 어떠한 노력을 기울이고 있는지 알아보기 위해 이와 관련된 국내외의 관련 법규와 규제 사례, 가이드라인 등을 살펴보도록 한다.

4.1. 국내 사례[20]

1) 관련 법령

국내 기관의 미디어 언어 가이드라인에 대해 살펴보기에 앞서, 가이드라인 제정의 기반이 되는 법령에 대해 살펴본다. 해당 내용은 국어기본법에 제시된 방송언어에 대한 내용과 방송법에 제시된 언어 관련 조항에 포함되어 있다.

---

20 4.1.과 4.2.의 일부 내용은 장소원(2018: 44~96)을 발췌·수정한 것이다.

① 국어기본법

국어기본법은 국어 정책의 실효성을 확보하고 국어 진흥·육성을 위한 법적·제도적 기반을 마련하기 위해 2005년에 제정되었고, 2011년에 개정되었다. 기본적으로 다른 법령 등에서 관련 사항을 규정하지 않았을 경우 국어기본법에 의해 정해진 바를 따르도록 되어 있다(제5조).

제1장 총칙〔개정 2011. 4. 14.〕

제1조(목적) 이 법은 국어 사용을 촉진하고 국어의 발전과 보전의 기반을 마련하여 국민의 창조적 사고력의 증진을 도모함으로써 국민의 문화적 삶의 질을 향상하고 민족문화의 발전에 이바지함을 목적으로 한다.

제2조(기본 이념) 국가와 국민은 국어가 민족 제일의 문화유산이며 문화 창조의 원동력임을 깊이 인식하여 국어 발전에 적극적으로 힘씀으로써 민족문화의 정체성을 확립하고 국어를 잘 보전하여 후손에게 계승할 수 있도록 하여야 한다.

제3조(정의) 이 법에서 사용하는 용어의 뜻은 다음과 같다.
1. "국어"란 대한민국의 공용어로서 한국어를 말한다.
2. "한글"이란 국어를 표기하는 우리의 고유문자를 말한다.
3. "어문규범"이란 제13조에 따른 국어심의회의 심의를 거쳐 제정한 한글 맞춤법, 표준어 규정, 표준 발음법, 외래어 표기법, 국어의 로마자 표기법 등 국어 사용에 필요한 규범을 말한다.
4. "국어능력"이란 국어를 통하여 생각이나 느낌 등을 정확하게 표현하고 이해하는 데에 필요한 듣기·말하기·읽기·쓰기 등의 능력을 말한다.

제4조(국가와 지방자치단체의 책무)
① 국가와 지방자치단체는 변화하는 언어 사용 환경에 능동적으로 대응하고, 국민의 국어능력 향상과 지역어 보전 등 국어의 발전과 보전을 위하여 노력하여야 한다.
② 국가와 지방자치단체는 정신상·신체상의 장애로 언어 사용에 어려움을 겪고 있는 국민이 불편 없이 국어를 사용할 수 있도록 필요한 정책을 수립하여 시행하여야 한다.

제3장 국어 사용의 촉진 및 보급〔개정 2011. 4. 14.〕

제15조(국어문화의 확산)
① 문화체육관광부장관은 바람직한 국어문화가 확산될 수 있도록 신문·방송·잡지·인터넷 또는 전광판 등을 활용한 홍보와 교육을 적극적으로 시행하여야 한다.

이 중 제3장(국어 사용의 촉진 및 보급) 제15조에서 대중매체의 국어 사용에 대한 부분을 다루고 있다. 세부 사항은 정해져 있지 않으나, '국민의 올바른 국어 사용에 이바지하도록'이라는 부분에서 대중매체의 국어 사용에 부여된 역할과 의무가 분명히 드러나 있다. 이는 이후에 살펴볼 방송통신심의위원회 방송심의에 관한 규정 등에 반영되어 있다.

② **방송법**

한국에는 방송법이 존재하여 이 법이 방송의 운영과 규제의 근거가 되고 있다. 현재의 방송법은 1987년에 제정된 것이며 2004년부터는 방송과 통신을 함께 효율적으로 규율하기 위하여 데이터 방송 및 멀티미디어 방송의 도입 근거 규정을 마련하였다.

방송법은 방송의 정의 및 방송 소유 제한, 방송통신위원회에 대한 규정을 두고 있으며 총 9장으로 이루어져 있다. 방송언어와 관련된 주요 내용은 다음과 같다(밑줄은 이 책에서 추가함).

第1章 총칙

第1條 (目的) 이 法은 방송의 자유와 독립을 보장하고 방송의 공적 책임을 높임으로써 시청자의 권익보호와 민주적 여론형성 및 <u>국민문화의 향상을 도모</u>하고 방송의 발전과 공공복리의 증진에 이바지함을 목적으로 한다.

第5條 (放送의 公的 責任)
① 放送은 인간의 존엄과 가치 및 민주적 基本秩序를 존중하여야 한다.
② 放送은 國民의 화합과 조화로운 國家의 발전 및 민주적 輿論形成에 이바지하여야 하며 <u>지역간·세대간·계층간·성별간의 갈등을 조장하여서는 아니 된다.</u>
③ 放送은 <u>타인의 名譽를 훼손하거나 權利를 침해하여서는 아니 된다.</u>
④ 放送은 범죄 및 부도덕한 행위나 사행심을 조장하여서는 아니 된다.

---

⑤ 放送은 건전한 가정생활과 아동 및 청소년의 선도에 나쁜 영향을 끼치는 음란·퇴폐 또는 폭력을 조장하여서는 아니 된다.

第6條 (放送의 공정성과 公益性)

① 放送에 의한 報道는 공정하고 객관적이어야 한다.

② 放送은 성별·연령·직업·종교·신념·계층·지역·인종 등을 이유로 放送編成에 차별을 두어서는 아니 된다. 다만, 종교의 선교에 관한 專門編成을 행하는 放送事業者가 그 放送分野의 범위 안에서 放送을 하는 경우에는 그러하지 아니하다.

③ 放送은 國民의 윤리적·정서적 감정을 존중하여야 하며, 國民의 기본권 옹호 및 국제친선의 증진에 이바지하여야 한다.

④ 放送은 國民의 알권리와 표현의 자유를 보호·신장하여야 한다.

⑤ 放送은 상대적으로 소수이거나 이익추구의 실현에 불리한 집단이나 계층의 이익을 충실하게 반영하도록 노력하여야 한다.

⑥ 放送은 지역사회의 균형 있는 발전과 민족문화의 창달에 이바지하여야 한다.

⑦ 放送은 사회교육기능을 신장하고, 유익한 생활정보를 확산·보급하며, 國民의 문화생활의 질적 향상에 이바지하여야 한다.

⑧ **放送은 표준말의 보급에 이바지하여야 하며 언어순화에 힘써야 한다.**

⑨ 放送은 政府 또는 특정 집단의 정책 등을 公表함에 있어 의견이 다른 집단에게 균등한 기회가 제공되도록 노력하여야 하고, 또한 각 정치적 이해 당사자에 관한 放送프로그램을 편성함에 있어서도 균형성이 유지되도록 하여야 한다.

第3章 방송위원회

第20條 (放送委員會의 設置) 放送의 公的 責任·공정성·公益性을 실현하고, 放送내용의 질적 향상 및 放送事業에서의 공정한 경쟁을 도모하기 위하여 放送委員會(이하 이 章에서 "委員會"라 한다)를 둔다.

第33條 (審議規程)

① 委員會는 放送의 공정성 및 공공성을 審議하기 위하여 방송심의에 관한 규정(이하 "심의규정"이라 한다)을 제정·공표하여야 한다.

② 第1項의 심의규정에는 다음 各號의 사항이 포함되어야 한다.

1. 헌법의 민주적 기본질서의 유지와 인권존중에 관한 사항

2. 건전한 가정생활 보호에 관한 사항

3. 아동 및 청소년의 보호와 건전한 인격형성에 관한 사항

4. 공중도덕과 사회윤리에 관한 사항

5. 양성평등에 관한 사항

6. 국제적 우의 증진에 관한 사항

7. 장애인등 방송소외계층의 권익증진에 관한 사항

8. 민족문화의 창달과 민족의 주체성 함양에 관한 사항

9. 보도·논평의 공정성·공공성에 관한 사항

10. 언어순화에 관한 사항

11. 第99條 및 第100條의 規定에 의한 是正 및 제재조치에 관한 사항

12. 기타 이 法의 규정에 의한 위원회의 심의업무에 관한 사항

방송법의 방송언어와 관련된 논의는 크게 두 가지 주제로 분류된다. 첫째는 방송법에서 명시된 표준어와 언어순화에 관한 것이다. 제1장 총칙의 제6조 '공정성과 공익성'의 항목에서는 '방송은 표준말의 보급에 이바지하여야 하며 언어순화에 힘써야 한다.'라고 명시하고 있으며, 제3장 방송위원회의 제33조에서도 방송위원회에서 언어순화에 관한 방송심의 규정을 제정하여야 한다고 명시하고 있다.

한국어에서 표준어는 규범 언어의 자격을 가지고 있고, 의사소통의 불편을 덜기 위해 전 국민이 공통적으로 쓸 공용어의 자격도 가지고 있다. 따라서 방송에서 전 국민의 원활한 의사소통을 위해 표준어를 사용하는 것은 당연한 일이다. 그러나 이 조항이 방송의 모든 프로그램에서 표준어만 사용해야 한다는 것을 의미하는 것은 아니다. 제6조의 4항에서는 국민의 '표현의 자유'가 존재한다는 것을 밝히고 있으며 특정한 장르에서 지리적인 특성이나 문학적인 느낌을 표현하기 위해 방언을 사용하는 것이 방송의 공정성이나 공익성에 위배된다고 할 수 없기 때문이다. 이 조항과 관련된 방송통신심의위원회의 규정 제51조 2항과 3항에서 좀 더 구체적인 설명이 이루어지고 있다.

방송통신심의위원회 규정 제51조(방송언어)

② 방송언어는 원칙적으로 표준어를 사용하고, 고정 진행자는 방송 중 표준어를 사용하여야 한다. 다만, 불가피하게 사투리를 사용하는 때에는 특정 지역 또는 인물을 희화화하거나 부정적으로 묘사하여서는 아니 된다.〔개정 2014. 1. 9.〕

③ 방송은 바른 언어생활을 해치는 억양, 어조 및 비속어, 은어, 유행어, 조어, 반말 등을 사용하여

> 서는 아니 된다. 다만, 프로그램의 특성이나 내용전개 또는 구성상 불가피한 경우에는 예외로 한다. (개정 2014. 1. 9.)

여기에서는 방송법의 '표준어 사용'과 관련하여 원칙적으로는 표준어를 사용하며, 방송의 고정 진행자들은 모두 표준어를 사용하여야 한다고 하였다. 3항에서는 표준어가 아닌 언어를 사용할 수도 있지만 이때에도 특정 지역이나 인물을 희화화하거나 부정적으로 묘사하여서는 안 되며, 국민의 건전한 정서를 해치지 않는 선에서 가능하다고 규정하였다.

또한 방송언어는 언어 순화에 힘써야 한다. 언어 순화란 외국어, 외래어, 일본어 잔재 등을 다듬어 순화 및 표준화하는 것을 의미한다. 현재 국립국어원에서는 공공언어 통합 지원 및 공공언어 감수를 통해 공공언어 및 공공용어를 번역하고 다듬고 있다. 문화재 안내문 표기, 안내 방송 등 국민을 대상으로 하는 공공언어 및 원활한 의사소통을 방해하는 낯선 외래어와 외국어, 어려운 한자어 등을 쉬운 우리말로 다듬는 것이다. 방송에서는 이러한 언어 순화 내용을 대중들에게 알리고, 방송의 진행자들 역시 순화어를 적극적으로 사용할 필요가 있다. 이러한 사항은 방송위원회의 방송심의에 관한 규정에서도 다루어져야 한다고 방송법 제3장 제33조 10항에도 명시되어 있다. 순화어와 관련된 방송통신심의위원회의 심의 규정은 다음과 같다.

> 방송통신심의위원회 규정 제52조(외국어 등)
> 방송은 외국어를 사용하는 경우 국어순화 차원에서 신중하여야 한다.

위 규정은 외국어를 사용하는 경우에 한정되어 있다. 국어순화 차원에서 외국어를 사용할 때에 신중할 필요가 있다는 것이다. 특히 최근에는 새로운 분야의 전문 용어나 유행어가 외국어로 많이 만들어지고 있으므로 방송은 새로운 외국어를 사용하기 전에 순화어를 찾고 살필 의무가 있다.

방송법의 방송언어와 관련된 두 번째 논의 사항은 방송에서 쓰이는 각종 언어 표현에 관한 내용이다. 방송법에서 언어와 관련된 조항으로 명시적으로 드러나 있지는 않지만, 방송은 지역간·세대간·계층간·성별간의 갈등을 조장하여서는 안 되며 건전한 가정생활과 아동 및 청소년의 선도에 나쁜 영향을 끼치는 음란·퇴폐 또는 폭력을 조장하여서는 안 된다. 또한 국민의 윤리적·정서적 감정을 존중해야 한다는 점이 명시되어 있다. 이러한 내용은 방송 내용 선정, 배치, 출연자들의 행동 등을 통해서 나타날 수도 있지만 대부분은 언어를 통해 전달된다. 방송에서 막말, 반말 등을 사용하여 출연자들을 비하하거나 인격을 무시하는 사례, 비속어나 은어를 사용하여 국민 정서에 악영향을 끼치는 사례는 매우 많으므로 이와 관련된 구체적인 제재 방안이나 규정이 필요하다. 이와 관련된 현재의 방송심의에 관한 규정은 다음과 같다.

방송통신심의위원회 규정 제27조(품위 유지)
방송은 품위를 유지하기 위하여 시청자의 윤리적 감정이나 정서를 해치는 다음 각 호의 어느 하나에 해당하는 표현을 하여서는 아니 되며, 프로그램의 특성이나 내용 전개 또는 구성상 불가피한 경우에도 그 표현에 신중을 기하여야 한다.
1. 불쾌감을 유발할 수 있는 과도한 고성·고함, 예의에 어긋나는 반말 또는 음주 출연자의 불쾌한 언행 등의 표현
2. 신체 또는 사물 등을 활용하거나 의도적으로 무음·비프음, 모자이크 등의 기법을 사용한 욕설 표현
5. 그 밖에 불쾌감·혐오감 등을 유발하여 시청자의 윤리적 감정이나 정서를 해치는 표현

제30조(양성평등)
① 방송은 양성을 균형있고 평등하게 묘사하여야 하며, 성차별적인 표현을 하여서는 아니 된다.

언어적 표현은 방송의 표현과 관련된 규정에서 함께 다루어진다. 반말 또는 욕설, 불쾌감·혐오감을 유발하는 막말 등은 방송의 품위를 저해하고 시청자의 윤리적 감정이나 정서를 해치는 표현으로 규제되고 있다.

다음 절에서는 방송법을 통해 마련된 위원회인 방송통신심의위원회와 각 방송사의 규정들을 살피고, 실제 규제 사례 등을 통해 해당 규정의 실효성에 대해 논의하도록 한다.

2) 기관 및 방송사 규정

① 방송통신심의위원회

(가) 방송심의에 관한 규정

방송통신심의위원회에서는 지상파 방송 및 종합편성채널, 유선 방송 및 인터넷 멀티미디어 방송에 대한 방송 내용 심의[21]를 시행하며, 방송언어 가이드라인을 제정 발표한다. 방송통신심의위원회규칙에 포함된 방송심의에 관한 규정[22]은 다음과 같다.

제1장 총칙

제7조

② 방송은 국민의 윤리의식과 건전한 정서를 해치지 않도록 하여야 한다.

〈16〉 방송은 바른말을 사용하여 국민의 바른 언어생활에 이바지하여야 한다. 〔신설 2015. 10. 8.〕

제8절 방송언어

제51조(방송언어)

① 방송언어는 원칙적으로 표준어를 사용하고, 고정 진행자는 방송 중 표준어를 사용하여야 한다. 다만, 불가피하게 사투리를 사용하는 때에는 특정 지역 또는 인물을 희화화하거나 부정적으로 묘사하여서는 아니 된다. 〔개정 2014. 1. 9.〕

② 방송은 바른 언어생활을 해치는 억양, 어조 및 비속어, 은어, 유행어, 조어, 반말 등을 사용하여서는 아니 된다. 다만, 프로그램의 특성이나 내용전개 또는 구성상 불가피한 경우에는 예외로 한다. 〔개정 2014. 1. 9.〕

제52조(외국어 등) 방송은 외국어를 사용하는 경우 국어순화 차원에서 신중하여야 한다. 〔전문개정 2014. 1. 9.〕

---

21 방송통신심의위원회에서는 종합편성채널 프로그램을 심의함에 있어 지금까지 축적된 데이터와 의견을 합리적으로 반영함과 동시에, '방송법' 제32조에 따라 해당 프로그램의 장르적 특성, 시청자에게 미치는 영향력 등을 종합적으로 고려하여 심의를 진행할 예정이라고 밝혔다. 2012년 1월 19일, 방송통신심의위원회 보도자료 '방통심의위, 종합편성채널 프로그램 최초 법정제재' 참고. http://www.kocsc.or.kr/cop/bbs/selectBoardArticle. do?bbsId=Press_main&nttId=4947&menuNo=050000&subMenuNo=050100.

22 〔시행 2015. 10. 15.〕 〔방송통신심의위원회규칙 제113호, 2015. 10. 15, 일부개정〕

우선, 총칙 제7조에서 방송언어에 관한 내용을 언급하고 있는데, 이는 원래 방송언어 관련 세부 절의 규정을 2015년 10월에 총칙의 조항으로 승격한 것으로 방송언어 관련 규정의 중요성이 커졌다는 것을 방증한다. 또한 방송언어와 관련된 절을 따로 두어 표준어의 사용 및 바른 언어생활과 관련된 가이드라인을 제시하고 있다. 이는 방송법에서 제시한 표준어와 언어 순화의 내용을 반영한 것이다. 실제 규정은 좀 더 구체적인데 표준어와 바른 언어 사용을 권장하나, 프로그램의 특성이나 내용을 반영하여 방언과 비속어, 은어, 욕설의 사용을 예외로 두고 있다.

또한 방송의 윤리, 소재 및 표현기법과 관련해서는 아래와 같은 규정을 두고 있다.

제4절 윤리적 수준

제27조(품위 유지) 방송은 품위를 유지하기 위하여 시청자의 윤리적 감정이나 정서를 해치는 다음 각 호의 어느 하나에 해당하는 표현을 하여서는 아니 되며, 프로그램의 특성이나 내용전개 또는 구성상 불가피한 경우에도 그 표현에 신중을 기하여야 한다.

1. 불쾌감을 유발할 수 있는 과도한 고성·고함, 예의에 어긋나는 반말 또는 음주 출연자의 불쾌한 언행 등의 표현
2. 신체 또는 사물 등을 활용하거나 의도적으로 무음·비프음, 모자이크 등의 기법을 사용한 욕설 표현 〔개정 2015. 10. 8.〕
5. 그 밖에 불쾌감·혐오감 등을 유발하여 시청자의 윤리적 감정이나 정서를 해치는 표현
〔전문개정 2014. 12. 24.〕

제30조(양성평등)
① 방송은 양성을 균형있고 평등하게 묘사하여야 하며, 성차별적인 표현을 하여서는 아니 된다. 〔개정 2014. 1. 9.〕

제5절 소재 및 표현기법

제35조(성표현)
② 방송은 성과 관련된 내용을 지나치게 선정적으로 묘사하여서는 아니 되며 성을 상품화하는 표현을 하여서도 아니 된다.

제36조(폭력묘사)
① 방송은 과도한 폭력(언어 등 비물리적 폭력을 포함한다. 이하 같다)을 다루어서는 아니 되며, 내용

전개상 불가피하게 폭력을 묘사할 때에도 그 표현에 신중을 기하여야 한다. 〔개정 2014. 1. 9.〕

④ 방송은 폭력을 조장하거나 미화·정당화하는 내용을 포함하여서는 아니 된다. 〔신설 2014. 1. 9.〕

제40조(성기, 성병 등의 표현) 방송은 성기, 성병, 피임 또는 성상담 등에 관한 내용을 다룰 때에는 저속한 표현 등으로 혐오감을 주어서는 아니 된다.

반말 및 욕설, 불쾌감을 주는 표현이나 성과 관련된 표현, 폭력과 관련된 표현에 대해 규정을 두고 있다. 이때의 '표현'은 언어 표현과 직접적으로 연결된다. 위의 규정을 통해 방송이 품위를 지키고 시청자들에게 불쾌감을 주지 않도록 할 것을 제시한다.

방송통신심의위원회에서는 2015년 8월, 방송언어 가이드라인을 편찬·제정하여 배포하였다. 방송언어 가이드라인에서는 시사·보도, 대담·토론, 생활 정보, 오락·예능, 드라마, 영화, 코미디, 어린이 대상 프로그램, 스포츠 중계, TV 홈쇼핑의 총 10가지로 방송의 장르를 나누고 이에 따라 세부 지침을 제시하였다. 그 내용은 다음과 같다.

- ■ 총론
- ■ 장르별 세부 지침

가. 시사·보도
나. 대담·토론
다. 생활 정보
라. 오락·예능
마. 드라마

바. 영화
사. 코미디
아. 어린이 대상
자. 스포츠 중계
차. TV홈쇼핑

요약

공통 사항

1) 정확하고 올바르면서도 이해하기 쉬운 표현을 사용해야 한다.
2) 욕설과 비속어는 원칙적으로 사용해서는 안 되고, 저속한 조어나 은어, 인격 비하 표현, 이 밖에 발음이나 어감이 욕설이나 비속어를 연상하게 하는 표현도 사용에 신중을 기해야 한다.
3) 외국어 중 우리말 대체어가 있는 표현은 사용에 신중을 기해야 한다.

4) 성별·연령·학력·직업·외모·장애·계층·지역·인종 등과 관련하여 편견을 조장하거나 조롱·모독하는 차별적 언어의 사용은 자제하여야 한다.

음성 언어

1) 원칙적으로 표준 발음법에 따라 발음해야 하고, 외래어는 외래어 표기법에 따른 표기를 기준으로 정확하게 발음해야 한다.
2) 욕설이나 비속어는 시청자가 알아들을 수 없도록 효과음 처리한 경우라고 해도 방송해서는 안 된다. 방송을 목적으로 제작하는 프로그램은 제작 과정에서부터 방송에 적합한 언어를 사용해야 한다.
3) 보도·정보 제공 프로그램, 다큐멘터리 등의 현장 녹취음 또는 기존 제작된 영화와 같이 방송사의 의도와 무관하게 욕설이나 비속어 등이 포함된 장면을 방송해야 할 경우, 시청자가 욕설 등을 알아들을 수 없도록 효과음 처리해야 한다.

문자 언어

1) 자막은 맞춤법과 띄어쓰기 등 어문 규범에 맞게 정확히 표기하기 위해 노력해야 한다. 방송 자막은 시청자에게 규범적 언어로 인식될 수 있기 때문이다.
2) 자막은 시청자의 이해를 도와야 하며, 방송 내용을 정확히 전달하여 사실 왜곡 등의 논란을 부르지 않도록 사용에 유의해야 한다.
3) 욕설이나 비속어 등은 자막으로 방송해서는 안 되며, 정보 제공이나 의미 전달을 위해 반드시 필요한 경우에도 사용에 신중을 기해야 한다.
4) 자막을 필요 이상으로 많이 삽입하여 시청 흐름을 방해하지 않아야 한다.

방송통신심의위원회의 가이드라인에서는 방송에서 사용되는 언어가 일반 대중을 포함한 청소년들의 언어습관과 가치체계 형성에 큰 영향을 미치고 있다는 조사 결과를 인용하고 있다.[23] 특히 다매체·다채널 환경에 따라 심화된 시청률 경쟁은 방송언어의 건전성 훼손과 우리말 파괴라는 심각한 문제로 나타난다. 그러나 최소한 공적매체인 방송을 통해 우리말이 더욱 훼손되거나 사회 전반에 욕설이나 비속어가 확산·전파되는 일은 없어야

---

23 국민대통합위원회에서 국민 1,000명을 대상으로 실시한 '언어사용에 대한 국민의식 조사' 결과(2014년 6월)에 따르면, 언어사용과 관련해 우리 국민이 가장 우려하는 점은 '청소년들의 비속어, 신조어 사용'(52.5%)이며, 국민 3명 중 1명(32.2%)은 다른 세대와 대화나 메시지를 주고받을 때 소통이 힘들다고 답했다. 또한 이러한 문제의 해결을 위해서는 '언론이나 방송'(35.6%)의 역할이 무엇보다 중요하다고 대답하였다.

할 것이라는 사회적 요구에 부응하기 위해 방송제작자 등이 준수해야 할 사항을 구체적으로 정리한 방송언어 가이드라인을 제정하게 되었다고 밝힌다.

요약은 전체적인 내용을 공통 사항, 음성 언어, 문자 언어로 나누어 제시하였으며 공통 사항에서는 '정확하고 쉬운 표현, 언어 순화, 욕설과 비속어 사용의 금지, 차별적 언어 사용 자제'라는 4가지의 원칙을 설명하고 있다. 음성 언어에서는 표준 발음과 욕설의 처리에 대해서 실제로 방송 제작의 현장에서 지켜야 하는 방안들을 제시하였다. 문자 언어는 자막과 관련된 것인데, 방송 자막은 규범적 언어로 인식되므로 어문 규범에 맞는 정확한 표기가 필요하다는 점을 역설하고, 자막이 필요 이상으로 많이 삽입되면 오히려 시청을 방해하는 요인이 된다는 내용도 제시하고 있다.

총론의 내용은 크게 3가지로 요약된다.

(1) 올바르면서 이해하기 쉬운 표현을 사용하여야 한다(어문 규범에 맞게, 대상 연령에 맞게).
(2) 시청자가 불쾌감을 느낄 수 있는 표현을 사용할 때 신중을 기해야 한다.
(3) 편견을 조장하거나 조롱·모독하는 차별적 언어의 사용에 유의해야 한다.

또한 장르별 세부 지침에서는 다음과 같은 내용을 제시하고 있다. 첫째, 보도 프로그램이나 정보를 전달하는 프로그램에서는 어문 규범에 맞는 표현을 사용해야 한다. 둘째, 즐거움을 주는 프로그램에서는 불쾌감을 느낄 수 있는 표현인 욕설, 비속어, 저속한 은어나 인격 비하 표현 등 막말의 사용을 자제하여야 한다. 셋째, 이러한 점은 특별히 어린이와 청소년들이 많이 시청하는 시간대의 방송에서 주의하여야 한다.

(나) 방송언어특별위원회

방송통신심의위원회에서는 '방송통신위원회 설치 및 운영에 관한 법률 제22조'에 의거, 방송언어 분야에 대한 자문을 수행하기 위해 산하에 '방송언어특별위원회'를 두고 있다. 방송언어특별위원회는 방송언어 순화를 위한 개선 방안을 모색하고, 방송언어의 질적 개선을 위한 올바른 방향을 제시하며 방송언어 분야에 대한 자문 등을 수행하기 위해 설치되었다. 아나운서 등 방송인 및 언론인, 관련 학과 교수 등으로 이루어진 특별위원회는 매년 새로운 위원들을 위촉한다.[24]

방송언어특별위원회에서는 방송언어 사용 실태 조사를 수행하여 방송언어 보고서를 작성하고, 이를 바탕으로 가이드라인(안)을 제안하기도 한다.

② 방송사

각 방송사에서는 별도의 가이드라인을 제정하여 방송언어에 대한 자체 심의를 하고 있다. 가이드라인을 일반에게 공개하고 있는 곳은 다음과 같다.

〈표 7〉 가이드라인 현황

분류	현황
KBS	『KBS 방송 제작 가이드라인』에 '언어, 표현' 항목이 있음.
MBC	『MBC 방송 제작 가이드라인』에 '언어' 항목이 있음.
SBS	가이드라인 내에 '언어' 관련 항목은 없으나 방송통신심의위원회의 규정을 바탕으로 제작함.

독자적인 방송언어의 가이드라인을 갖추고 이것을 공개하고 있는 곳은 KBS이다.[25] 여기에서는 KBS의 가이드라인을 살펴보고 각 방송사가 편성하고 있는 시청자 평가 프로그램의 언어 관련 부분에 대해 논의하도록 한다.

---

24 방송언어특별위원회의 활동은 '미디어 리터러시의 연구'의 '방송통신심의위원회의 활동'에서 전술되었다.

25 MBC의 경우, 아래와 같은 내용의 내부 자료를 MBC 심의실의 답변으로 확인할 수 있었다.

> (1) 방송 언어는 원칙적으로 표준어를 사용하며, 알기 쉽게 표현한다.
> (2) 필요에 의해 사투리를 사용할 경우에는 시·청취자에게 불쾌감을 주지 않도록 하고 조롱이나 경멸의 수단으로 사용하지 않는다.
> (3) 시·청취자에게 공포나 불안 또는 불쾌감을 주는 언어나 동작으로 표현하지 않는다.
> (4) 뉴스 보도 형식을 빌린 극중의 표현은 사실과 혼동되지 않도록 신중하게 다룬다.
> (5) 내용 구성상 또는 연출상 부득이한 경우를 제외하고는 방송 내용에 특정한 개인, 단체, 상호, 상품 등의 명칭이 포함되어 간접적으로 선전하는 결과가 되지 않도록 유의한다.
> (6) 어떤 프로그램도 시·청취자를 오도할 가능성이 있는 방법을 사용해서는 안 된다.

표준어의 사용 및 방언 사용에서의 주의점은 다른 가이드라인과 유사한 내용으로 구성되어 있다. 다만 '욕설, 비속어, 은어, 차별적 표현' 등과 관련해서는 언어 표현에 대한 구체적인 언급 대신 '공포나 불안, 불쾌감을 주는 언어'를 사용하지 않는다는 표현을 통해 포괄적으로 제시하고 있다.

(가) 한국방송공사 편(2010), 『KBS 방송 제작 가이드라인』

KBS 방송 제작 가이드라인의 언어 관련 내용은 다음과 같다.

– 품위에 대한 사회적 기준은 끊임없이 변화하고 있다. 예컨대 지난 세대는 받아들이기 어려웠던 표현이나 용어가 다음 세대에게는 평범한 표현이나 일상용어 중의 하나가 될 수도 있다. 그러나 방송은 가치관이 뚜렷하게 형성되어 있지 않은 어린이와 청소년까지 시청하고 있다는 측면에서 책임의식을 가지고 프로그램의 품위에 대해 일정한 기준을 설정해 둘 필요가 있다. 무엇보다 KBS 는 올바른 우리말의 보급을 위해 노력하며, 우리말을 오염시키는 표현을 쓰지 않도록 유의해야 한다. 그렇다고 해서 다양한 개인들의 창의적이며 자유로운 표현을 억압해서는 안 된다. (17쪽)

– KBS의 언어는 정확하고 아름다운 한국어를 사용하는 것을 원칙으로 한다. 품위와 교양을 견지하고 쉬운 우리말을 쓴다. 또한 어린이, 청소년 등의 바람직한 언어 사용의 모범이 되도록 한다.

① 시청자 중심의 경어를 사용한다.
② 표준어 사용과 보급을 기본으로 한다. 다만 사투리, 비·속어 등은 드라마, 코미디 프로그램 등의 원활한 상황 전개를 위해 불가피한 경우 등에 한정한다.
③ 출연자들의 사담이나 반말을 지양한다.
④ 부도덕한 이야기, 성적인 비유, 사회의 통념을 깨는 말을 삼간다.
⑤ 성(性), 국적, 연령, 직업, 지역, 종교, 학력, 질병, 장애 유무 등과 관련한 차별적 언사를 해서는 안 된다.
⑥ 무례한 언사를 해서는 안 되며, 출연자 간의 인신 공격적 표현이나 상대방에 대한 비하를 하지 않는다.
⑦ 상업광고와 관련한 직·간접 홍보성 언어 사용을 금한다.
⑧ 비속어, 은어, 인터넷 조어, 혐오표현(hate speech) 등을 자막으로 표기하는 것을 자제한다. (30~31쪽)

– KBS 방송강령
제4항 방송은 표준어 및 표준발음법에 따른 언어와 품위 있고 순화된 우리말을 사용해 국어문화 확산에 이바지한다. (232쪽)

KBS는 '품위'라는 핵심어를 바탕으로 프로그램의 품위에 내해 기준을 설정할 필요가 있다는 내용으로 가이드라인의 제작 이유를 밝히고 있다. 개인의 창의적이고 자유로운 표현을 억압하지 않는 선에서 올바른 우리말을 보급하고, 정확하고 아름다운 한국어를 사용하는 것을 원칙으로 삼고 있다. 경어와 표준어를 지향하며, 반말, 사담, 욕설, 차별적 언사 및 인신 공격이나 비하적 표현, 은어, 혐오 표현 등을 지양하는 기본적인 내용은 방송통신위원회의 가이드라인과 맥락을 같이한다. 또한 표준어 사용과 보급, 품위 있고 순화된 우리말 사용에 관해 공영 방송으로서의 책임 의식을 드러내기도 한다.

(나) 방송사별 평가프로그램 현황

방송법 제89조에[26] 따라 지상파 3사와 종합편성 방송사, 보도전문 방송사는 시청자 평가프로그램(옴부즈맨 프로그램)을 주당 60분 이상[27] 편성하여야만 한다.

〈표 8〉 방송사별 평가프로그램

구분	방송사	프로그램명	방송 시간
지상파	KBS	TV비평 시청자데스크	금 1:20
	MBC	TV 속의 TV	화 12:20
	SBS	열린TV 시청자 세상	수 11:00
종합편성	TV조선	열린비평 TV를 말하다	토 7:00
	JTBC	시청자의회 (바른말 숨바꼭질)	금 6:00
	채널A	채널A 시청자마당 (올바른 우리말)	금 6:00
	MBN	열린TV 열린세상	금 6:00
케이블 (보도전문)	YTN	시청자의 눈	일 3:30
	연합뉴스TV	바로보는TV 옴부즈맨	일 4:00

지상파 및 종합편성, 케이블(보도전문) 프로그램에서는 위와 같은 프로그램을 편성하고

---

26 제89조(시청자 평가프로그램)
　① 종합편성 또는 보도전문편성을 행하는 방송사업자는 당해 방송사업자의 방송운영과 방송프로그램에 관한 시청자의 의견을 수렴하여 주당 60분 이상의 시청자 평가프로그램을 편성하여야 한다.
　② 시청자 평가프로그램에는 시청자위원회가 선임하는 1인의 시청자평가원이 직접 출연하여 의견을 진술할 수 있다.
27 실제로는 30분 정도의 프로그램을 제작하고, 재방송을 통해 주당 1시간을 맞추는 경우도 있다.

있지만, 방송언어에 대한 내용을 정기적으로 다루고 있는 프로그램은 많지 않다. 우선 지상파 프로그램들은 주로 해당 방송사의 프로그램에 대한 비평이나 시청자 의견을 위주로 구성되며, 간혹 방송 출연자들의 특정 언어 표현이 불쾌감을 주었다는 점을 언급한다. 종합편성 중 TV조선『열린비평 TV를 말하다』와 MBN『열린TV 열린세상』은 언어에 대한 지적은 거의 담고 있지 않다. 케이블채널의 보도전문 방송사인 YTN『시청자의 눈』과 연합뉴스TV『바로보는TV 옴부즈맨』에서도 언어에 대한 지적은 충분히 드러나지 않는 편이다. 비평 내용을 담은 꼭지에서 언론 전문가가 등장하여 문제를 지적하나, 대개 언론정보학 전문가인 경우가 많아 보도 방법 또는 보도 내용 자체에 대한 지적이 대부분이다.

다만 JTBC『시청자의회』에서는 프로그램 말미에 5분 정도의「바른말 숨바꼭질」이라는 짧은 꼭지로 프로그램 속 틀린 표현과 헷갈릴 수 있는 표현을 퀴즈로 제시하고 있다〔예: ① 기겁 ② 누비다 ③ 진저리 ④ 아니오 → 아니요(324회)〕. 또한 채널A『채널A 시청자마당』에서는 1~2분 정도의「올바른 우리말」이라는 짧은 꼭지로 해당 주에 방영된 프로그램 중 잘못된 표현을 정정하고 있다.

3) 규제의 실제

방송법에서는 심의 규정을 위반한 경우 시청자에 대한 사과, 방송 프로그램의 정정·중지, 방송 프로그램 관계자에 대한 징계의 제재조치를 내릴 수 있다고 규정하고 있다. 이 내용은 제100조에 명시되어 있다.

第100條 (제재조치등)
① 방송위원회는 방송사업자·중계유선방송사업자 또는 전광판방송사업자가 第33條의 심의규정을 위반한 경우에는 다음 각호의 제재조치를 명할 수 있다. 第27條 第8號의 시청자불만처리의 결과에 따라 제재를 할 필요가 있다고 인정되는 경우에도 또한 같다.
　1. 시청자에 대한 사과
　2. 해당 放送프로그램의 정정·중지
　3. 放送編成責任者 또는 해당 放送프로그램의 관계자에 대한 징계
② 放送事業者·中繼有線放送事業者 및 電光板放送事業者는 第1項의 規定에 의한 명령을 받은 때에는 지체없이 그 명령내용에 관한 放送委員會의 결정사항전문을 放送하고, 명령을 받은 날부

터 7日 이내에 그 명령을 이행하여야 하며, 그 이행결과를 放送委員會에 보고하여야 한다.

③ 放送委員會는 第1項第1號 내지 第3號의 規定에 의한 제재조치를 명하고자 할 때에는 미리 당사자 또는 그 代理人에게 의견을 진술할 기회를 주어야 한다. 다만, 당사자 또는 그 代理人이 정당한 사유없이 이에 응하지 아니한 때에는 그러하지 아니하다.

④ 第1項의 規定에 의한 제재조치에 異議가 있는 者는 당해 제재조치명령을 받은 날부터 30日 이내에 放送委員會에 재심을 청구할 수 있다.

⑤ 放送委員會는 第4項의 規定에 의한 放送委員會의 재심결과를 당사자 또는 그 代理人에게 통지하여야 한다.

제33조의 심의 규정은 전술한 바와 같이 '언어순화에 관한 사항'을 포함하고 있으며, 실제 방송통심심의위원회에서는 방송의 언어도 심의 대상으로 하여 문제가 있을 경우 제재 조치를 취한다.

방송통신심의위원회에서는 시청자 민원이나 방송언어특별위원회의 활동을 통해 정기적으로 또는 필요 시 심의 안건을 상정하며, 징계 조치가 의결되면 방송통신위원회를 통해 각 방송사에 해당 내용을 전달한다. 방송통신심의위원회의 제재는 다음과 같은 단계로 이루어진다.

(1) 문제없음

(2) 의견 제시

(3) 권고

(4) 주의

(5) 경고

(6) 해당 방송프로그램의 정정/수정/중지, 해당 방송프로그램의 관계자에 대한 징계

(7) 과징금

'권고'는 행정지도에 해당하며 '경고'부터는 법정제재에 해당한다. 방송통신심의위원회는 기본적으로 사후 심의권한만을 가지고, 사전 심의는 표현의 자유와 상충되고 언론 검열의 소지가 있다는 이유로 방송사 자율에 맡겨진다. 그러나 재허가, 재승인의 경우 방송

통신심의위원회의 법정 제재 결과가 평가 점수에 반영되므로 방송 사업자들은 방송통신심의위원회의 결과를 무겁게 받아들이게 된다.[28]

방송통신심의위원회 홈페이지에서 공개하는 방송심의 의결 현황 중 방송언어와 관련된 규제의 실제 내용으로는 다음과 같은 사례가 있다.

〈표 9〉 방송통신심의위원회의 방송심의 의결 사례―드라마

의결일	2018. 3. 27.
방송사/제목	SBS, 키스 먼저 할까요?
방송일시	2018. 2. 20. 22:00~23:10 외
의결 내용	○ 드라마에서 선정적이고 자극적인 소재와 시청하기 부적절한 대사를 방송했다는 민원에 대해 방송내용을 확인하고 논의한 결과, – 황인우가 손무한에게 재혼을 권유하면서, "미친, 그러다 너 고독사한다. 그렇게 독고다이로 살다간 진짜로 홀로 다이한다고 인마."라고 말하는 내용, 안순진이 가족사진을 보며 "엿 같아도 살고, 잣 같아도 살고."라는 아버지의 말을 떠올리는 내용, – 처음 소개받는 자리에서 안순진이 손무한의 모습을 보고 "정말 눈을 버리게 병맛이죠."라는 독백에 이어 배경음악으로 "웬일인지 낯설지가 않아요. 김새고 있죠. 내 마음을 얼게 한 찐따… 그대에게 난 빅엿을 줄게요."라는 개사한 노래가 들리는 내용, 안순진이 마음속으로 '이런 신발새끼 쌍쌍바 ×카 십팔색 크레용 같은 새끼.'라고 말하는 내용, 안순진이 헤어지고 나오면서 "비까지 처오고 양산도 안 가지고 왔는데. 아 신발새끼 재수가 없으라니까. 아 신발새끼다."라고 말하는 내용, – 안순진이 손무한에게, "너 내 눈에 다시 한번만 더 띄면 니 잘난 그 거시기 싹둑 잘라 버릴 거다."라고 말하는 내용 등 자극적인 표현을 수차례 사용하여 시청자에게 불쾌감을 유발하고 바른 언어생활을 해치는 내용을 방송하고, 이를 일부 편집하여 청소년시청보호시간대에 재방송한 것은 관련 심의규정을 위반한 것으로 판단되나, – 중년의 독신남녀 간에 벌어질 수 있는 가상의 현실을 극화하여 보여주는 드라마의 장르적 특성과 기존 유사 심의사례와의 형평성 등을 감안하여, '방송법' 제100조 제1항에 따라, 향후 관련 규정을 준수하도록 권고함.
관련 조항	'방송심의에 관한 규정' 제27조(품위유지) 제5호, 제44조(수용수준) 제2항, 제51조(방송언어) 제3항
심의 결과	권고

의결일	2016. 4. 6.
방송사/제목	KBS2TV, 태양의 후예
방송일시	2016. 3. 17. 22:00~23:10
의결 내용	○ 지상파 방송의 드라마에서 욕설하는 장면이 여과 없이 방송된 것은 적절하지 않다는 민원에 대해 방송내용을 확인하고 논의한 결과, – '15세이상시청가' 프로그램에서 '씨발', '개새끼', '또라이 새끼', '그 새끼 대갈통도 깨줄라니까', '이 새끼' 등 바른 언어생활을 해칠 우려가 있는 욕설과 비속어 등을 방송하고, 해당 장면을 청소년시청보호시간대에 재방송한 것은 관련 심의규정에 위반되는 것으로 판단되나, – 내용의 전후 맥락과 극중 인물의 캐릭터 특성, 허구의 이야기를 다루는 드라마 내에서 극의 현실감을 부여하고자 한 장치의 일환으로 쓰인 점 등을 감안하여, '방송법' 제100조 제1항에 따라, 향후 관련 규정을 준수하도록 권고함.
관련 조항	'방송심의에 관한 규정' 제44조(수용수준) 제2항, 제51조(방송언어) 제3항
심의 결과	권고

위의 내용은 드라마에서 사용된 부적절한 언어 표현으로 인해 해당 표현이 '권고'를 받게 된 사례를 요약한 것이다. 다수의 비속어와 은어, 욕설이 사용되고 폭력적인 표현들도 사용되었으나 드라마에서의 현실감 부여의 일환이라는 특성이 반영되어 '권고'를 받았고, 이 경우 제작진이나 방송 관계자는 방송통신심의위원회에 출석하여 입장을 밝혀야 한다. 이 내용은 기사로도 보도되어 대중들에게 알려졌다.

다음은 코미디 프로그램과 오락 프로그램의 사례이다.

---

28 방송통신심의위원회 기획팀 안기섭 과장 인터뷰에서 해당 내용을 확인할 수 있다. 『헤럴드 경제』, 2018년 3월 21일. http://biz.heraldcorp.com/culture/view.php?ud=20180321140324825215 0_1.

<표 10> 방송통신심의위원회의 방송심의 의결 사례—코미디 및 오락

의결일	2016. 5. 12.
방송사/제목	tvN, 코미디빅리그
방송일시	2016. 4. 3. 19:40~21:10
의결 내용	○ 코미디 프로그램의 「충청도의 힘」 코너에서, – 이혼가정 아동으로 설정된 동네 친구(양배차)가 엄마가 사줬다고 하며 동민(장동민)·현민(조현민) 형제에게 장난감을 자랑하자, "(동민) 야! 오늘 며칠이냐? 25일이면 쟤네 아버지가 양육비 보냈나 보네.", "(현민) 어허~ 듣겠소. 쟤 땜에 부모 갈라선 걸 동네사람들이 다 아는데, 애 들어요."라고 말하고, 이에 친구가 삐치자 "(동민) 부러워서 그랴. … 너는 봐라 얼마나 좋냐. 니 생일 때 선물을 양쪽에서 받잖아. 이게 재테크여 재테크."라고 언급하는 장면, – 형제의 할머니(황제성)가 손자의 친구들에게 "느그집에 가!"라고 하자, "(친구) 저희 알아서 가려고 했거든요."라고 대꾸하고, 이에 할머니가 "근데 너는 엄마 집으로 가냐 아빠 집으로 가냐? 아버지가 서울에서 다른 여자랑 두 집 살림 차렸다고 소문이 돌고 있어. … 저게 애비 닮아서 여자 냄새는 기가 막히게 맡네. 니 동생 생겼단다 서울에."라고 말하자 아이들이 울며 퇴장하는 장면, – 새로운 장난감을 장만하겠다고 하는 동민에게 현민이가 목돈이 필요할 것이라고 걱정하자 "(동민) 우리 나이 때 목돈 만들려면 그 수밖에 더 있겠냐? … 그려, 나 할머니 앞에서 고추 깔 꺼여~"라고 언급하는 장면에 이어, – 마음이 상한 할머니의 기분을 풀어주기 위해 동민이가 할머니를 건물 뒤로 불러 "할머니 자~"라고 하자, 할머니가 "아이고 우리 동민이 장손 고추, 한번 따 먹어보자. 아이고 우리 장손, 이제 할매 살겠다."라고 하며 기뻐하는 장면 등을 방송한 것에 대해 '경고'로 의결함.
관련 조항	'방송심의에 관한 규정' 제21조(인권 보호) 제3항, 제27조(품위 유지) 제5호
심의 결과	경고

　위 사례는 케이블 방송의 코미디 프로그램의 규제 사례이다. 한부모 가정 자녀를 조롱하고 비하한 사례 및 아동 성추행 희화화 사례와 관련하여 인권 보호 및 품위 유지 규정을 통해 경고 조치를 하였다. 해당 건에 대해 방송사 심의 담당 부장이 출석하여 "본 건으로 많은 분들께 심려를 끼친 점 진심으로 사과드린다. 신중치 못한 점 깊이 반성하고 있다. 코너 폐지와 출연자 하차, 관계자 징계 회부 등 즉각적인 조치를 했다."라고 밝혔으며,[29] 복

수의 매체에서 해당 내용이 보도되었다.

4.2. 국외 사례

여기에서는 방송언어의 규제와 관련한 국외의 사례들을 살펴본다. 프랑스, 영국, 미국, 일본의 사례를 살펴보고 나라별 특성에 관해 논의해 보도록 하겠다.

1) 프랑스

① 법적 규정—시청각 자유에 관한 법률

프랑스의 미디어에서 사용되는 언어에 대한 규정은 '시청각 자유에 관한 법률(Loi relative à la liberté de communication modifiee et completée)'과 '프랑스어 사용법(Loi n° 94-665 du 4 août 1994 relative à l'emploi de la langue française)'[30]에 포함되어 있다.

'시청각 자유에 관한 법률'은 프랑스의 방송시청각매체에 관한 기본법으로 1986년에 제정되었다. 시청각 자유에 관한 법률 역시 디지털 방송, 케이블 TV 등 뉴미디어의 발달이라는 시대적인 흐름에 따라 개정되었지만, 가장 특징적인 것은 모국어의 사용에 있어 매우 엄격함을 견지하고 있다는 점이다.

프랑스는 방송 산업 및 방송 프로그램 관련 규제가 상당히 엄격한 편에 속하는 나라로 알려져 있다(방송통신위원회 2011). 특히 프랑스 정부는 언어 사용의 면에서도 프랑스 텔레비전이 가장 모범적인 사례가 되어 프랑스어 선양과 보호에 기여하는 것을 중요시한다.[31] '프

---

29 YTN NEWS, 『YTN』, 2016년 4월 6일. http://www.ytn.co.kr/_ln/0106_201604062216535274 외.
30 프랑스어 사용법은 공식 명칭이 별도로 있지만, 법 제정을 주도한 당시 문화부 장관 자크 투봉(Toubon)의 이름을 따 '투봉법'이라고 불리기도 한다(송기형 2005: 192).
31 시청각최고위원회(CSA)의 시청각 매체에서의 프랑스어 사용에 관한 권고(2005. 1. 18.)에 언어 규제의 목적을 밝히고 있다. 자세한 내용은 다음 링크를 참조. http://en.www.csa.fre05d.systranlinks.net/Television/Le-suivi-des-programmes/Le-respect-de-la-langue-francaise/Recommandation-du-18-janvier-2005-du-CSA-relative-a-l-emploi-de-la-langue-francaise-par-voie-audiovisuelle.

랑스어 사용법'은 1994년에 제정되어 방송과 관련된 규정을 담고 있는데, 특히 제12조에서 모든 방송과 광고에서의 프랑스어 사용을 의무화하고 있다(송기형 2004: 59~66).[32]

'프랑스어 사용법', '시청각 자유에 관한 법률'을 실질적으로 시행하는 것은 독립규제위원회인 시청각최고위원회(Conseil Supérieur de l'Audiovisuel, CSA)이다. 한국의 방송통신위원회와 같이 시청각최고위원회가 방송에 대한 총괄적인 규제와 조정을 한다는 점에서 우리나라와 기본적인 체계를 같이한다. 방송사를 공영방송과 민영방송으로 나누어 이원적으로 운영한다는 점도 같다(오준근 2004: 412).

② 방송언어 규제 기구—시청각최고위원회

프랑스 시청각최고위원회는 프랑스어 사용법 제12조, 시청각 자유에 관한 법률 제20-1조를 바탕으로 각 시청각 매체에서 프랑스어를 사용할 의무를 준수할 것을 권고할 뿐만 아니라 올바른 프랑스어를 사용하도록 주의 및 경고 조치를 취한다. 시청각최고위원회에서는 프랑스어 사용 의무 위반이나 부적절한 프랑스어 사용에 대해 해당 방송사에 경고하고, 이를 시청각최고위원회 소식지와 누리집에 공개한다(송기형 2005: 200). 시청각최고위원회 자체적으로 심의 및 권고가 이루어지기도 하지만 시청자, 청취자, 또는 프랑스어의 보호와 장려를 위한 각종 협회가 보낸 편지 또는 이메일을 접수해 해당 방송사에 전달하기도 한다.

③ 프랑스 방송사의 의무규정집과 협약서

프랑스에서는 방송사 차원에서도 언어 사용을 점검하고 있다. 프랑스의 공영방송사와

---

32 다만 예외적으로 의무 적용을 받지 않는 경우도 존재하는데, 이는 시청각 자유에 관한 법률의 제20-1조에서 자세히 명시하고 있다.
다음과 같은 프로그램 혹은 프로그램 일부, 광고에는 예외가 인정된다.
- 영화 및 시청각 작품 원본(제20-1조 제1항)
- 저작물의 전체 또는 일부가 외국어인 경우(광고문에 삽입된 것도 포함)(동조 제2항)
- 외국어로 완전히 방송되도록 고안된 프로그램, 프로그램의 일부 또는 광고(동조 제3항)
- 종교 예배의 중계와 언어를 배우는 것이 목적인 프로그램(동조 제3항)
- 프랑스어 번역을 수반하는 방송물의 경우에는 그 번역이 읽고, 듣고 이해할 수 있는 것이어야 함(동조 제5항)

민영방송사는 각각 의무규정집과 협약서를 두고 있는데, 여기에 방송언어와 관련된 내용도 포함된다. 공영방송의 공공서비스로서의 의무를 명시하고 있는 의무규정집에는 프랑스어 홍보 및 언어 순화 노력에 기여해야 한다는 의무와 함께 일정 비율 이상의 프랑스어 표현물을 방송할 것을 규정하고 있다(제9조). 또한 화면에 등장하는 공영방송 직원들이 프랑스어를 제대로 사용하는지를 감시하고, 프랑스어로 표현할 수 있는 적합한 단어가 있는 경우 외국어의 사용을 자제하는 것을 원칙으로 하며, 지역에서 제작, 방송되는 프로그램의 경우 지역어를 사용하는 것을 장려하고 있다(제40조).[33]

TF1, M6, Canal+ 등 민영방송사의 경우, 시청각최고위원회와 맺은 협약서에 따라 방송언어를 규제하고 있다. 방송사에서는 자문위원을 위촉해 정기적으로 어휘, 문법, 발음 등에 대한 점검을 하고 있다(방송통신위원회 2011: 104~105).

④ 규제의 실제

2009년에 시청각최고위원회에서 주의 및 경고 조치를 내린 사례로는 모욕적이거나 경멸적인 발언, 비속어 사용 등과 관련된 경우를 들 수 있다.[34] 예컨대 라디오 채널 Virgin radio의 프로그램 진행자인 세바스티앙 코에(Sebastien Coe)가 2009년 1월 26일 생방송 중 전화로 연결된 청취자에게 모욕적인 발언 태도를 보이면서 비속어를 사용하였는데, 이와 관련하여 2009년 2월 19일 시청각최고위원회는 문제의 발언이 채널 의무 협약서 제2-6조에 규정된 인간의 존엄성 존중 규정[35]을 위반했다고 판단하여 라디오 방송사업자인 Europe 2 Entertainment사에 대하여 주의 조치를 내렸다.

RMC에서 2009년 8월 22일 방송된 「Les Paris de RMC」 프로그램에서는 중국인에 대한 경멸적인 발언이 있었다. 시청각최고위원회는 2009년 10월 28일 이러한 발언이 프랑스 사회에서의 인종차별적 행위들을 고무할 우려가 있으며, 이는 RMC에 부과된 채널 의무 협약서 제2-4조 및 제2-10조에 위배된다고 하면서 RMC 채널에 대한 경고 조치를 내렸다.

---

33 성욱제(2010), 「프랑스 공영 텔레비전의 책임과 의무-2009년 6월 제11차 의무규정집 개정을 중심으로」, 『방송문화연구』 22, 105쪽 각주 13.

34 이하 사례는 방송통신위원회(2011: 104~105)에서 소개된 것이다.

35 이 규정은 청취자들의 명예를 훼손하거나 모욕적인 언사의 사용을 부추기지 않는지를 채널 사업자가 상시적으로 감독해야 한다는 내용을 담고 있다.

그 외에도 시청각최고위원회(CSA)가 2009년에 발간한 보고서에는 시청자들이 지적한 사례들이 담겨 있다. 시청자들이나 청취자들이 가장 많이 지적하는 부분은 '연음(liaisons)' 관련 문제였고, 불필요한 외국어의 사용, 자막에서 발견되는 철자법 오류 등도 제보되었다.

2) 미국

① 법적 규정―커뮤니케이션법 및 음란물법

미국은 연방통신위원회(FCC)가 방송 내용에 대한 규제를 담당하고 있는데, 규제의 근거가 되는 것은 '커뮤니케이션법(Communication Law)'과 '음란물법(Obscenity)'이다. 연방통신위원회 차원에서 스스로 규칙을 만들어 규제하기도 하지만 일반적으로 연방통신위원회의 내용 심의는 최소화하고, 방송사 자율 심의에 맡긴다. 다만 폭력성과 선정성에 대해서는 엄격하게 규제하고 있다(박건식 2012: 20).

미국연방형법(U.S. Criminal Code) 제1464, 1465조에 따르면 '음란, 외설 또는 모욕적인 언어를 방송하는 경우 형법에 의해 벌금 또는 2년 이상의 징역'을 받게 된다(안정민 2008: 160).[36] 또한 미국 음란물법(Obscenity) 제1465조(음란한 언어적 표현의 방송)의 '방송을 통하여 음란한 선정적인 표현이나 비속어를 발설한 자에 대해서는 1만 달러 이하의 벌금 또는 2년 이하의 징역에 처하거나 양자를 병과한다.'라는 조항에 의해서 방송의 외설적 내용에 대해 규제가 가능하도록 하고 있다(박건식 2012: 20~21).

2006년 6월 15일에는 방송품위시행법(The Broadcast Decency Enforcement Act)을 제정하였는데, 본 법은 외설방송에 대한 연방통신위원회의 규제를 강화하는 것을 골자로 하고 있다. 본 법의 시행으로 외설방송에 대한 벌금은 건당 27만 5,000달러에서 300만 달러로 대폭 인상되었다. 그리고 이 법의 발효 1년 후인 2007년 6월 1일, 연방통신위원회는 새로운 법을 수용한 규칙을 공식적으로 채택하여 내용 규제를 강화하였다(안정민 2008).

미국의 방송언어 규제는 이렇게 다른 나라에 비해 음란 외설, 즉 선정적인 면에 집중되고 있으며, 제재의 방법으로 벌금을 제도화하고 있다는 점이 특징적이다.

---

36 음란, 외설 또는 모욕적인 언어에 관한 규정은 커뮤니케이션법에서 규율하고 있었으나 1948년 연방형법의 일부로 편입되었다.

② 방송언어 규제 기구—연방통신위원회

연방통신위원회 조직 내에서 커뮤니케이션법의 사후적 집행을 담당하는 부서는 집행국 (Enforcement Bureau)이다. 그런데 한국의 방송통신위원회가 모든 프로그램을 모니터링하는 것과는 달리 연방통신위원회는 방송 내용에 관한 이의가 제기되거나 불만이 접수되는 경우에만 그에 관한 사항에 대해 심사를 착수하도록 되어 있다.

연방통신위원회는 법률과 자체 기준을 바탕으로 한 방송 가이드라인[37]을 제시하고 있는데, 그중 언어와 관련된 것은 다음과 같다.

- 외설(Obscene content): 외설적인 내용은 미국 헌법 수정 제1조[38]에 의해 보호받지 못한다. 음란물로 간주되는 내용은 연방 대법원(the Supreme Court)이 규정한 세 가지 요건 (three-pronged test)을 충족해야 한다.
  – 세 가지 요건(three-pronged test)
  ① 평균적인 수준에서 사람의 성욕을 자극한다.
  ② "명백히 불쾌한" 방식으로 성적인 행동을 묘사 혹은 설명한다.
  ③ 전체적으로 볼 때 문학적, 예술적, 정치적, 과학적 가치가 결여되어 있다.
- 비속어(Indecent content): 음란물 관련 세 가지 요건(three-prong test)을 충족시키지 못하는 표현으로서 성기 혹은 배설 기관이나 그와 관련된 활동을 묘사하는 내용
- 욕설(Profane content): "굉장히 불쾌한" 언어 표현으로서 공적 소란으로 간주될 수 있는 내용

연방통신위원회의 방송언어 규제는 외설적 표현과 비속어 사용에 집중되어 있다. 위원회는 1978년 비속어를 방송에서 일시적으로 사용하는 것(Occasional expletive)은 어떤 규제의 대상도 되지 않는다고 밝혔다(In re Application of WGBH educ. Found Decision, 1978). 반면, 고의적이고 반복적으로 비속어를 사용했을 때는 규제를 가하고 있다. 이때 비속어가 사용된 방송 시간, 프로그램 내용, 방송 매체를 고려하는데, 비속어 및 욕설 관련 내용은 오전

---

37 https://www.fcc.gov/consumers/guides/obscene-indecent-and-profane-broadcasts.
38 미국 헌법 수정 제1조는 언론·종교·집회의 자유를 정한 조항이다.

6시부터 오후 10시 사이에 아동이 시청 대상이 될 수 있는 경우 텔레비전과 라디오에서 방송되는 것이 금지되어 있다. 일시적으로 비속어를 사용하는 경우일지라도 비속어가 성행위나 성기를 직접적으로 언급하는 경우에는 규제 대상이 된다(In re Infinity Broad Corp. of Pa., 3 F.C.C.R. 930, 1987,).[39] 또한 외설적인 내용을 방송하는 것은 모든 시간대에 법으로 금지되어 있다.

연방통신위원회는 외설, 선정성, 저속한 언어를 규제하여 민사제재금(civil penalty)을 부과하기도 하고, 방송 허가를 취소하거나 허가 갱신을 거절하기도 한다.

③ 미국 방송사의 자율 심의 체제

ABC, NBC, CBS 등 미국 네트워크 방송사들은 각각 ABC 프로그램 실천 기준(Department of Broadcast Standards and Practices Program Standards), NBC 프로그램 기준(NBC Television Network Program Standards), CBS 프로그램 기준(CBS Television Network Program Standards)을 제정하는 등 짜임새 있는 심의 기준을 갖추고 있다(박건식 2012: 20~21).

그 가운데 대표적으로 NBC의 프로그램 기준(NBC Television Network Program Standards)을 살펴보면 저속한 언어(Coarse Language)에 대한 기준이 있는데 해당 내용은 다음과 같다.

저속한 언어와 관련하여 NBC의 금칙어는 'f-word'이다. 예외는 내용 설계처(Content Planning Office)의 비준을 받아야 한다. 그 외에는 모두 폭력 및 음란물과 동일한 규칙이 적용된다. 저속한 언어는 불필요하게 쓸 수 없으며, 플롯과 등장인물을 표현하는 데에 필수적이어야만 쓸 수 있다. 또한 저속한 언어와 관련된 권고사항과 합치되는 방향 안에서 언어 사용이 구성되어야 한다.

"성인 시청자들을 대상으로 하면서 저속하거나 불쾌한 언어"를 포함한 텔레비전 프로그램은 텔레비전 프로그램 방송 경계선(the Watershed)[40] 전에 방송될 수 없다. 이는 광고와 홍보 시간에도 적용된다.

"성인 시청자 대상이 아니면서 저속하거나 불쾌한 언어"를 포함하는 텔레비전 프로그램은 아동에게 부적절하기에 시청자 권고 내용과 분류 아이콘을 표시하여 방송해야 한다.

보통 텔레비전 프로그램 방송 경계선 이후에 방송되어야 하는지 그렇지 않은지는 상당히 주관적

---

39 http://www.justice.gov/osg/briefs/2011/3mer/2mer/2010-1293.mer.rep.pdf.
40 아동 시청 가능 여부를 가르는 텔레비전 프로그램 방송 경계선은 오후 9시이다.

으로 판단될 가능성이 있다. 그러나 f-word 혹은 그러한 단어에서 파생된 표현들이 사용된다면 항상 방송 경계선 이후에 방송되어야 한다. 그 외의 경우에는 해당 표현을 자르거나 소리를 죽인다. 저속한 언어의 사용 빈도와 강도를 고려하고 저속한 언어 외에도 외설적인 내용이나 폭력에 관한 내용이 있는지를 고려하여 결정한다. 성인 대상의 프로그램이라면 반드시 오후 9시 이후에 시작하여야 한다.

④ 규제의 실제

과거, 미국에서는 특정 단어(shit, fuck, piss, cunt, cocksucker, motherfucker, tits)의 사용만을 금지하였으나 그 후 방송사들이 기준을 숙지할 수 있도록 시의에 맞고 구체적인 언어로 제시하고자 하는 노력을 반복해 왔다(안정민 2008: 160~165).

미국은 미디어 폭력성이 청소년 범죄 및 학교 폭력 등과 연관성이 있다는 여론과 함께, 2001년 1월부터 13인치 이상의 TV 수상기에 V-칩(Violence-chip, 폭력성 프로그램 차단장치)을 의무화하여 폭력적 언어로부터 아동과 청소년을 보호하려는 노력을 꾸준히 하고 있다(박건식 2012: 20).

2002년 빌보드 음악상 시상식 생방송에서 가수 셰어(Cher)가 "So fuck'em"이라는 비속어를 사용했고, 2003년에는 같은 생방송에서 TV 스타인 니콜 리치(Nicole Richie)가 "It is not so fucking simple"이라고 말했는데 이것이 그대로 방송에서 노출되었다. 2003년, 골든 글러브상 시상식에서는 그룹 U2의 멤버인 보노가 사용한 순간적 욕설(fleeting expletives)이 수상 소감으로 생방송되기도 했다. 즉, 수많은 미국의 어린이들이 비속어에 노출되는 방송사고가 발생한 것이다. 이러한 사고들이 반복되면서 시청자들로부터 비판이 제기되었다(박건식 2012: 20~21). 그 결과, 연방통신위원회는 욕설 및 비속어, 외설적 표현에 대한 규제를 강화하게 되었다. 2005년에는 품위 유지에 어긋나는 방송을 할 경우 이전보다 10배나 많은 과징금을 부과할 수 있다는 내용이 담긴 방송품위유지법률(Broadcast Decency Enforcement Act of 2005)을 발표하였고, 2006년 6월 15일에는 방송품위시행법(The Broadcast Decency Enforcement Act)을 제정하였다. 이에 따라 연방통신위원회는 이 법의 발효 1년 후인 2007년 6월 1일, 새로운 법을 수용한 규칙을 공식적으로 채택하여 내용 규제를 강화하였다(안정민 2008: 164~165).

3) 영국

① BBC 프로그램의 취향과 기준(Taste and Standards in BBC Programme)

영국의 BBC(British Broadcasting Corporation)는 1922년 영국 국왕의 칙허장(Royal Charter)을 근거로 설립된 세계 최초의 국영방송국이다. 총리가 추천하고 국왕이 임명하는 12명으로 구성된 이사회(Board of Governors)가 최고 의사 결정 기구이다(외교부 2013: 121~122).

BBC는 1973년부터 뉴스, 시사, 드라마, 오락 프로그램에 대한 'BBC 프로그램의 취향과 기준(Taste and Standards in BBC Programme)'을 제정하여 이를 이행해 오고 있다. 'BBC 프로그램의 취향과 기준'에서는 "언어는 변화하며, 공중의 언어에는 새로운 단어나 표현이 정기적으로 추가되고 있다. 불쾌한 표현으로 이미 확정된 용어들의 힘 역시 시간이 지나면 변할 수 있기 때문에 BBC는 단어나 구를 금지하지는 않는다."라고 명시하고 있다. BBC에서 방송언어의 적절성을 판단하는 가장 중요한 고려 요소는 맥락이다. BBC는 맥락은 언어의 수용가능성을 결정하는 데 있어서 핵심적이므로 콘텐츠 제작자는 무엇이 말해졌고, 그 언어가 사용된 장소가 어디이고, 그것이 왜 사용되었으며, 누가 누구에게 말했는지에 유의해야 하며, 어조와 의도, 그리고 사용된 거친 언어의 비중 등을 고려해야 한다고 하였다.(박건식 2012: 22~24). 즉, 영국은 다른 나라에 비해 특정한 규제 기준을 세우기보다는 언어가 사용된 상황과 맥락을 중요시한다고 할 수 있다.

BBC는 언어의 선정성과 폭력성에 상응하는 '거친 언어'에 대해서도 규정하고 있다. '막말(strong language)'이란 불쾌감을 유발할 가능성이 있는 언어를 의미한다. 이를테면, 인종차별주의적 욕설, 신체적·정신적 장애나 성적 정체성과 관련된 경멸적 용어 등이다. 매우 거친 언어, 즉 가장 큰 불쾌감을 유발할 수 있는 가능성이 있는 언어로는 여성 성기를 가리키는 말, motherfucker, fuck, cocksucker, nigger 같은 언어를 들고 있는데, 시청자가 극도로 불쾌감을 느낄 가능성이 있는 어휘들이 포함된다. 중간 정도의 불쾌감을 유발할 수 있는 언어에는 wanker, pussy, bastard, slag 등이 포함된다. BBC 가이드라인은 이러한 언어의 사용이 인정받기 위해서는 편집상 명백하게 정당한 이유가 있어야 한다고 말하고 있다. 약한 수준의 불쾌감을 유발할 수 있는 언어에는 crap, knob, prat, tart 등의 속어가 포함된다. 이러한 용어가 일반적으로 수용되는 기준에 따라 드물게 사용된다면 광범위한 불쾌감을 유발할 가능성은 적다고 밝혔다.

② 오프컴 규정(OFCOM Broadcasting Code)

오프컴은 영국의 방송 통신 및 관련 산업을 규제하는 기관이다. 현재의 오프컴이 담당하는 방송 내용 및 방송언어 심의를 과거에는 방송기준위원회(BSC), 방송불만처리위원회(BBC) 등에서 담당하였다. 특히 영국 방송기준위원회는 1989년 프로그램에 관한 실무 규약(Practice)을 발표하여, 프로그램에 대해 방송사가 지켜야 할 기준을 상세하게 제시하였다. 1994년 수정안에서는 뉴스, 다큐멘터리, 드라마, 오락 등 장르별로 특성에 따라서 성행위, 폭력 등을 다루는 데 있어 유의해야 할 사항을 제시하고 있다(박건식 2012: 22~24).

방송기준위원회에서 '막말'과 관련해 천여 명의 영국 시청자들을 대상으로 설문조사를 해서 불쾌감을 일으키는 강도에 따라 '비속어' 또는 욕설의 순위를 매겼다(British Standard Committee 2000)는 점도 흥미롭다. 시청자들의 설문응답에 따라 비속어 28개 어휘의 순서를 정했다. 이 등급에 따라 방송 제작자들은 프로그램의 장르나 특성을 고려하여 비속어와 욕설들을 맥락에 따라 사용할 수 있게 되었다. 폭력 묘사나 욕설 등도 무조건 금지하는 것이 아니라, 현실 왜곡이 일어나지 않는 범위 내에서 맥락(Context)과 리얼리티를 최대한 고려하면서 사용하도록 하여 비속어 사용을 억제하고 있다.

4) 일본

① 방송법과 방송프로그램심의회

일본은 1950년 미 군정 체제하에서 전파감리위원회가 설치되어 운영된 것을 시작으로 1972년 '유선 텔레비전 방송법'을 제정하였다(한영학 2012: 170). 방송법에서는 법정 심의기관을 공영방송의 산하에 두게 하여 NHK(일본방송협회 및 일본의 공영방송)의 방송프로그램심의회가 그 역할을 하고 있다.

또한 NHK에서는 프로그램 유형에 따라 자체적으로 방송언어의 기준을 마련하고 있는데, 그 내용은 다음과 같다.[41]

제11항 표현

1. 알기 쉬운 표현을 사용하고, 바른 말의 보급에 힘쓴다.

2. 방송언어는 원칙적으로 공통어를 바탕으로 하되 필요한 경우 방언을 사용한다.

3. 저급한 언어의 사용은 가능한 한 피하고, 외설스러운(야비하고 외설스러운) 말이나 동작에 의한 표현을 하지 않는다.

4. 사람의 마음에 공포나 불안, 불쾌감을 일으키는 표현을 하지 않는다.

5. 잔인한 행위나 육체의 고통을 상세히 묘사하거나 과대하게 암시하지 않는다.

6. 일반적으로 지각할 수 없는 기법으로 잠재의식에 영향을 미치는 표현은 하지 않는다.

7. 애니메이션 등의 영상 수법이 신체에 미치는 영향을 배려한다.

8. 방송의 내용이나 표현에 대해서는 수신자의 생활 시간과의 관계를 충분히 고려한다.

9. 뉴스, 임시 뉴스, 공시사항, 기상통보 등의 방송 형식을 극중 효과 등으로 사용할 때는 사실과 혼동되지 않도록 신중하게 다룬다.

② 방송윤리강령

일본방송협회와 일본민간방송연맹은 2015년 9월 19일에 방송윤리기본강령을 정했다.[42] 이에 따르면 "방송은 적정한 말과 영상을 사용하는 동시에, 품위 있는 표현을 해야 한다. 또한 만일 잘못된 표현이 있을 경우, 실수를 정정하는 것을 두려워해서는 안 된다."라고 명시하고 있다.

또한 방송언어와 관련하여 다음과 같이 규정을 마련하고 있다.[43]

• 표현

① 방송언어

– 방송언어는 정확함과 알기 쉽게 표현하는 것을 기본으로 한다. 난해한 말이나 전문 용어, 일반적이지 않은 외래어 등은 피하거나 가능한 한 바꾸어 말하도록 한다. 전문 지식을 지니지 않은 시청자도 이해할 수 있도록 배려해야만 한다.

41 NHK방송심의회의 의사록. http://www.nhk.or.jp/pr/keiei/bansin/index.html.

42 일본 민간방송연맹(http://www.j-ba.or.jp), 일본 방송프로그램심의회 및 방송윤리프로그램향상기구(https://www.bpo.gr.jp) 참고.

43 해당 내용을 발췌하여 제시한다. 이 외에도 '외국 지명 및 인명의 표기와 읽는 법' 등이 포함되어 있다.

- 인권, 인격, 명예를 손상하고, 차별감이나 모멸감을 줄 우려가 있는 말이나 표현을 사용해서는 안 된다.
- 지역 문화의 다양성을 존중하기 위해, 필요한 경우 방언을 활용하도록 한다.
- 방송의 표기, 용어, 발음은 『NHK한자표기사전』, 『NHK언어핸드북』 및 『NHK일본어발음액센트 사전』을 준거로 한다.

⑧ 문자 정보
- 방송에 있어서 자막 등의 문자 정보는 영상이나 음성과 더불어 중요한 요소이고, 정확을 기해야 한다. 한 자의 차이라도 전혀 다른 의미가 되어 버리는 경우도 있기 때문에 충분히 체크한다.
- 특히 내레이션이나 발언 등의 내용을 문자 정보로 보완하여 표시하는 경우는, 일부만 과도하게 강조하거나 극단적으로 간략화하면 시청자에게 내용이 정확히 전달되지 않을 수 있으므로 주의가 필요하다.
- 뉴스나 프로그램의 주제 표제에 관해서는 전체적인 내용에서 동떨어지거나 시청자의 오해를 불러일으키지 않도록 유의하여 결정한다.

- 국내외의 가이드라인과 규제 현황을 종합하고 현재의 미디어 언어의 현황을 고려하여 새로운 가이드라인을 제정해 봅시다.

장르별 미디어 언어

여기에서는 미디어 프로그램을 장르별로 나누고, 각 장르별 언어의 특성을 살펴본다.[1] 미디어 리터러시의 이해를 위해 미디어에서 사용하고 있는 언어를 가장 미시적인 발음, 단어부터 시작하여 문장과 전체 담화에 이르기까지 하나하나 살펴보는 과정이 포함되어 있다.

미디어 언어의 분석에 있어서 중요한 것은 언어가 사용되는 맥락을 따져 보는 것이다. 이를 위해 미디어 언어의 장르를 구분할 필요가 있다. 다음의 예를 살펴보자.

(1) 일선 학교에서는 프로그램 운영에 대해 우려의 목소리를 내고 있습니다.

아무런 맥락 없이 위의 문장이 주어진다고 해도 우리는 이러한 문장이 드라마나 오락·예능, 코미디나 어린이, 스포츠 프로그램 등에서는 사용되지 않는다는 것을 곧바로 알아차릴 수 있다. 또한 시사·보도 프로그램에서 사용되었을 것이라는 점도 짐작할 수 있다. 사용되는 어휘나 문법 요소, 문체 등이 프로그램의 장르에 따라 달라지기 때문이다.

이와 관련하여 방송통신심의위원회(2015)에서는 방송언어 가이드라인을 편찬하며 방송의 장르를 다음과 같이 나누고 이에 따라 세부 지침을 제시한 바 있다.

가. 시사·보도	바. 영화
나. 대담·토론	사. 코미디
다. 생활 정보	아. 어린이 대상
라. 오락·예능	자. 스포츠 중계
마. 드라마	차. TV홈쇼핑

미디어 언어의 특성은 이렇게 프로그램의 장르에 따라 다르게 고찰되어야 한다. 각 프로그램은 장르에 따라 그 목적과 성격이 다르다. 시사·보도 프로그램은 정확한 정보를, 드라마의 경우 감동과 재미를, 오락·예능이나 코미디 프로그램은 웃음과 즐거움을 시청자들에게 주어야 한다. 이에 따라 언어 표현에 요구되는 특성도 달라진다. 시사·보도의 경우 정확하고 공정한 언어 표현이 중요하고 드라마는 현실에 밀착된 실제와 같은 언어 표현, 오락·

---

1   II장의 일부 내용은 장소원(2018: 99~174)과 장소원(2019: 8~46)을 발췌·수정한 것이다.

예능이나 코미디는 신선하고 재미있는 언어 표현이 필요할 것이다. 따라서 동일한 기준으로 모든 장르의 방송 프로그램을 규제하는 것은 현실적으로 불가능하며, 바람직하지도 않다.

이 장에서는 이러한 프로그램의 장르에 따라 달라지는 언어 표현의 특징을 귀납적으로 살펴본다. 다만 미디어 언어의 사용과 관련하여 주의해야 할 표현들을 알아보기 위해 선행 연구와 방송통신심의위원회의 '방송언어 특별위원회'의 기준을 참고하여 14가지의 언어 사용 오류 유형을 선정하였고, 이에 따라 2018~2019년의 프로그램들을 장르별로 나누어 분석하였다. 분석 대상 프로그램[2]과 언어 사용 오류 유형은 다음과 같다.

〈표 11〉 분석 대상 프로그램

장르	채널	프로그램명	시간
뉴스	지상파, 종합편성, 케이블	KBS 뉴스 9, YTN24 외 9편	9.9시간
예능·오락	지상파, 종합편성, 케이블, 인터넷	나 혼자 산다, 아는 형님 외 22편	31.2시간
드라마		키스 먼저 할까요?, 라이프 온 마스 외 26편	28.8시간
스포츠	지상파, 케이블	2019 신한은행 마이카 KBO 리그 외 4편	6시간
어린이		또봇V, 보니하니 외 10편	5시간
합계			80.9시간

〈표 12〉 언어 사용 오류 유형

어휘	1) 불필요한 외국어·외래어 2) 비속어 3) 비표준어 4) 신조어·은어 5) 방언
문법 및 표현	1) 비문법적인 표현 2) 반말 3) 인격 비하 표현 4) 차별적·편파적 표현 5) 폭력적·선정적 표현 6) 주관적·모호한 표현

2 전체 프로그램 목록은 〈부록〉에 제시하였다.

자막 및 발음	1) 맞춤법에 맞지 않는 표기 2) 외국어 자막 3) 비표준 발음

분석 결과, 장르별로 오류의 유형이 다르게 나타난다는 점을 알 수 있었다. 전체 결과를 그래프로 나타내면 다음과 같다.

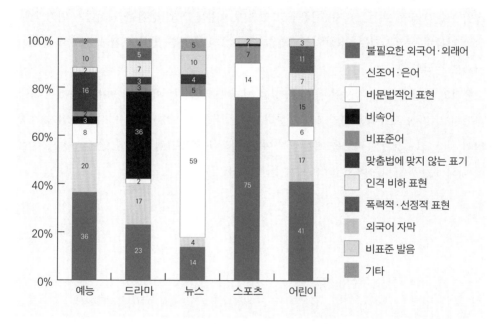

〈그림 7〉 장르별 주요 오류 유형

위에서 제시한 14가지의 오류 유형이 모든 프로그램에서 공통적으로 나타나는 것은 아니다. 양적 분석의 결과를 살펴보면, 예능 프로그램에서는 불필요한 외국어·외래어의 문제가 가장 많았고(36%), 드라마 프로그램에서는 비속어와 관련된 사용 오류가 많았다(36%). 뉴스 프로그램에서 가장 두드러지게 나타나는 언어적 특징은 '비문법적인 표현'이 많이 쓰이고 있다는 것이고(59%), 스포츠 프로그램에서는 '불필요한 외국어·외래어'(75%)가 많이 쓰이고 있다는 점이 눈에 띈다. 어린이 프로그램에서도 불필요한 외국어·외래어가 많이 쓰이고 있었다(41%).

그러나 스포츠, 어린이, 예능 프로그램에서 불필요한 외국어·외래어가 많이 쓰이는 이유는 장르에 따라 다르다. 스포츠 프로그램의 경우에는 자주 사용되는 전문 용어들이 대부분 외국어나 외래어이기 때문이고, 예능 프로그램에서는 외국어나 외래어로 만들어진 유행어를 많이 사용하기 때문이다. 어린이 프로그램에서는 특히 로봇이 출현하는 상황에서나 가상적인 공간에서 사용되는 언어들이 대부분 외국어·외래어로 나타났다.

신조어와 은어의 사용도 여러 장르에서 공통적으로 지적되었다. 신조어와 은어는 예능, 드라마, 어린이 프로그램에서 자주 사용되었다. 특히 드라마에서는 신조어나 은어 외에 비속어나 인격 비하 표현도 자주 사용되고 있었다. 이는 극적인 상황을 제시하기 위해 인물 간의 갈등을 증폭시키는 드라마 장르의 특성에 따라 과격한 언어 표현이 많이 사용되는 것으로 분석할 수 있다.

우리의 일상을 담아 감동을 주는 특성을 가진 드라마 장르에서 비속어나 은어가 많이 사용되고, 가장 모범적인 문장을 구사한다고 생각되는 뉴스에서 비문법적인 표현이 가장 많이 사용되는 것은 흥미로운 관찰 결과이다. 이러한 프로그램 장르별 언어 사용의 특징에 대해서는 절을 나누어 좀 더 자세히 살펴보도록 하겠다.

뉴스 프로그램의 언어

뉴스 프로그램은 지상파, 케이블, 종합편성 등 모든 채널에서 매일 1시간 이상씩 방송되는 가장 중요한 프로그램 중의 하나이다. 또한 시청자들은 뉴스 프로그램의 앵커와 기자의 언어를 가장 규범적인 언어라고 인식한다. 외국어를 공부할 때에도 해당 국가의 뉴스 프로그램은 중요한 학습 도구로 여겨지는데, 이 역시 뉴스 언어를 언어의 규범으로 생각하는 데에서 비롯되는 것이다.

그러나 실제 뉴스 프로그램의 언어를 살펴보면, 한 편의 뉴스에서도 여러 유형의 오류가 다수 발견된다. 총 10시간의 뉴스 프로그램만 살펴보아도 지상파채널의 뉴스 프로그램(3편)에서는 36건의 오류가, 케이블채널의 뉴스 프로그램(2편)에서는 26건의 오류가, 종합편성채널의 뉴스 프로그램(4편)에서는 총 54건의 오류가 발견되었다.

뉴스에서는 격식체의 어투를 사용한다. 따라서 다른 장르의 방송에서 흔히 문제로 제기되는 비속어나 반말, 막말 등은 뉴스 프로그램에서는 찾아보기 힘들다. 맞춤법에 맞지 않는 자막 표기도 적은 편이나 전술하였듯이 뉴스 프로그램의 언어가 규범적인 언어로 인식된다는 점을 고려할 때, 맞춤법 오류나 비표준어의 사용이 한두 건이라도 관찰된다는 것은 뉴스에서의 언어 사용에 더욱 더 주의를 기울일 필요가 있다는 점을 의미한다.

뉴스 프로그램은 지상파, 케이블, 종합편성채널에서 모두 방송되는데 방송 1편당 언어적 오류는 11.5~13건으로 나타났다. 보통 뉴스 프로그램 한 편이 1시간 정도인 점을 감안하면, 3~5분당 하나의 오류가 발생하는 것이다. 예능이나 드라마, 스포츠 프로그램 등 다른 장르에 비해 오류의 수가 많지는 않지만 뉴스 프로그램의 언어가 규범적으로 인식된다는 점을 고려할 때 적은 수라고도 볼 수 없다.

지금부터는 뉴스 프로그램에서 자주 지적되는 오류를 유형별로 나누어 그 예와 함께 살펴보기로 한다.

1) 비문법적인 표현

뉴스 프로그램에서 가장 큰 빈도로 나타나는 문제는 비문법적인 표현이다. 비문법적인 표현은 주어와 술어의 호응 등 문장 성분의 호응 오류, 조사와 어미 사용의 오류, 피동 표현 및 사동 표현의 오류, 문장 성분의 잘못된 생략, 잘못된 번역으로 인한 오류 등 문장의 구성과 관련된 다양한 문제를 포괄한다. 뉴스 언어는 미리 완결된 문장으로 작성된 대본을 바탕으로 하므로 비문법적인 표현도 적게 나타날 것으로 예상된다. 그러나 뉴스 문장은 한 문장이 비교적 길고 의사소통 상황에서 이해를 돕는 비언어적 표현의 사용이나 맥락의 개입이 적은 편이다. 또한 글로 쓴 문장을 입으로 말하는, 문어와 구어의 중간적인 언어가 사용된다. 이러한 특성들로 인해 다양한 문법적 오류가 발생하기도 한다.

- **문장 성분이 서로 호응하지 않는 경우**

---

(1) **가능성이 나옵니다.** (YTN, 기자)
(2) **가장 주요한 요인은** 일본의 무역 보복에 따른 우리 경제에 대한 우려감이 확산하는 과정 속에서 **상당폭 떨어졌다.** (MBN, 자막)

이러한 기본적인 오류도 뉴스 언어에서 꽤 많이 발견된다. '가능성'은 '나오다'라는 서술어와 어울리지 않고, '요인은'은 '떨어졌다'와 호응하지 않는다.

조사가 잘못 사용되어 문장 성분이 호응하지 않는 경우도 있다.

---

(3) 그래서 정부가 아껴오던 카드를 결국 꺼냈다는 **평가로 나오는데** (SBS, 기자)
(4) 해당 학교는 오늘 하루 인근 초등학교의 조리 시설을 빌려 **아이들에 급식을 제공했습니다.** (SBS, 기자)

예문 (3)은 '평가가 나오다'로 써야 하므로 부사격조사 '로'가 아닌 주격조사 '가'로 고쳐야 한다. (4)는 '아이들에게 급식을 제공했습니다.'로 수정하여야 자연스럽다. '에게'는 유정명사에, '에'는 무정명사에 쓸 수 있는 조사로, 둘은 그 형태가 유사하나 어울리는 대상이 다르므로 사용에 유의해야 한다.

- 어휘 의미가 호응하지 않는 경우

> (5) **문제 될 일은 없었다는 취지로** 답했습니다. (SBS, 기자)

'취지'는 '어떤 일의 근본이 되는 목적이나 긴요한 뜻'의 의미를 가진 단어이다. 그러나 이 맥락에서는 해당 의미의 단어 '취지'가 어울리지도 않고, '목적이나 긴요한 뜻'의 의미를 가진 단어가 반드시 필요한 것이 아니므로 '문제될 일은 없었다고 답했습니다.'라고 간단히 고치는 것이 바람직하다. 이처럼 한 문장 안에서 사용된 어휘들의 의미가 서로 호응하지 않고 충돌하게 되면 문장의 의미가 정확하게 전달되지 않는다.

- 문장 성분의 잘못된 생략

> (6) **운동을 할 때에도 분리가 되는 등** 차별을 당했다고 하는데요 (MBC, 앵커)
>
> (7) 그중 **최저임금처럼 속도가 빠른 경우** 속도를 조절하는 내부 조정의 과정일 뿐이라고 설명했습니다. (채널A, 기자)

한 편의 보도문은 여러 개의 문장으로 구성된다. 따라서 전체를 통해 유추할 수 있는 주어나 목적어가 있는 경우, 개별 문장에서 해당 주어나 목적어가 생략되기도 한다. 그러나 유추하기 힘든 성분이 생략되면 시청자들이 뉴스를 제대로 이해하기 어렵기 때문에 정확한 주어나 목적어를 밝혀 주는 것이 바람직하다. (6)에서는 부사어가 생략되었다. '운동을 할 때에도 (누구와) 분리가 되는 등'에서 '누구와'에 해당하는 부분을 써 주어야 한다. '~와/과 닮다, ~와/과 다르다, ~와/과 분리되다' 등의 서술어가 사용될 때에는 '~와/과'에 해당하는 성분을 밝혀주어야 비문이 되지 않는다. (7)은 문법적으로는 생략된 성분이 없어 보이지만, '최저임금 = 속도가 빠르다'라는 부분이 잘 이해가 되지 않는다. '최저임금처럼 상승 속도가 빠른 경우' 등 '무엇의' 속도가 빠른지 밝혀 주어야 정확한 의미 파악이 가능해진다.

자막에서 문장 성분이 생략되는 경우도 많다.

---

(8) **증거 없이 의혹 흘리기 반복**… 이재용은 비공개 활동 (SBS, 자막)

(9) 일단은 법이 제일 문제죠. 법이 동물을 생명이 아니라 **물건으로 보는 게 우리나라는 재물이잖아요**. (TV조선, 자막)

뉴스 프로그램에서 자막은 주로 뉴스의 헤드라인을 제시하거나 인터뷰 내용을 요약적으로 전달할 때 사용된다. 헤드라인을 제시할 때에는 한 화면에서 효율적으로 메시지를 전달하기 위해서 핵심어만 나열하다 보니 필요한 문장 성분이 생략되기 쉽다. 대부분은 전체 내용을 통해 이해할 수 있지만, (8)처럼 '의혹 흘리기를 반복'하는 주어가 무엇인지 드러나 있지 않고 다음 문장의 '비공개 활동'의 주어가 드러나 있는 경우는 문장의 의미가 잘못 전달될 수 있다. 즉 두 개의 문장을 나란히 연결할 때, 앞 문장과 뒤 문장의 주어가 다른 경우는 모든 주어를 밝혀주어야 좋다. (9)는 인터뷰 내용을 제시하고 있는 자막이다. 인터뷰 역시 미리 준비된 내용을 바탕으로 하지만 인터뷰가 행해지는 상황은 실제 뉴스가 방송되는 상황보다는 격식을 갖추지 않는 경우가 많기 때문에 인터뷰를 하는 사람의 발화는 상대적으로 훨씬 구어적인 특성을 지닌다. (9)에서도 많은 내용이 생략되었는데, 이 문장은 '동물을 생명이 아니라 물건으로 보는 게 (우리나라의 현실이에요.) 우리나라는 (동물이) 재물이잖아요.'의 두 문장으로 복원할 수 있다. 인터뷰를 하는 사람의 부정확한 발화를 그대로 자막에 제시하지 않고 정확한 문장으로 바꾸어 주면 비문의 생성을 막고 시청자들의 정확한 이해를 도울 수 있다.

• 문장 접속의 오류

두 개의 문장이 접속될 때 생기는 문법적인 문제도 다양한 양상으로 나타난다.

> (10) 식약처가 커피 전문점에서 사용하고 있는 얼음을 검사했더니 233곳 가운데 41곳이 **부적합으로 나타났고** 해당 매장의 제빙기 **사용을 중단시켰습니다.** (MBN, 앵커)

이유나 근거를 나타낼 때에는 연결어미 '-어'가 주로 사용된다. 같은 상황에서 시간적인 계기를 강조하기 위해 '-고'를 사용할 때에는 이유나 근거를 나타내는 표현을 따로 사용하는 것이 좋다. 따라서 (10)은 다음과 같은 문장으로 수정할 수 있다.

(10′) 식약처가 커피 전문점에서 사용하고 있는 얼음을 검사했더니 233곳 가운데 41곳이 부적합으로 **나타나** 해당 매장의 제빙기 사용을 중단시켰습니다.

(10″) 식약처가 커피 전문점에서 사용하고 있는 얼음을 검사했더니 233곳 가운데 41곳이 부적합으로 **나타났고, 이에 따라 식약처는** 해당 매장의 제빙기 사용을 중단시켰습니다.

국어의 접속문은 문장 성분을 연결하는 경우와 문장 전체를 연결하는 경우 두 가지로 나누어지는데, 특히 문장 성분을 연결하는 경우에는 두 성분이 동일한 유형으로 연결되어야 한다.

> (11) 인터넷에서는 방탄소년단 기획사에 **해명을 요구하는 쪽과** 암표 등을 막기 위해 **잘한 조처라며** 갑론을박이 벌어지고 있습니다. (KBS, 기자)
> (12) **무능도 모자라 사건을 조작까지** 하는 군이라는 비판이 거세지고 있습니다. (채널A, 기자)

(11)에서는 '해명을 요구하는 쪽'이라는 명사구와 '잘한 조처라며'라는 절이 연결되어 비문이 되었다. '해명을 요구하는 쪽'과 '잘한 조처라는 쪽' 또는 '잘한 조처라고 주장하는 쪽' 등 동일한 형태를 연결하여야 하며, 그 이후의 부분도 이에 맞추어 다음과 같이 수정하여야 한다.

(11′) 인터넷에서는 방탄소년단 기획사에 **해명을 요구하는 쪽**과 암표 등을 막기 위해

잘한 조처라고 주장하는 쪽이 갑론을박을 **벌이고 있습니다.**

(11″) 인터넷에서는 방탄소년단 기획사에 **해명을 요구하는 쪽과** 암표 등을 막기 위해 **잘한 조처라고 주장하는 쪽의** 갑론을박이 **벌어지고 있습니다.**

(12)에서도 '무능'과 '사건을 조작'이 접속되어 있다. '무능'은 형용사 '무능하다'의 어근으로 국어에서 단독으로 쓰일 수 없다. 두 성분을 명사의 형태로 연결한다고 하였을 때 '무능'은 '무능한 것'으로 바꾸고, '사건을 조작' 역시 '사건을 조작하기'로 분명하게 명사절로 만들어 주거나 '사건 조작'처럼 명사 형태로 만들어야 두 성분을 자연스럽게 접속할 수 있다. 즉 '무능한 것'과 '사건 조작' 혹은 '사건을 조작하기'로 고쳐 두 성분을 대등한 유형으로 만들어 줄 필요가 있는 것이다.

(12′) **무능한 것도 모자라 사건을 조작하기까지 하는** 군이라는 비판이 거세지고 있습니다.

(12″) **무능한 것도 모자라 사건 조작까지 하는** 군이라는 비판이 거세지고 있습니다.

두 문장을 접속할 때 각 문장의 주어와 술어가 일치하는 문제에도 주의를 기울여야 하는데, 피동문에서 앞뒤 문장의 주어와 술어가 달라지는 경우가 있다. 앞 문장은 능동문, 뒤 문장은 피동문으로 연결되는 문장이 발견된다.

> (13) 이번엔 180억 원을 추가로 들여 철로와 **전동차를 전면 교체했고,** 이르면 오는 9월 **정식 개통됩니다.** (MBC, 기자)

(13)의 앞 문장은 '(A시가) 철로와 전동차를 전면 교체했다.'라는 능동문이며 뒤 문장은 '(동차가) 정식 개통된다.'의 피동문으로 분석할 수 있는데, 두 문장의 주어가 다르고 서술어의 형태도 다르다. 따라서 앞 문장과 뒤 문장의 주어를 밝혀주거나, 주어를 통일한다고 하였을 때 서술어의 형태도 이에 따라 일치시켜야 한다.

(13′) **A시는** 이번엔 180억 원을 추가로 들여 철로와 **전동차를 전면 교체했고, 전동차는** 이르면 오는 9월 **정식 개통됩니다.**

(13″) 이번엔 180억 원을 추가로 들여 철로와 **전동차를 전면 교체했고**, 이르면 오는 9월 **정식 개통합니다**.

- **피동문의 오류**

그 외에도 피동형이 잘못 사용된 예들도 존재한다.

> (14) **단종한 상태** (YTN, 기자)

보도문이나 설명문에서 피동형을 많이 사용하는 것이 잘못이라는 주장이 여러 번 제기된 적이 있으나 피동형의 남발이 문제인 것이지 모든 피동형이 잘못된 것은 아니다. 오히려 피동형이 자연스러운 경우에는 피동형을 올바르게 쓰는 것이 필요하다. (14)의 경우 '단종된 상태'로 쓰는 것이 자연스럽다.

- **외국어 인터뷰 번역의 오류**

뉴스 프로그램에서는 국제 뉴스를 전하며 해외 인터뷰를 번역하는 경우도 많은데, 인터뷰를 번역하여 자막으로 제시할 때에는 한국어의 문장에 맞게 재구성하는 것이 필요하다.

> (15) 부근에 남자가 전신화상을 입어서 새빨개져서 숨이 넘어갈 듯한 상태의 남자가 위를 향해 쓰러져 있어서… (MBC, 자막)

(15)는 무슨 의미인지 언뜻 이해하기 어렵다. 인터뷰를 한 사람의 부근에 전신화상을 입은 남자가 쓰러져 누워 있었고, 피부가 새빨갛고 숨이 넘어갈 듯한 상태였다는 의미로 보이나 어순도 국어의 문장에 적합하지 않고 '위를 향해 쓰러져 있다'라는 표현도 부자연스럽다. 아래와 같이 수정하는 것이 바람직하다.

(15′) 제 부근에 전신화상을 입은 남자가 쓰러져 있었는데, 온몸이 새빨갛고 숨이 넘어

갈 것 같았습니다.

> (16) 창문에서 불이 나서. 저쪽 거리를 걷고 있는데 (MBC, 자막)

위 문장도 외국어 번역문의 오류이다. 이 문장을 보면 '창문에서 불이 나서, 이쪽이 아니라 저쪽 거리를 걸었다.'라는 순서의 문장인지, '저쪽 거리를 걷고 있는데 창문에서 불이 났다.'라는 문장인지 알기 어렵다. 전체 맥락으로는 두 번째 해석으로 이해되기 때문에 이러한 부분이 잘 드러나도록 문장을 수정하는 것이 좋겠다.

(16′) 저쪽 거리를 걷고 있는데, 창문에서 불이 난 것이 보였습니다.

- **중의적인 문장**

국어에서 한 문장이 여러 의미를 가지는 경우를 '중의적인 문장'이라고 하는데, 중의적인 문장은 전혀 다른 의미를 전달할 수도 있기 때문에 뉴스 문장을 쓸 때 특별히 유의해야 한다. 아래와 같이 문장의 의미를 정확하게 알 수 없는 사례가 다수 존재한다.

> (17) 문 대통령 "한국 기업 **피해 생기면 필요한 대응**" (SBS, 자막)
> (18) 알코올 **성분도 있으면** 그렇게 나올 수 있습니다. (MBN, 자막)

(17)의 경우 '한국 기업 피해가 생기면 필요한 대응을 하겠다.'라는 의미인지, '(이 대응/전략/정책 등이) 한국 기업 피해가 생겼을 때의 필요한 대응'이라는 의미인지 해당 문장만으로는 알기 어렵다. (18)의 경우 '다른 성분도 있고, 알코올 성분도 있어야 그렇게 결과가 나온다.'라는 의미인지, '다른 성분의 경우처럼, 알코올 성분의 경우도 결과가 그렇게 나온다.'라는 의미인지 알 수 없다. 실제 대화 상황에서는 맥락, 화자와 청자의 확인, 수정 발화, 억양의 변화 등으로 이러한 중의성이 해소되지만 문어에는 중의성을 해소할 수 있는 장치가 별도로 없다. 따라서 최대한 정확하게 의미를 전달할 수 있도록, 해당 문장이 중의적이지 않은지 점검을 하는 것이 필요하다.

2) 불필요한 외국어·외래어

뉴스 프로그램에서는 타 장르에 비해 불필요한 외국어와 외래어가 사용되는 빈도는 낮았지만, 그럼에도 불구하고 외국어·외래어의 사용이 두 번째로 많이 나타나는 오류 유형으로 집계되었다.

정확하지 않은 외국어·외래어를 사용하여 의미가 무엇인지 알 수 없는 문장은 특히 정확한 정보 전달을 목적으로 하는 뉴스 프로그램에서 경계해야 한다. 잘못된 외국어·외래어를 사용하여 의미 전달의 오류가 일어나는 경우도 이 사례에 속한다. 또한 진행자나 인터뷰를 하는 사람이 외국어·외래어를 사용하였어도 자막에서는 이를 우리말로 바꾸어서 제시하여야 한다. 효율적인 의사 전달을 위해 로마자 약어 등을 자주 사용하는 것도 소통에 영향을 줄 수 있기 때문에 자제할 필요가 있다.

다음은 불필요한 외국어·외래어가 사용된 예이다.

---

(19) 대정부질문에선 지난 1년간 남북미 간 많은 **이벤트**가 있었지만 (연합뉴스, 기자)
(20) 문제 사항에 대해 **터치**를 해주면 아이가 오해를 해요. (TV조선, 자막)

---

(19)의 '이벤트'는 '사건'으로 바꿀 수 있다. 우리말 표현으로 바꾸어도 전혀 의미의 손실이 없으며 우리말로 쓰는 것이 훨씬 자연스럽다. (20)은 뉴스 진행자가 아닌 일반 출연자가 인터뷰한 내용을 자막으로 제시하고 있는데, 원래 발화에 외국어가 포함되어 있다고 해도 우리말 표현으로 충분히 고칠 수 있는 경우이다. '터치'는 '지적'으로 수정하여도 자연스럽다.

3) 비표준 발음

뉴스 프로그램의 진행자와 기자의 발음 역시 규범적인 것으로 인식된다. 따라서 시청자들은 진행자와 기자의 발음에도 귀를 기울이는데 이들의 발음에서도 오류가 자주 발견된다. 특히 이중모음의 발음, 음운 규칙의 적용과 관련하여 정확한 발음이 요구된다.

> (21) 부동산에 대한 **관심[간심]**도 높아지는데요, (JTBC, 기자)
>
> (22) 성인 대표팀 **합류[합류]** 가능성도 언급했습니다. (KBS, 기자)

(21)은 이중모음 'ㅘ'가 제대로 발음되지 못하고 단모음 'ㅏ'로 발음된 예이다. 이러한 사례는 발음이 유사한 단어들을 서로 구별하기 위해서도 특히 중요하다. (22)는 뒤에 오는 'ㄹ'이 앞에 오는 'ㅁ'의 영향을 받아 [함뉴]로 발음되어야 한다.

한자어 합성어의 경우, 사이시옷 현상으로 인해 된소리가 생기는 경우가 있는데, 각 단어의 의미와 환경에 따라 사이시옷의 규정이 다르게 적용되므로 주의 깊게 살펴볼 필요가 있다.

> (23) **일반세율[일반쎄율]**만 부과됩니다. (MBN, 앵커)
>
> (24) **벽돌세[벽돌세]**가 있었습니다. (MBN, 앵커)

(23)은 '일반세'와 '율'의 합성이 아닌, '일반'과 '세율'의 합성어로 '세율'이 된소리로 발음될 이유가 없다. [일반세율]로 발음되어야 한다. 그러나 (24)는 '벽돌'과 '세'의 합성어로 사이시옷이 적용되는 환경이다. 따라서 [벽돌쎄]로 발음되어야 한다.

강조나 표현적인 효과를 위해 된소리를 사용하는 사례도 있다.

> (25) 굉장히 **센데요[쎈데요]**. (MBN, 앵커)
>
> (26) 최고 300mm **장대비[장대삐]**가 (TV조선, 기자)

'쎄다, 쪼끔, 짝다' 등의 발음은 일상 생활에서 빈번히 사용되지만 뉴스 언어에서는 이러한 발음을 지양해야 한다. (25)의 '쎈데요'는 '센데요'로 발음하여야 한다. (26)의 장대비는 [장때비]로 발음되어야 하는데, [장대삐]로 잘못 발음되었다. 된소리를 포함하는 경우 정확한 발음에 더욱 신경써야 한다.

구어적인 특징이 발음에서 드러나는 경우도 있다.

> (27) **기뻤습니다[기뻤습다]**. (KBS, 기자)
> (28) 상상만 해도 **멋지죠[머찌져]**. (KBS, 앵커)
> (29) 확대가 **됐고요[돼꾸요]**. (연합뉴스, 기상캐스터)

'-습니다'의 발음이 축약되어 '-습다'로 발음되는 경우(27), 'ㅛ'의 발음을 'ㅕ'로 하는 경우 (28), 'ㅗ'의 발음을 'ㅜ'로 하는 경우(29) 등은 모두 비표준 발음으로 구어에서 빈번하게 관찰되는 현상이나 뉴스 언어에서는 정확한 발음을 사용하는 것이 바람직하다.

다음은 외국어·외래어의 발음과 장단음의 구별에 관한 것이다.

> (30) 전기레인지의 **플러그[플르그]**를 빼거나 (JTBC, 기자)
> (31) **일[일]**하러 왔는지 (YTN, 기자)

(30)은 외국어의 발음 오류 사례인데, 모음이 정확하게 발음되지 않았다. (31)의 '일'은 일(事)에 해당하는 것으로 장음 일[일:]로 발음하는 것이 원칙이다. 물론 현대 국어에서 장음과 단음의 구별이 이미 사라져가고 있지만, 해당 사례에서는 '일'을 강세가 들어있는 단음으로 발음함으로써 숫자 '일(一)'을 말하는 것처럼 들려서 문제가 된다.

4) 비표준어

뉴스 프로그램에서 사용되는 언어는 당연히 표준어일 것으로 기대되지만, 간혹 비표준어가 사용되는 사례가 있다.

> (32) 외교적 결례도 **서슴치** 않았다고 합니다. (TV조선, 앵커)
> (33) 집값 불안의 **진앙지**인 재건축 아파트가 (SBS, 기자)

(32)의 경우 '서슴치'는 표준어가 아니며, '서슴지'로 써야 한다. 이는 일상생활에서도 빈번하게 발생하는 오류로 방송, 특히 뉴스 프로그램에서 이러한 오류가 반복적으로 노출되면 언중의 언어생활에 잘못된 영향을 미칠 수 있기에 주의하여야 한다. (33)의 '진앙지' 역

시 사전에 등재된 단어가 아니다. '진원지'나 '진앙'으로 수정하여야 한다.

5) 신조어 · 은어

　뉴스 프로그램에서 신조어 · 은어가 사용되는 사례는 드물다. 다만 신조어가 사용되는 사례는 약간 발견되는데, 뉴스 프로그램이 현대의 세태를 반영한다는 점을 고려한다면 신조어가 사용되는 사례도 자연스러운 것으로 이해할 수 있다. 그러나 뉴스 프로그램이 모든 연령과 성별의 시청자들을 대상으로 한다는 점을 감안할 때 신조어와 은어의 사용에 주의할 필요가 있다. 전체 맥락에서 자연스럽게 신조어를 노출하여 시의적절한 사용을 통해 신선한 느낌을 주는 것도 필요하겠지만 모든 세대의 시청자들이 알고 있는 단어를 사용함으로써 뉴스의 내용을 분명히 이해할 수 있도록 하는 것도 중요하기 때문이다.

---

(34) 그 인물과 거의 100% **싱크로율**로 똑같이 방송을 한다고 합니다. (MBN, 앵커)

(35) 오른쪽이 보정, 이른바 '**뽀샵**' 처리를 한 거죠. (MBN, 앵커)

(36) **다둥이** 기준이 둘까지 내려간 세상이니까 말이죠. (TV조선, 앵커)

---

　(34)에서는 '동시에 일어나다, 동일하다'의 의미를 가진 영어 'synchro-'와 한자어 '율'이 결합하여 '동일한 정도'를 나타내는 신조어인 '싱크로율'이 사용되었다. 그러나 이 신조어는 해당 맥락에서 꼭 필요한 것이 아니다. (35)는 '포토샵'을 유행하는 표현인 '뽀샵'으로 바꾸어 말하고 있는 경우이다. 이 경우도 문장의 앞부분에 나오는 '보정'을 통해서 해당 내용을 충분히 이해할 수 있으므로 굳이 불필요한 유행어를 사용할 필요가 없다. (36)은 잘못된 신조어가 사용된 예이다. '다둥이'는 '쌍둥이'에서 유추하여 세 쌍둥이나 네 쌍둥이를 의미하기 위해 만들어진 단어이다. 그러나 (36)에서는 그런 의미가 아니라 '두 명 이상의 자녀'라는 뜻으로 이 단어를 쓰고 있다. 그런데 이런 뜻으로는 이미 '다자녀'라는 어휘가 존재하므로 굳이 '다둥이'를 쓸 필요는 없다. 따라서 신조어나 유행어를 사용할 때에는 그 맥락에 꼭 필요한지, 정확한 의미로 사용되고 있는지를 다시 한 번 점검할 필요가 있다.

6) 맞춤법에 어긋난 표기

뉴스 프로그램에서는 자막이 많이 사용된다. 뉴스의 시작 부분에서 헤드라인을 표시하는 자막, 기사의 내용을 요약하는 자막, 인터뷰 내용 자막 등 다양한 자막이 사용되는 것은 뉴스 프로그램의 특징이기도 하다. 그러나 자막은 문자로 표기되는 만큼 표기법을 준수하여 작성하여야 하며, 자막 속 틀린 표기가 영상으로 남아 확대·재생산될 수 있다는 점에서 문제가 된다는 점을 기억해야 한다. 또한 뉴스 언어의 규범적인 특성상 자막에서 맞춤법을 틀리는 것은 제작진과 뉴스에 대한 신뢰도를 크게 떨어뜨리는 요인이 된다.

아래의 사례는 맞춤법에 어긋난 자막의 예이다.

---

(37) 작업이 **안되요**. (연합뉴스, 자막)

(38) 국민의 한 **사람으로써**, (채널A, 자막)

---

(37)과 (38)은 각각 '안 돼요'와 '사람으로서'로 표기되어야 한다. '되다'는 '되고, 되지, 되니까, 되어요, 되어서, 되어' 등으로 활용하는데, 모음이 연속되는 '되어요, 되어서, 되어'는 '돼요, 돼서, 돼'로 줄여서 표기할 수 있다. 그러나 '되'와 '돼'의 발음이 현대 국어에서는 잘 구별되지 않아 표기를 혼동하는 경우가 많은데, 이러한 표기 실수는 뉴스 프로그램의 품격을 떨어뜨리므로 매우 주의해야 하는 부분이다. 또한 조사 '(으)로써'와 '(으)로서'는 그 의미가 다르다. '(으)로써'는 '돈으로써 해결하려고 한다.'에서처럼 수단이나 방법을 나타내는 명사와 어울리고, '(으)로서'는 자격이나 신분 등을 나타내는 단어와 어울린다. 따라서 '사람으로써'는 틀린 표기이며 '사람으로서'로 고쳐 써야 한다.

다음은 자막의 띄어쓰기에 관한 사례이다.

---

(39) 상대국에 따라 달라지는 **약속 보다** 피해자의 아픔에 공감하며 (YTN, 자막)

(40) 그만둘 **수 밖에** 없다. (MBC, 자막)

자막은 화면의 크기라는 공간의 제약으로 인해 띄어쓰기를 꼼꼼하게 지키지 못할 수 있다. 즉 띄어 써야 하는 부분이지만 효율적인 표기를 위해 띄어 쓰지 않을 수도 있다는 것

이다. 그러나 띄어 쓰지 않아도 되는 부분을 띄어 쓰는 것은 공간적인 제약이라는 이유와 상관없이 틀린 표기이므로 수정되어야 한다.

(39)에서 '보다'는 명사 뒤에 사용되는 조사이므로 '약속보다'로 써야 한다. 동일한 형태인 '보다'가 부사로 사용되는 경우는 띄어 써야 하지만, 해당 사례에서는 조사로 사용되기 때문에 앞 말에 붙여 써야 한다. (40)에서도 '밖에'는 조사이므로 의존명사인 '수'에 붙여서 써야 한다.

7) 기타: 차별적·편파적 표현 / 주관적·모호한 표현

뉴스 언어는 정확하고 객관적인 정보 전달을 바탕으로 하므로 차별적이거나 모호한 표현이 사용되는 것에 주의할 필요가 있다.

---

(41) **의원님** 태우고 '숙취운전' (MBC, 자막)
(42) 한기총 회장 전광훈 목사의 **막말에 가까운** 정치적 발언이 논란이죠. (KBS, 앵커)

---

(41)에서는 '국회의원'을 '의원님'이라고 칭하고 있다. '의원님'이라고 높여야 할 상황도 아니며 오히려 조롱의 의도로 '의원님'을 사용하고 있는 것으로 보이나 객관적인 표현인 '국회의원'을 사용하는 것이 바람직하다. (42)에서도 해당 목사의 발언을 '막말에 가깝다'라고 표현하고 있는데, 실제로 그 내용이 막말에 가깝다고 하더라도 진행자의 평가를 굳이 개입시킬 필요는 없다.

2 예능 프로그램의 언어

예능 프로그램은 주로 주말 저녁과 평일 밤 시간에 방영되며 다양한 연령층의 시청자들에게 큰 인기를 얻고 있다. 주말 저녁에 방영되는 예능 프로그램들은 온 가족이 즐길 수 있는 오락 프로그램을 지향하고, 평일 밤에 방영되는 예능 프로그램은 그보다 시청 가능 등급이 높다(15세)는 특징이 있다.

예능 프로그램이 폭넓은 시청자들에게 인기를 얻고 있는 만큼, 이들 프로그램에서 사용되는 언어 역시 시청자들에게 긍정적인 영향을 끼칠 수 있어야 한다. 온 국민이 쉽게 이해할 수 있으면서도 재미있게 즐길 수 있는 언어를 사용하여야 하며 시청자들의 정서에 악영향을 끼칠 수 있는 어휘나 표현은 삼가야 한다.

최근의 예능 프로그램은 연예인, 스포츠 선수, 요리사 등 각 분야의 전문가들이 출연하며 대본이 없는 자연스러운 상황을 연출한다는 특징이 있다. 전문적으로 방송과 관련된 교육을 받지 않은 사람들의 출연 빈도가 높아졌다는 점에서 이들이 사용하는 언어가 앞에서 제시한 '규범적이고 정제된 방송언어'와는 그 성격이 다를 가능성이 크다. 예능 프로그램에서 자주 지적되는 언어 실태의 문제점을 유형화하고 유형별 예시를 설명하면 다음과 같다.

1) 불필요한 외국어 · 외래어

예능 프로그램에서 가장 높은 빈도로 나타나는 문제는 불필요한 외국어·외래어가 과도하게 사용되고 있다는 점이다. 현대 사회에서 외국어·외래어는 일상생활에서도 빈번하게 사용된다. 그러나 대체할 우리말이 있으면서 사전에 외래어로 등재되어 있지 않은 외국어를 방송에서 사용하는 것은 바람직하지 않다.

외국어·외래어와 관련된 사례는 다음의 네 가지 유형으로 분류할 수 있다.

첫째, 국어로 바꾸어도 전혀 의미의 손실이 없음에도 불구하고 외국어·외래어를 사용하는 경우이다. 이는 불필요한 외국어·외래어 사용의 전형적인 예이다.

둘째, 외국어·외래어를 사용하여 의미의 전달이 명확하지 않은 경우이다. 정확하지 않은 외국어·외래어를 사용하여 출연자가 의도한 의미가 무엇인지 알 수 없는 것은 방송언어가 갖추어야 하는 기본적인 의사 전달의 기능을 상실한 사례이다. 잘못된 외국어·외래어를 사용하여 의미 전달의 오류가 일어나는 경우도 이 사례에 속한다.

셋째, 외국인 출연자들이 늘어난 것은 최근의 방송이 보여주는 뚜렷한 특징 중에 하나인데, 이들이 자신의 모국어를 사용하여 시청자들이 외국어에 노출되는 사례가 빈번하게 일어난다. 대부분은 자막을 통해 번역이 이루어지지만 그렇지 않은 경우도 많다. 그 외에도 한국인이지만 외국에서 살다 와 한국어 실력이 부족하여 외국어를 자연스럽게 사용하는 출연자, 외국에서의 경험을 전달하며 외국어를 과도하게 사용하는 출연자들도 예능에서의 불필요한 외국어·외래어 사용을 증가시키는 주요 원인이다.

넷째, 출연자들이 의도적으로 또는 즉흥적으로 외국어·외래어를 사용하였어도 진행자나 자막은 이를 우리말로 바꾸어 제시하여야 한다. 그러나 오히려 진행자나 자막이 더 적극적으로 불필요한 외국어·외래어를 사용하는 사례도 많다. 출연자는 한국어로 정상적인 발화를 하였으나, 흥미를 위해 자막에서 외국어를 사용하는 경우가 빈번하게 발견된다.

• 불필요한 외국어를 사용한 경우

---

(1) 제 연기 인생의 **맥스**였던 것 같아요. (KBS, 해피선데이)

→ 제 연기 인생의 최고였던 것 같아요.

(2) 보통 저도 좀 **릴렉스**를 하고 들어가야 되는데 그냥 바로 들어갔어요. (MBC, 라디오스타)

→ 보통 저도 좀 긴장을 풀고 들어가야 되는데 그냥 바로 들어갔어요.

---

(1), (2)는 모두 출연진의 말에서 사용된 불필요한 외국어의 예이다. (1)과 (2)는 우리말 표현으로 바꾸어도 전혀 의미의 손실이 없으며 우리말로 쓰는 것이 훨씬 더 자연스럽다.

- **의미가 불확실한 외국어를 사용한 경우**

> (3) 연예인들이 **덴저러스인 게 그 덴저러스**가 여러 가지 심리적인 것도 약간 있는 거거든. (MBC, 라디오스타)
>
> (4) 제가 음악에는 되게 굉장히 **딥**한 사람이기 때문에 (MBC, 라디오스타)

(3), (4)는 해당 외국어를 어떤 의미로 썼는지 잘 알 수 없는 경우이다. (3)의 경우, 영어 'dangerous'는 '위험하다, 좋지 않다' 등의 의미로 해석되나 해당 맥락에서는 '심리적으로 불안하다'라는 어감을 전달한다. 또한 'dangerous'는 형용사이므로 '덴저러스이다, 그 덴저러스'처럼 명사적인 용법으로 사용한 것은 잘못된 표현이다. (4)에서도 영어 'deep'이 사용되었다. 보통 '깊다, (폭이) 넓다, 엄청난 범위' 등을 의미하지만 해당 맥락에서는 '음악에 있어서 굉장히 깊이가 있는 사람이다, 폭 넓은 여러 범위의 음악을 하는 사람이다, 음악에 진지한 사람이다' 등 다양한 의미로 해석된다. 이러한 표현들은 출연자들이 잘못 사용하였다고 해도 자막에서 교정해 주는 것이 바람직하다.

- **외국인 출연자가 외국어를 사용한 경우**

> (5) 우리 첫 팀 전을 **오피셜리(officially)** 2패로 끝낼 수도 있어요. (채널A, 나만 믿고 따라와, 도시어부)
>
> (6) **오 노, 잇 워즈 프로버블리 유어 카(Oh no, it was probably your car)**. (MBC, 라디오스타)

외국에서 거주한 경험으로 인해 외국어가 익숙한 출연자들이 방송에서 외국어를 한국어와 섞어 쓰거나, 아예 외국어 문장을 발화하는 경우가 있다. 특히 이때 사용된 외국어는 흔히 사용되거나 널리 알려진 외국어가 아닌 경우도 많기 때문에 이러한 언어 사용이 그대로 방송되는 것은 특별히 주의를 요하는 부분이다.

- **자막에서 외국어를 사용한 경우**

> (7) 서울의 간판 **스트릿** (MBC every1, 어서와 한국은 처음이지? 시즌2, 자막)
>
> (8) 카메라 번호 **콜**은 수근이! (JTBC, 아는 형님, 자막)

자막에서 외국어를 사용하는 경우는 매우 많다. (7)에서 '스트릿'은 '거리'로 바꾸어도 무방하며 'street'의 올바른 표기는 '스트리트'라는 점에서도 잘못된 자막이다. (8)은 출연자가 "번호는 수근아 네가 불러줘라."라고 발화를 하였는데, 군이 '콜'이라는 불필요한 외국어를 자막에서 사용하고 있는 경우이다.

반면, 출연자의 외국어·외래어 사용을 자막에서 수정하고 있는 경우도 있다. 아래의 자막은 "아름다운 페어웰이었어."라는 출연자 발화의 '페어웰'을 작별로 수정한 것이다. 이렇게 자막이 출연자들의 불필요한 외국어·외래어 사용을 수정하는 것이 바람직한데, 현실적으로는 출연자의 발화를 오히려 외국어·외래어로 바꾸는 자막이 훨씬 더 많다.

> (9) 아름다운 작별이었어 (tvN, 윤식당 2, 자막)

2) 비속어

예능 프로그램에서 사용되는 비속어는 어떤 대상을 낮잡아 일컫는 말, 방송의 품격을 떨어뜨리는 속된 말을 포함한다.

- **특정 대상을 낮잡아 일컫는 말이 사용된 경우**

> (10) 평소에 좋아하는 **새끼**들입니다. (SBS, 미운 우리 새끼)
>
> (11) **꼰대**들은 빠져요 **꼰대**들은! (TV조선, 얼마예요?)

예능 프로그램에서는 (10)과 같이 특정 인물을 낮잡아 일컫는 말로 '새끼, 놈' 등이 종종 사용된다. (10)은 프로그램 제목에서 착안하여 '새끼'라는 말을 사용한 것인데, 같은 어휘가 방송 중에 반복적으로 사용되었다. (11)은 한 출연자가 맞벌이를 하지 않는 여성은 가사를 모두 도맡아 해야 한다고 주장하자, 다른 출연자가 한 말이다. '꼰대'는 '늙은이'를 의미하는데, 생각이 고리타분하고 나이가 많은 사람들을 낮잡아 부르는 말이다.

- 욕설과 속된 말이 사용된 경우

(12) 겁은 **예기랄** (SBS, 미운 우리 새끼)
(13) (당신은 대체…)건달답지 않게 **후달리는**(?) 건달 (채널A, 나만 믿고 따라와, 도시어부, 자막)
(14) 와, 아빠 **개웃겨**. (TV조선, 얼마예요?)

(12)는 방송인의 친척이 출연하여 사용한 욕설을 방송에 그대로 노출한 예이다. 방송을 통해 전달하고자 하는 전반적인 내용을 해치지 않는다면 욕설이나 비속어는 방송에 노출되지 않도록 편집하는 것이 바람직하다. (13)의 '후달리다'는 '힘이 부족하다' 정도의 의미를 가지는 속된 표현이다. 제작진도 이 표현이 방송에서 사용되기에 그리 적절하지 않다는 의식을 가지고 있었기에 '후달리는(?)'과 같이 물음표를 달았다. (14)는 '와, 아빠 정말 웃겨.' 정도로 표현할 수 있는 것을 점잖지 않은 접두사 '개-'를 사용하여 '와, 아빠 개웃겨.'로 표현한 것이다. 같은 방송에서 '개부끄러워'도 사용되었다.

3) 비표준어

예능 프로그램에서 사용된 비표준어는 노출 빈도가 아주 높지는 않으나, 특정 유형의 사례가 여러 프로그램에서 반복하여 발견된다는 점에서 주목할 만하다.

(15) 지금은 인제 0이 하나라도 더 생겼으면 하는 **바램**. (MBC, 라디오스타, 용준형)
(16) **좋으네요**. (MBC every1, 어서와 한국은 처음이지? 시즌2, 김준현)
(17) 굉장히 **설레이네요**. (네이버 TV, 포토피플2, 남우현)

위의 예들에서는 각각 표준어인 '바람', '좋네요', '설레네요'의 비표준어가 사용되었다. 이들은 일상 구어에서도 빈번하게 발생하는 오류이지만 이러한 오류가 지속적으로 방송에서 노출되는 것은 언중의 언어생활에 부정적인 영향을 미친다.

4) 신조어 · 은어

예능 프로그램에서 불필요한 외국어·외래어의 사용 다음으로 많이 나타나는 문제는 신조어 및 은어의 사용이다. 신조어 및 은어는 해당 표현을 알지 못하는 시청자가 존재할 수 있기 때문에 방송언어로 적절하지 않다.

예능 프로그램에서 사용되는 신조어로 가장 두드러지는 것은 줄임말이다. 줄임말을 만들 때에는 단순히 긴 단어나 구, 문장을 줄이기도 하지만, 단어의 절단과 결합을 통해 새로운 단어를 형성하기도 한다.

(18)~(19)에서 밑줄 친 표현은 모두 여러 단어로 이루어진 구를 줄여 만든 줄임말이다.

---

(18) 삼촌은 원조 **요셉남** (SBS, 미운 우리 새끼, 자막)

　　〔요리를 잘하는 섹시한 남자 → 요셉남〕

(19) **연알못** 솔로인 줄 알았더니 (MBC, 라디오스타)

　　〔연애를 알지 못하는 (사람) → 연알못〕

이들은 구로 풀어서 쓸 수 있는 말임에도 줄임말이 하나의 어휘처럼 굳어져 사용되는 예들인데, 방송에서도 그대로 노출되고 있다. 그런데 해당 표현은 풀어서 써도 어색하지 않으며, 해당 줄임말을 알지 못하는 시청자가 존재할 가능성이 있으므로 적절한 언어 사용으로 보기 어렵다.

---

(20) 준호**피셜** 인기 없는 친구들 상황 (KBS2, 해피선데이─1박 2일, 자막)

　　〔오피셜(official) → 피셜(어떤 생각, 발화의 출처를 의미하는 신조어)〕

(21) 일당백 **프로짐꾼러** (SBS, 정글의 법칙 in 남극, 자막)

　　〔프로X러(pro X-er): X를 잘하는 사람〕

　　　　　　　　　　　　　　뉴미디어 시대의 미디어 리터러시

> (22) 너무 자주 올리면 **관종**같이 보일까 봐 (MBC, 나 혼자 산다)
>
> 〔관종(관심종자): 관심 받고 싶어 하는 사람〕

(20)~(21)은 단어의 일부분을 잘라 새로운 말을 만들어낸 예들이다. 단어를 절단해 낸 부분을 모아 신조어를 만들어내고 있는데, 주목할 점은 대체로 외래어·외국어에서 이와 같은 절단 현상이 빈번히 나타난다는 사실이다. (22)의 '관종'은 '관심종자'라는 새로운 합성어를 만들고 그것을 다시 줄여 쓴 신조어이다.

이러한 신조어들은 대부분 인터넷 커뮤니티나 게시판에서 유행하기 시작하여 예능 프로그램에서도 그대로 사용되는 경우가 많다. 최근 출연자들의 일상을 관찰하거나 출연자들끼리 자유로운 대화를 주고받는 형식의 프로그램이 인기를 끌고 있다. 이런 프로그램에서는 출연자들이 일상생활에서 사용하는 발화가 그대로 방송되면서 이들이 사용하는 신조어들도 걸러지지 못하고 그대로 방송에 노출되는 결과가 빚어지고 있다.

한편 특정 집단에서 사용하는 은어가 방송에 노출되기도 한다.

> (23) 요새 **빵** 가는 게 유행인가 봐요. **빵**을 많이 가네요. (KBS2, 해피투게더3, 박명수)
>
> 〔빵: '감옥'을 의미하는 죄수들의 은어〕
>
> (24) **현피** 시동 걸 기세 (채널A, 나만 믿고 따라와, 도시어부, 자막)
>
> 〔현피: 실제 세계에서 만나서 싸운다는 게임 사용자들의 은어〕

(23)~(24)의 은어는 다양한 시청자를 대상으로 하는 방송에서 사용하기에 적절하지 않다. 게다가 은어의 특성상 (23)의 '빵'처럼 비속한 느낌을 주는 경우도 있어 더욱 부적절하다. 또한 출연자가 발화하지 않은 내용임에도 불구하고 자막에서 신조어를 사용하는 경우가 많았다. 이는 영상에 재미를 더하기 위함인 것으로 판단되나, 자막은 오히려 신조어나 은어의 의미를 풀이하는 역할을 하여 시청자들의 이해를 돕는 도구로 사용되는 것이 바람직하다.

5) 방언

방언은 방언 화자인 출연자들이 사용하는 것이 일반적이지만, 방언 화자가 아닌 출연자가 사용하기도 하고 자막으로 제시되기도 해서 문제가 된다. 방언 화자가 무의식적으로, 또는 자연스럽게 사용하는 방언 표현의 경우는 부적합하다 할 수 없겠으나, 다른 사람을 조롱하거나 희화화하기 위해 일부러 방언을 사용하거나 과장된 표현으로서 방언을 사용하는 것은 지양해야 한다.

다음은 출연자의 방언 사용을 조롱하거나 지적하기 위해, 혹은 재미삼아 방언을 불필요하게 노출한 사례이다.

---

(25) 야 그거 **버랜드(?)** 평판 그거는 (JTBC, 아는 형님, 자막)

(26) **마이** 취해써. (tvN, 윤식당2, 자막)

---

(25)는 방언 화자인 강호동의 발화를 자막으로 다시 제시한 경우이다. 경상 방언에서 'ㅡ'와 'ㅓ'가 또렷하게 변별되지 않기 때문에 '브랜드'의 발음이 [버랜드]로 들릴 수 있는데, 이를 조롱하듯 '(?)'를 붙여 자막에 노출하였다. (26)은 출연자의 발화에서 나타난 방언 발음을 그대로 자막 등에 노출시킴으로써 출연자를 희화화하는 경우이다. 심지어는 방언 화자가 방언을 사용하는 것이 아니라 방언 자체를 조롱하고 희화화의 소재로 삼기 위해 사용하는 경우도 있다.

---

(27) 남자 **아임미까**. (네이버 TV, 포토피플2)

(28) (아이고 **성님**ㅋㅋ) (채널A, 나만 믿고 따라와, 도시어부, 자막)

위의 예들은 경상 방언에 해당하는 예이다. 이들은 모두 방언 화자의 방언 사용과 무관하고 맥락상 방언을 노출할 필요가 전혀 없음에도, 상황이나 상대방을 희화화하며 방언을 사용하고 있어 문제가 된다.

6) 비문법적인 표현

예능 프로그램에서 사용된 문법에 맞지 않는 표현들은 국어에 존재하지 않는 단어 형태의 사용, 잘못된 조사 및 어미 사용, 지나친 생략, 호응하지 않는 문장 성분 등으로 대표된다. 대표적인 예를 두 가지만 살펴보겠다.

---

(29) **해맑** (SBS, 미운 우리 새끼, 자막)
(30) (제가) 좀 요즘에 호감이 **가시는** (분이 있어요) (KBS2, 해피투게더3)

---

(29)는 자립적으로 사용할 수 없는 어간 '해맑-'을 독립적으로 사용한 예이다. 예능 프로그램의 자막에서는 이와 유사한 방식인 '괜찮, 아쉽, 부럽, 안타깝' 등 다양한 사례가 관찰된다. 그러나 국어에서는 어간을 단독으로 쓸 수 없다. 어간은 항상 어미와 결합하여 쓰이는 의존적인 요소이기 때문이다. (30)에서는 주체 높임의 선어말어미 '-시-'를 본인을 높이는 데에 사용하고 있다. 최근에는 '-시-'를 잘못 사용하는 경우가 빈번해서 시청자들에게 혼란을 주곤 하는데, 높임 표현을 써야 하는 적절한 상황이 언제인지 잘 살펴 사용해야 한다.

7) 반말

국어에서는 공식성 및 격식성에 따라 높임 표현의 등급을 달리하여 쓴다. 방송은 전 국민을 대상으로 한다는 매체의 특성상 공식성을 가지고 있으므로 이에 걸맞는 언어를 사용해야 한다. 예능 프로그램은 타 프로그램에 비해서는 격식성이 강조되지 않지만, 그래도 예능 프로그램의 출연자들은 미디어의 공공성을 간과해서는 안 되며, 상대 출연자에 대한 예의를 갖출 필요가 있다. 이 점을 고려한다면 지나치게 반말을 자주 사용하는 것은 바람직하지 않다.

최근 들어 예능 프로그램은 운영 방식이 변화하며 예전보다 자유분방한 분위기를 추구하고 있고, 출연진들도 격의 없이 대화하며 서로 친밀한 관계를 보여준다. 그렇지만 아무리 친분이 있거나 상대방이 나보다 어리다고 해도 계속 반말을 사용하는 것은 시청자들에게 불쾌감을 줄 수 있다. '야, 너, 인마, 아/야, -이' 등의 호칭이 사용되는 것도 방송에서는 부적절하다.

---

(31) **야, 밥 가져와라, 야** (comedy TV, 맛있는 녀석들)

(32) **소연아** 사랑해 (KBS2, 해피선데이-1박 2일)

---

(31)에서는 한 출연자가 다른 출연자를 '야'라고 부르며 반말을 사용하고 있다. 이 출연자는 나이가 어린 출연자에게는 반복적으로 반말을 사용하며, 이와 함께 하대하는 표현을 섞어 쓰기도 했다. 이러한 장면에 시청자는 불쾌함을 느낄 수 있다. (32)는 출연자가 자신의 부모님의 이름을 부르는 것인데, 손윗사람을 '○○아'로 부르는 것은 상식적이지 못하다.

8) 기타: 인격 비하, 차별적 · 편파적 표현

그 외에 예능 프로그램에서 나타나는 언어의 문제점으로는 상대의 인격을 비하하는 표현, 차별적·편파적인 표현 등이 있다. 이러한 표현들은 방송의 품격을 떨어뜨리는 대표적인 표현들이므로 사용을 지양해야 한다.

- **인격을 비하하는 표현**

---

(33) 으이구 **돼지Say들** (comedy TV, 맛있는 녀석들, 자막)

(34) **오징어 2마리** 기상 (KBS2, 해피선데이-1박 2일, 자막)

인격을 비하하는 표현의 경우 출연자에 대한 외모 비하가 가장 두드러진다. (33)~(34)가 그 예이다. (33)은 제작진들이 자막을 통해 출연진의 몸집이 크고 뚱뚱하다는 것을 부각한 것이다. 이를 통해 웃음을 유발하고자 한 것인데, 이는 몸집이 큰 사람들에 대한 비하적 언사이다. (34) 또한 제작진이 자막을 통해 출연자들의 외모를 비하한 것이다. 출연자들이 너무 못생겨서 '오징어' 같다는 의미이다.

- **차별적·편파적인 표현**

> (35) **직업과는 달리 밝은 성격** (tvN, 선다방, 자막)

(35)는 방송에 출연한 일반인 출연자가 직업이 변호사인데도 밝은 성격을 지니고 있다고 설명하면서 등장한 자막이다. 이는 변호사라는 직업을 가진 사람들은 밝은 성격을 가지고 있지 않을 것이라는 고정관념에서 나온 말이며 직업에 대한 잘못된 인식을 심어줄 수 있는 편파적인 표현이다. 제작진들의 의도가 담기는 자막에는 이러한 차별적·편파적 표현이 담기지 않도록 더 주의해야 한다.

9) 맞춤법에 맞지 않는 표기

예능 프로그램에서는 자막이 아주 많이 사용된다. 평범한 상황이나 대화도 자막을 통해 재미있는 장면이 된다. 자막은 영상 미디어에서 내용을 전달하는 중요한 장치 중 하나로, 예능 프로그램에서는 출연자들이 펼치는 다양한 상황을 정리하고 편집자들이 발견한 흥미로운 요소들을 강조하는 역할을 한다. 자막이 많이 사용되는 프로그램의 경우, 음성이 들리지 않더라도 내용을 이해하는 데 무리가 없다는 평가를 받기도 한다.

자막은 문자로 표기된다는 특성상 표기법을 정확히 지킬 필요가 있다. 그러나 예능 프로그램에서는 국어의 표기 체계에 맞지 않거나 맞춤법이 틀린 표기들이 많이 관찰되었다.

> (36) 뜨거워ㅓㅓㅓㅓ, Aㅏ, 으헤헿헿핳캌
>
> (37) ㅇㅇ, ㅇㅋ, ㄴㄴ, ㅇㅈ
>
> (38) 옜다, 뒷풀이, 강심장이여서

(36)은 장음을 강조하기 위해 모음만 사용하거나, 알파벳과 한글을 함께 사용하여 표기한 예, 또 웃음 소리를 표현하기 위해 '헿, 캌' 등 존재하지 않는 단어들을 사용한 예이다. (37)도 흔하게 발견되는데, 자음으로만 의사를 전달하는 경우이다. 'ㅇㅇ'은 '응', 'ㅇㅋ'는 '오케이', 'ㄴㄴ'은 '노노', 'ㅇㅈ'은 '인정'으로 이들은 최근 젊은 층을 중심으로 널리 쓰이고 있는

신조어의 예들이지만, 방송 자막으로는 적합하지 않다. 최근에는 이메일이나 휴대 전화의 문자 메시지 서비스를 널리 사용하게 되면서 구어의 문법을 그대로 표기에 적용하거나 간단한 표기를 위해 위와 같이 문자를 도상적으로 사용하는 현상이 빈번히 나타난다. 이러한 특성이 방송 자막에도 그대로 반영되고 있는 것이다.

(38)은 맞춤법에 어긋난 사례이다. '옛다'는 '옜다', '뒷풀이'는 '뒤풀이'로 써야 한다. 명사 뒤에 '이다'가 사용될 때에는 '강심장이어서'로 쓰는 것이 맞다. 헷갈릴 수 있는 표기이지만, 자막 제작에 조금만 주의한다면 이러한 표기가 노출되지 않을 것이다. 특히 예능 프로그램은 외국인들을 위한 한국어 교육의 자료로도 많이 사용되고 있으므로 이러한 자막의 오류는 특별히 수정될 필요가 있다.

띄어쓰기 역시 자막이 지켜야 할 표기법의 하나이지만, 제한된 화면을 경제적으로 이용하기 위해서는 어쩔 수 없이 띄어 써야 할 부분들을 붙여 써야만 하는 경우가 있다. 이러한 것은 표기의 효율성을 위해 오류 사례로 분류하지는 않았으나, 오히려 꼭 붙여야 하는 어미와 조사를 띄어 써서 국민의 문자 생활에 혼동을 주는 경우가 있어 이러한 사례들은 따로 모아 살펴보도록 한다.

---

(39) 왜 보는 **지** 알아? (JTBC, 아는 형님, 자막)
(40) 생각한 거 **거든** (MBC, 나 혼자 산다, 자막)

---

(39)의 '-지'는 어미 '-는지'의 일부로 '는'과 '지'를 띄어 써야 할 아무런 이유가 없다. 다만 시간을 의미하는 의존 명사 '지'는 '떠난 지 10년이 넘었다.'처럼 띄어 써야 하는데, 두 종류의 '지'가 음이 같아 혼동할 수 있으나 '-는지'는 하나의 어미이므로 항상 붙여 써야 한다. (40)의 '-거든'도 하나의 어미로 앞말에 붙여 써야 하므로 '생각한 거거든'으로 쓰는 것이 맞다.

10) 외국어 자막

불필요한 외국어·외래어 사용의 빈도가 매우 높았던 것과 마찬가지로, 자막에서도 한글이 아닌 다른 문자 표기의 빈도가 매우 높은 편이다.

---

(41) **忍 忍** (TV조선, 얼마예요?, 자막)

(42) **My left? Your left?** (MBC, 라디오스타, 자막)

(43) **Nie martw sie** (크리스피 스튜디오, 취중젠담2, 자막)

(44) **Ты будешь** (크리스피 스튜디오, 취중젠담2, 자막)

위의 예들은 한글이 아닌 다른 문자로 표기된 자막을 사용한 예들이다. (41)은 한자 표기의 예로, 한글 병기의 원칙을 어기고 한자 표기만을 노출한 경우이다. 더러는 신조어를 한자로 적는 경우가 있는데, 한자로만 적힌 자막을 노출하는 것은 의사 전달에 장애 요소가 될 수 있다.

한편 (42)~(43)은 로마자를 이용하여 자막을 표기한 예로, 각각 영어, 폴란드어에 해당한다. (44)는 키릴문자로 자막을 표기한 드문 예이다. 시청자들이 이러한 자막을 바로 바로 이해하지 못할 수도 있고 맥락상 굳이 외국 문자로 표기해야 할 이유도 없다.

한편 로마자 표기가 한국어의 문법에 맞지 않게 사용된 경우도 확인된다. 이들은 단순히 표기의 문제를 넘어서 문법 체계와도 관련된 문제이다.

---

(45) 실용성과 아름다움 모두를 갖춘 **드림하우스 in 남극** (SBS, 정글의 법칙 in 남극, 자막)

(46) **made by 정민** (tvN, 인생술집, 자막)

위의 예들은 한국어의 어순이나 문법 체계에 맞지 않는 방식으로 사용된 로마자 표기의 예이다. (45)~(46)의 예에서 밑줄 그은 부분은 각각 '남극의 드림하우스', '정민이 만든' 정도로 번역될 수 있는데, 이처럼 어순을 영어 어순처럼 재배치하여 자막을 만드는 방식은 한국어 문법에도 영향을 미칠 수 있어 지양해야 한다.

아예 외국어 문장에 한국어 요소가 개입되어 있는 것처럼 보이는 예도 있다.

---

(47) **Do you Know 난리 난 코너?** (tvN, 인생술집, 자막)

(48) (**맛 is gone**) 여기도 이제 이상… (채널A, 나만 믿고 따라와, 도시어부, 자막)

---

(47)의 경우 영어 문장의 목적어 자리에 한국어 표현을 끼워 넣은 것을 자막으로 노출

하였고, (48)의 경우 '맛이 가다'라는 한국어 표현을 그대로 직역한 영어 문장을 제시하고 있다. 이들은 한국어와 외국어 학습 모두에 부정적인 영향을 줄 수 있으며, 굳이 해당 표현을 외국어 표기로 제시할 필요가 없다는 점에서 개선되어야 한다.

3 드라마 프로그램의 언어

드라마 역시 예능 프로그램처럼 전 연령, 전 세대에 걸쳐 시청률과 화제성이 모두 높은 장르이다. 그러나 드라마 프로그램의 언어에서 가장 두드러지게 드러나는 문제점은 '비속어'의 사용이다. 이는 드라마의 극적인 요소, 즉 드라마가 기본적으로 갈등을 바탕으로 내용을 전개한다는 점과 관련된다. 시청자들의 이목을 끌 수 있는 인간관계의 갈등 상황은 비속어나 인격 비하 표현, 폭력적·선정적인 표현 등 극단적이고 자극적인 표현을 통해서 효과적으로 노출되기 때문이다.

드라마에서는 예능 프로그램들과 마찬가지로 '불필요한 외국어·외래어', '신조어·은어'가 자주 사용된다. 사실 신선하고 새로운 언어 표현에 대한 욕구는 미디어 언어의 전반적 특성이라고도 할 수 있고, 일상 언어에서도 외국어·외래어 및 신조어·은어의 사용은 늘어나고 있다. 드라마의 내용 전개상, 인물 설정상 비속어나 외국어·외래어의 사용이 반드시 필요한 경우 이를 금할 수는 없다. 하지만 지나치게 패륜적인 대사, 의미 전달에 방해가 되는 외국어 사용 등은 지양하는 것이 좋다.

한편, 웹드라마는 모바일이나 개인용 컴퓨터를 통해 시청되며, 시청자가 원하는 시간에 원하는 만큼 시청할 수 있다는 특성이 있다. 이에 따라 시청층도 달라지는데, 텔레비전 프로그램은 텔레비전 앞에 머물러 있을 수 있는 전 연령대의 시청자들을 대상으로 하지만 웹 프로그램은 다양한 기기를 통해 언제 어디서나 프로그램을 시청하는 젊은 시청자들을 주로 대상으로 한다. 따라서 웹 프로그램은 이러한 시청자 층에 맞춘 신조어나 은어를 빈번히 사용한다.

웹 프로그램의 경우 맞춤법에 맞지 않는 표기가 차지하는 비율이 다른 채널의 프로그램보다 더 높게 나타나는데, 웹드라마의 경우도 마찬가지이다. 이는 표기의 문제가 거의 제기되지 않았던 다른 채널의 드라마와는 다른 점이다. 웹드라마와 텔레비전 드라마는 자막의 절대적인 분량에 차이가 있다. 웹드라마는 인물의 대사를 그대로 전사하거나 추가적 정보를 전달하기 위해 자막을 넣는 경우가 많다. 그래서 기존 채널의 드라마보다 자막에서 오류가 더 많이 보인다. 또한 웹드라마는 상대적으로 가볍고 밝은 내용으로 이루어지는 경우가 많아 비속어나 인격을 비하하는 표현보다 불필요한 외국어·외래어 및 신조어·은어, 맞춤법에 맞지 않는 표기가 많이 나타난다.

1) 비속어

드라마 언어에서 발견되는 가장 대표적인 문제는 비속어의 사용이다. 즉, 어떤 대상을 낮잡아 일컫는 말, 속된 말들이 다수 발견된다. 특히 '새끼, 놈, 년, 쪽(팔리다), 까다/까이다, 인마, 개-, 뒤지다' 등의 표현은 특정 프로그램에 한정되지 않고 여러 프로그램에서 반복적으로 등장한다. 드라마의 특성상 인물의 성격을 잘 보여주고, 상황을 사실적으로 묘사하기 위해 비속어가 사용될 수는 있지만 이때에도 비속어가 시청자에게 미치는 영향을 고려해야 한다.

- **특정 대상을 낮잡아 일컫는 말이 사용된 경우**

> (1) 네 **이년이**. (OCN, 작은 신의 아이들)
> (2) 이런 **후쿠시마 방사능 같은 년** (SBS, 키스 먼저 할까요?)
> (3) 아 저 **호로새끼** (SBS, 리턴)

드라마에서는 (1)~(3)과 같이 특정 인물을 비하하고 낮잡아 일컫는 말이 자주 사용된다. 특히 (1)~(2)에서의 '년'은 여러 프로그램에 등장한다. (2)는 '년'을 수식하는 말까지 비하적이어서 그 문제가 심각하다. (3)은 극중 인물이 친구에게 한 말이다. '호로새끼'는 '배운 데 없이 막되게 자라 교양이나 버릇이 없는 사람을 낮잡아 이르는 말'인 '호래자식'의 잘못으로 비하적인 표현이다. 그 밖에도 여러 프로그램에서 '새끼, 놈, 인마' 등이 자주 사용되고 있다.

- **욕설과 속된 말이 사용된 경우**

> (4) 아이씨, **지랄하고 있네, 뒤질라고**. (OCN, 나쁜 녀석들: 악의 도시)
> (5) 여자분들이 보면 **뻑가죠**. (iHQ, 연애세포)

욕설과 속된 말의 사용 빈도는 드라마의 장르나 특성과 밀접한 관련이 있다. 범죄, 수사와 관련된 장르물의 경우 욕설이나 속된 말이 더 많이 사용되는 경향이 있다. (4)의 '지랄하다', '뒤지다'는 대표적인 저속한 어휘들이다. (5)의 '뻑가다' 또한 '너무 좋아하죠, 반하죠' 정도로 순화할 수 있는 속된 표현이다.

2) 불필요한 외국어·외래어

> (6) **저스트** 배탈 (웹MBC, 퐁당퐁당 LOVE)
> (7) 와 진짜 **언빌리버블** (SBS, 키스 먼저 할까요?)

드라마의 대사에서도 외국어와 외래어가 많이 사용된다. 이는 일상 언어에서도 외국어와 외래어가 많이 사용되는 현실을 반영한 것이겠지만, (6)~(7)의 예에서처럼 외국어를 그대로 섞어서 사용하는 것은 오히려 자연스럽지 못한 느낌을 준다. 또한 이 예들은 '배탈일 뿐이야, 믿을 수 없다' 등 한국어로 자연스럽게 표현할 수 있다. 이 외에도 '어메이징, 웨이크 업' 같은 영어 표현들이 그대로 사용된 경우와 '아리가또, 간지' 같은 일본어가 사용된 경우도 있다.

3) 신조어·은어

드라마에서는 일상적인 언어생활을 자연스럽게 담으려는 과정에서 신조어나 은어를 사용하는 경우가 많다. 드라마에서 사용된 신조어·은어의 사례로 우선 단어의 의미가 변하여 신조어가 된 경우를 찾아볼 수 있다.

> (8) **오그라들어**. (SBS, 리턴)
> (9) 완전 **갑**이 되는 연애하게 해 주세요. (MBC, 위대한 유혹자)

(8)에서 '오그라들다'는 '물체가 안쪽으로 오목하게 휘어져 들어가다'라는 의미로 풀이되는데, 낯간지러운 상황에서 '손발이 오그라든다'는 표현이 쓰이면서 부끄럽고 낯간지럽다는 의미로 쓰이게 되었다. (9)에서 '갑'은 계약서 등의 문서에서 첫째로 적히는 당사자를 가리키는데, 다른 사람보다 우위에 놓인다는 의미를 새롭게 가지게 되었다.

또한 아래와 같이 둘 이상의 단어를 줄여서 만든 말도 있다.

> (10) 저 비둘기 완전 **극혐**이거든요. (SBS, 키스 먼저 할까요?)
> (11) 최자혜, 인터넷 **실검**에 올랐단다. (SBS, 리턴)

(10)의 '극혐'과 (11)의 '실검'은 각각 '극도로/극히 혐오한다', '실시간 검색어'를 줄여서 만든 말이다. 해당 표현에 대한 별도의 설명이 주어지지 않는다면, 이들의 의미를 알지 못하는 시청자가 생길 수 있고, 이는 세대 간의 소통을 저해할 위험이 있다.

둘 이상의 단어를 합성하여 만들어진 말도 있다.

> (12) 아무리 왕자님이래도 **노잼** 왕자님이랑은 못 살지. (KBS2, 황금빛 내 인생)
> (13) 그대에게 난 **빅엿**을 줄게요. (SBS, 키스 먼저 할까요?)

이들은 대부분 외국어, 특히 영어와 한국어를 합성한 단어이다. (12)에서 '노잼'은 '재미'를 줄인 '잼'에 영어 단어 '노(no)'를 합성하여 재미없다는 의미를 나타내고, (13)에서의 '빅엿'은 다른 사람을 의도적으로 낭패 보게 한다는 의미로 쓰이는 '엿'에 영어 단어 '빅(big)'을 합성한 것이다.

다음은 단어나 구를 절단하여 만든 신조어이다.

> (14) 아 막말로, 영지 씨 **스펙**에 정규직이 가당키나 해? (TV조선, 회사를 관두는 최고의 순간)
>
> (15) **세젤예 셀럽** (MBC, 위대한 유혹자, 자막)

(14)에서 '스펙'은 영어 단어 'specification'의 준말로서, 학력 등 서류상의 기록 중 업적에 해당하는 것을 의미한다. (15)에서 '셀럽'은 영어 단어 'celebrity'의 준말로서, 유명인을 의미한다. 이들은 모두 영어 단어를 줄인 것으로서 해당 영어 단어의 의미, 그리고 그것의 준말을 알지 못하는 시청자가 있을 수 있다. 한편, (15)의 '세젤예'는 '세상에서 제일 예쁜'의 첫 자만 따서 만든 말이다.

이 외에도 새로운 단어가 생성되어 쓰이기도 한다.

> (16) 넌 **급식체**부터 좀 졸업해라. (MBC, 위대한 유혹자)

(16)에서 '급식체'는 급식을 먹는 학생들이 쓰는 특유의 말투를 의미하는 단어로서, 아예 새로이 쓰이는 말이라 할 수 있다. 이러한 단어의 경우, 의미를 유추하기도 쉽지 않기 때문에 더욱이 세대 간 소통 단절을 조장할 수 있다.

4) 인격 비하 표현

드라마의 경우 예능 프로그램에 비해 인격 비하 표현이 다수 나타난다. 드라마의 내용에 따라 인물의 성격과 줄거리를 보여주기 위해 필요한 경우가 있기도 하지만 시청자들의 정서에 악영향을 끼칠 수 있는 이러한 표현들은 지양해야 한다.

> (17) 김병기라구 **차팔이 새끼**가 있는데 태석이가 죽여버렸어. (SBS, 리턴)
>
> (18) **본인 입으로 '폐어'라면서요. 유통기한 지났다고 자인했음 폐기처분에도 동의해야 할 거 아녜요.** (SBS, 키스 먼저 할까요?)
>
> (19) **결국은 저렇게 아무짝에도 쓸모없는 잉여가 돼버린 거예요.** (MBN, 리치맨)

예능과 달리 드라마에서는 사람의 외모보다는 나이, 신분, 처해 있는 상황 등을 들어 상대를 비하하는 경우가 많았다. 단순히 웃음을 유발하기 위한 것이 아니라는 점에서 예능 프로그램의 언어와 차이가 있다. (17)의 '차팔이 새끼'는 '차를 판매하는 사람, 자동차 판매사원'을 비하하는 표현이다. 방송에서 특정 직업군을 비하하는 어휘를 사용하는 것은 부적절하다. (18)에서는 나이가 많은 승무원 '안순진'을 '폐어', '폐기 처분 대상'이라고 비하하고 있다. (19)는 면접관이 면접자들에게 한 말이다. 면접자들을 '아무짝에도 쓸모없는 잉여'라고 비하하는 것은 바람직하지 않다.

5) 폭력적·선정적 표현

> (20) 저, 이, **주둥이를 확 찢어버려**, 그냥. 어? 야 이 사기꾼 새끼야. (JTBC, 미스 함무라비)
> (21) **내가 진즉에 고년 각막에다가 피어싱을 박는 거였는데**. (SBS, 키스 먼저 할까요?)
> (22) **우리 이쁜이들, 그냥 한 번 자. 내가 모른 척 해 줄게**. (MBC, 위대한 유혹자)

드라마의 경우 예능 프로그램과 달리 폭력적·선정적인 표현이 다수 등장한다. 이런 표현들은 드라마의 내용 전개상 불가피하게 사용해야 할 수도 있지만 표현이 과장되고 사용 빈도가 과도한 경우가 많다. (20)은 상대를 위협하는 폭력적인 표현이다. (21)의 경우 '각막에 피어싱을 박는'과 같은 매우 잔인한 표현이 등장한다. 이 발언 외에도 '고년 혈관으로다가 김밥을 말아 버릴 거니까.'와 같은 대사가 사용되었다. (22)는 선정적인 표현이다. 이 프로그램들이 15세 이상 관람가라는 것을 고려할 때, 시청 등급과 어울리지 않는다.

6) 차별적·편파적 표현

> (23) **니하고 그것들은 목숨 가격부터가 다른 기라**. (OCN, 작은 신의 아이들)
> (24) **어떻게 고혜란이랑은 해상도부터 다르지 않습니까?** (JTBC, 미스티)

드라마에 등장하는 차별적·편파적인 표현들은 악역을 맡고 있는 인물들의 성격을 드러내기 위해 사용되는 경우가 많다. (23)은 재벌인 아버지가 딸에게 가난한 검사와 결혼하는 것을 반대하면서 한 말이다. 경제적 능력과 목숨의 가격이 비례한다는 차별적이고 편

뉴미디어 시대의 미디어 리터러시

파적인 발언이다. (24)는 나이가 든 '고혜란'은 젊은 '한지원'과는 외모로 비교할 수 없다고 말하는 것으로 여성의 외모와 나이에 대한 고정관념이 반영된 편파적인 발언이다.

4 스포츠 프로그램의 언어

스포츠 경기를 중계하는 프로그램은 현재 지상파채널과 케이블채널을 통해 송신되고 있다. 스포츠 프로그램은 해설자와 진행자가 함께 중계를 진행하는데, 경기와 중계가 동시적으로 이루어지기 때문에 즉각적인 발화가 사용되며 이로 인해 정제되지 않은 언어 표현과 언어 오류가 적지 않게 나타나 문제가 된다. 진행자와 해설자는 시청자가 경기를 잘 이해하고 시청할 수 있게 도와야 하며, 경기에 지나치게 몰입하거나 감정적으로 반응하여 부적절한 언어를 사용하지 않도록 주의해야 한다.

스포츠 프로그램에서 나타나는 오류로는 불필요한 외국어·외래어가 75% 이상으로 압도적인 비중을 차지하고 있다. 이어서 비문법적인 표현, 비표준 발음 등이 많이 지적되었다. 이는 전문 용어를 많이 사용할 수밖에 없는 '스포츠'의 특성과 구어 발화의 특성이 반영되었기 때문이다. 그러나 습관적으로 외국어와 외래어를 남용하거나 더 나아가 언어를 잘못 사용하는 것은 오히려 경기에 대한 몰입도와 이해도를 떨어뜨릴 수 있다.

1) 불필요한 외국어 · 외래어

스포츠 프로그램에서 사용되는 언어의 문제점 중 가장 대표적인 것은 외국어와 외래어의 사용이다. 스포츠 분야에서 사용하는 전문 용어는 외국어로 된 것이 대부분인데, 외국어로 사용되고 있는 많은 스포츠 용어들을 모두 일시에 국어로 순화하는 것은 불가능하며 오히려 혼란을 야기할 수도 있어서 조심스럽게 접근할 필요가 있다. 그러나 다양한 연령의 시청자들이 그러한 용어를 제대로 이해하지 못한다면 매체와 수신자 간의 소통이 원활하게 일어나지 못하므로 문제가 된다. 따라서 중계를 진행하는 해설자와 진행자는 경기 중 부득이하게 외국어 전문 용어를 사용하게 될 때 이를 풀어서 설명해 주어야 할 의무가 있다.

이보다 더 문제가 되는 것은 외국어·외래어 사용이 전문 용어에만 국한되지 않고 해설자와 진행자의 발화 전반에 걸쳐 나타난다는 점이다. 이는 외국어 및 외래어를 필요 이상으로 쓰는 언어 습관을 보여준다.

먼저 스포츠 프로그램에서 외국어 전문 용어가 사용되는 경우를 살펴보도록 하겠다.

---

(1) **WAR** (SBS Sports, 캐스터)

(2) **스트라이드**를 해 놓고 (SBS Sports, 해설자)

(3) 전형적으로 **파워 피처**와 **피네스 피처**의 대결로 보이는데요. (SBS Sports, 해설자)

---

(1)에서 'WAR(Wins Above Replacement)'은 '대체 선수 대비 승리 기여도'를 나타내며, (2)의 '스트라이드(stride)'는 야구에서 뒷발에 모은 힘을 앞으로 이동시키기 위해 앞발을 내딛는 동작을 가리킨다. (3)의 '피처(pitcher)'는 투수를 말하는데, '파워 피처(power pitcher)'는 속도가 빠르거나 힘이 실린 공을 던지는 투수를, '피네스 피처(finesse pitcher)'는 공의 위치나 구속의 변화 등을 활용하여 전략적으로 공을 던지는 투수를 가리킨다.

다음은 전문 용어가 필요한 상황이 아닌데도 외국어와 외래어가 불필요하게 쓰인 경우이다.

---

(4) **애티튜드** 여러 가지를 극찬을 했어요. (MBC SPORTS+, 해설자)

(5) 공수 **밸런스** 면에서는 (KBS N SPORTS, 해설자)

---

(4)~(5)는 우리말로 순화해서 써도 의미가 크게 달라지지 않는다. (4)의 '애티튜드(attitude)'는 '자세, 태도'의 뜻을 가졌으므로 '자세' 내지 '태도'로 바꿔 말할 수 있으며, (5)의 '밸런스(balance)'는 '균형'으로 순화할 수 있다.

2) 비문법적인 표현

스포츠 경기 중계는 즉각적인 발화로만 이루어지고 구어의 특성상 문장의 길이도 긴 경우가 많아 비문법적인 표현도 많이 발견된다.

> (6) **이 부분을 아쉬움을 갖는다 보면** 빠른 볼도 늦어버리기 때문에. (SBS Sports, 해설자)

(6)의 밑줄 친 부분에는 두 가지 오류가 혼재되어 있다. 우선 '-다 보면'은 동사 어간과 직접 결합하는 연결어미이다. '갖다 보면', '가지다 보면'으로 말해야 한다. 또한 '이 부분에 아쉬움을 가지다 보면'과 같이 '~에 아쉬움을 가지다'가 올바른 표현이다.

다음은 의미적으로 호응하지 않는 어휘가 쓰인 예이다.

> (7) 오늘의 **이란전**이 진짜 **상대**입니다. (KBS N SPORTS, 해설자)

(7)의 경기에서 한국 팀의 상대는 '이란 팀'이고, 이 방송에서 중계하는 경기는 '이란전'이다. 따라서 '이란전'과 '상대'는 의미적으로 어울리지 않는다. '이란전'을 '이란 팀'으로 수정해야 한다.

> (8) 실점의 주요 원인으로 **보여집니다**. (KBS N SPORTS, 해설자)

(8)에서 '보여지다'는 피동사인 '보이다'와 '-어지다'가 결합한 것인데, 이는 이중 피동 표현으로 잘못된 표현이다. '보입니다'로 고쳐야 한다.

3) 비표준 발음

스포츠 프로그램에서는 빠르고 실시간적인 발화로 인해 발음이 부정확한 경우가 많다.

> (9) 첫 타자 **에러[에라]**로 (MBC SPORTS+, 해설자)
>
> (10) **만루[만루]** 이야기입니다만 (KBS N SPORTS, 캐스터)

(9)에서는 '에러'의 모음 'ㅓ'가 정확하게 발음되지 않아 '에라'로 들린다. (10)에서는 '만루'의 발음이 정확하지 않아 [만루]로 들리는데, '만루'의 표준 발음은 [말루]이다. 국어에는 'ㄴ'과 'ㄹ'이 연쇄하지 못한다는 제약이 있어 [만루]로는 발음되지 않는다.

4) 기타

자막에서 맞춤법이 틀린 사례가 보인다.

> (11) **낯섬**을 이용 (MBC SPORTS+, 자막)

'낯섬'은 '낯설-'이 명사형 어미 '-ㅁ'과 결합한 것이므로 '낯섦'으로 써야 한다.

어린이 프로그램의 언어

어린이와 청소년은 가치관이 뚜렷하게 형성되어 있지 않아 미디어의 내용과 언어 사용의 영향을 많이 받는다. 부적절한 언어는 어린이와 청소년의 정서 함양에 부정적인 영향을 주며, 부정확한 언어는 잘못된 언어 습관을 형성시킬 수 있다. 또 잘못된 언어 표현을 지속적으로 접하다 보면 어린이와 청소년들은 좋지 않은 언어 습관을 갖게 되고 사고 발달에도 나쁜 영향을 받게 된다. 따라서 어린이 프로그램에서는 올바른 언어를 사용하는 데에 각별히 주의를 기울여야 한다.

1) 불필요한 외국어 · 외래어

어린이가 외국어가 지나치게 많이 사용된 프로그램을 보면 내용을 제대로 이해하지 못하고 그릇된 언어관을 갖게 될 위험이 있다. 그러나 어린이 프로그램에서도 외국어와 외래어가 매우 많이 사용된다. 특히 애니메이션 프로그램에서는 등장인물들이 가진 능력이나 기술을 가리킬 때 대부분 외래어를 사용하고 있어서 문제가 된다.

---

(1) **파워 마그네틱 실드**, **드릴 슈퍼 스타**, **브이 트랜스포메이션**, **파워 블루라인** (KBS, 또봇V)

(2) **메카니멀 챔피언십**, **히어로드**, **테이머**, **셋 업**, **스릴 아머**, **슈퍼 대시**, **리자드 스워드**, **테이밍 온** (MBC, 빠샤메카드)

(3) **듀얼 컨트롤**, **멀티 컨트롤** (SBS, 애니메이션 런닝맨)

이처럼 어린이 애니메이션 중에서도 대결 위주의 프로그램에서는 등장인물의 이름과 이들의 능력 외에도 여러 핵심적인 용어들을 대부분 외국어로 구성하고 있다. 이것은 곧 외국어로 된 작품 속 용어를 이해하지 못하면 작품 내용을 제대로 이해하지 못한다는 것을 의미한다. 이러한 용어의 사용은 소통을 방해하며, 자칫 어린이 시청자에게 국어보다 외국어를 사용하는 것이 더 수준이 높다거나 바람직하다는 등의 왜곡된 가치관을 심어 줄 수 있다.

그 외, 일상적인 상황에서 불필요한 외국어나 외래어를 사용하고 있는 경우도 많다.

---

(4) **트릭** 아닐까? (EBS, 보니하니)

(5) 너의 엄청난 **피지컬**이 처음 나왔어. (애니맥스, 도티와 잠뜰 TV)

(6) 야 근데 뭐 하는 **시추에이션**이지 지금? (애니맥스, 도티와 잠뜰 TV)

---

(4)의 '트릭(trick)'은 문맥상 다른 인물이 파 놓은 함정을 뜻하므로 '함정'으로 수정할 수 있다. (5)의 '피지컬(physical)'은 '육체의, 신체의' 정도를 나타낸다. 해당 장면에서는 문맥에 따라 신체적인 조건이나 힘을 가리키는 데 쓰인 것으로 이해할 수 있다. (6)의 '시추에이션(situation)'은 '상황'으로 수정할 수 있는 외국어이다.

또한 영어뿐만 아니라 일본어, 프랑스어 등이 사용되기도 한다.

---

(7) 코아**사마** (애니맥스, 도티와 잠뜰 TV)

(8) **트레비앙! 트레비앙!** (KBS, 시노스톤)

---

(8)의 '코아사마'에서 '-사마'는 우리말의 '-님'에 해당하는 일본어이다. (9)의 '트레비앙(très bien)'은 '매우 좋다'라는 뜻의 프랑스어이다.

2) 신조어 · 은어

어린이 프로그램에서 신조어 및 은어는 지상파 프로그램보다 온라인 게임 관련 케이블채널의 프로그램에서 많이 사용되었다. 최근 방송 채널이 다변화되면서 인기를 끄는 인터넷 방송을 편집하여 TV 방송 프로그램으로 송출하는 새로운 양상이 나타나고 있다. 그러나 아무리 인터넷 방송을 잘 편집한다 하더라도 부적절한 언어 사용이 노출되는 경우가 많고 특히 어린이를 대상으로 하는 방송에서는 이 점이 큰 문제가 될 수 있으므로 유의할 필요가 있다.

> (9) **개쩐다** (애니맥스, 도티와 잠뜰 TV)
> (10) **어그로** (애니맥스, 도티와 잠뜰 TV, 자막)

(9)에서 '개쩐다'의 '개-'는 정도가 심함을 뜻하는 접두사이고, '쩐다'는 어떤 대상의 능력이 뛰어나거나 상황이 정말 좋다는 뜻을 나타낸다. '정말 잘한다'의 의미를 나타내는 신조어이다. 이 외에도 이 프로그램에서는 '개꿀' 등 '개-'와 결합하는 신조어들이 사용되고 있었다. (10)의 '어그로'는 인터넷이나 게임에서 관심을 끌거나 분란을 일으키는 행위를 가리킨다.

> (11) 도망자 **버프** (애니맥스, 도티와 잠뜰 TV, 자막)
> (12) **템**을 세 개나 받은… (애니맥스, 도티와 잠뜰 TV, 자막)

(11)에서 '버프(buff)'는 게임 분야에서 캐릭터의 능력 등을 향상시키는 역할을 하는 것을 통틀어 가리킨다. 여기에서는 도망자로서의 역할이 게임을 이기는 데에 기여했다는 뜻으로 쓰였다. (12)의 '템'은 '아이템(item)'의 준말이다. 게임 분야에서 '아이템'은 보통 활용할 수 있는 물건들을 가리킨다.

이처럼 어린이 방송에서 표준어가 아닌 신조어나 은어를 자주 사용하는 것은 정서상 바람직하지 않을뿐더러, 어린이의 언어 발달의 측면에서도 문제가 되므로 특별히 사용 시 신중을 기해야 한다. 아동 및 청소년 시기에 잘못된 언어 행태를 지속적으로 접할 경우, 그러한 언어 사용이 습관으로 고착화될 수도 있기 때문이다.

3) 폭력적 표현

어린이 프로그램에서 폭력적인 표현은 주로 대결 구도를 지니는 애니메이션에서 나타난다.

> (13) 나와 함께 **또봇을 사냥하러 간다** 로비! (KBS, 또봇V)
>
> (14) 우정은 **지옥길을 앞당기는 법이지**. (KBS, 시노스톤)

(13)에서처럼 인격화된 개체인 로봇을 사냥감이라고 하는 것은 다소 과격한 표현이다. 또한 (14)에서는 '지옥길을 앞당기다'라는 표현으로 상대방을 죽이겠다고 위협을 하고 있다.

이러한 위협, 협박 등의 폭력적인 표현들을 자주 접하게 되면, 이러한 표현들을 일상화할 수 있다. 아무리 선과 악의 대결 구도에서 해당 표현들이 사용되었다고 해도, 폭력적이거나 선정적인 표현들이 아동의 사고와 정서에 미칠 영향을 고려해야만 한다.

4) 인격 비하 표현

어린이 프로그램에서 인격을 비하하는 표현이 많이 사용되지는 않았지만 문제가 될 만한 예들이 존재했다. 그 예는 다음과 같다.

> (15) **뚱돌이**랑 잘 놀아라. (투니버스, 신비아파트 고스트볼X의 탄생)
>
> (16) **싸이코아**의 일상 (애니맥스, 도티와 잠뜰 TV, 자막)

(15)에서는 '뚱돌이'라는 표현을 써서 상대방의 외모를 비하하고 있다. (16)의 '싸이코아'는 '싸이코'와 '코아'를 결합하여 만든 말인데, 이때 '코아'는 해당 방송의 게임 이용자를 가리킨다. 다른 이용자에게 정신병자의 일종인 '싸이코(psycho)'라고 하는 것은 명백히 인격을 비하하는 표현이다.

• 다음 문장에서 부적절한 부분을 찾아 미디어의 장르별 특성에 맞게 고쳐 봅시다.

1. 〔뉴스〕 유족들이 이 같은 결정을 한 것은 추가 희생에 대한 우려가 컸습니다.

2. 〔뉴스〕 충남지사 선거전은 현재 3파전 구도로 접전 양상입니다.

3. 〔뉴스〕 이에 따라 야간 옥외집회는 다음달 1일부터 허용되게 되었다.

4. 〔뉴스〕 다른 나라의 선수들도 ○○○ 선수의 완벽한 연기에 탄성과 놀라움을 표시했습니다.

5. 〔뉴스〕 이젠 영정 속 사진으로밖에 볼 수 없는 동료들.

6. 〔예능〕 오늘은 졸립지도 않네 정말.

7. 〔예능〕 황보 그냥 입만 까진(?) 애야.

8. 〔예능〕 급하게 먹고 떼우고 (자막)

9. 〔예능〕 첫 출연 입니다~! (자막)

10. 〔예능〕 크락션 안 되지.

11. 〔예능〕 레전드 짤 좀 만들어 주세요.

12. 〔예능〕 마이 활빌 책임져.

13. 〔드라마〕 까이면 쪽팔리니까.

14. 〔드라마〕 사람들이 알아서 쉴드쳐 준다니깐, 저렇게.

15. 〔드라마〕 물론 넌 생긴 거에 비해 구리고 찌질하지.

16. 〔드라마〕 와 진짜 어메이징.

17. 〔스포츠〕 관중들이 놀랬네요.

18. 〔스포츠〕 탑랭크에서도 여섯 명의 선수를 배치시키고 있습니다.

19. 〔스포츠〕 그 당시에 1차 지명 받을 선수가 누가 있었냐면, 지금 기아의 문경찬 선수,
그리고 지금 같은 팀의 김택형 선수를 제쳐두고 1차 지명을 받았던, 정말 가능성 있는
선수였습니다.

20. 〔어린이〕 반찬 구경 한번 해줘요.(반찬을 보여달라는 의미로)

21. 〔어린이〕 트릭 아닐까?

22. 〔어린이〕 쓸 데 없는 것들에게 줄 것은 죽음뿐이다.

III

뉴스의 종류와 특성

신문이나 TV, 라디오 뉴스에서 사용하는 언어는 우리가 일상생활에서 사용하는 언어와 다르며 다른 TV나 라디오 프로그램에서 사용하는 언어와도 다르다. 이는 뉴스가 사실을 정확하게 전달하는 것을 목적으로 삼고 있기 때문이다. 이러한 목적을 이루기 위해 보도문의 언어는 정확하고(correct) 간결하며(concise) 명확해야(clear) 한다. 실제로 보도문의 언어는 모두 정확성, 간결성, 명확성을 견지하기 위한 독특한 특성을 가진다.

1.1. TV 뉴스의 특성

TV 뉴스는 음성 언어뿐만 아니라 문자 언어, 손짓과 몸짓, 각종 영상과 음향을 통해 시청각 정보가 함께 전달된다는 점에서 신문 기사나 라디오 뉴스와는 다른 특성을 가진다. 영상은 TV 뉴스 구성에 있어서 중심적인 역할을 담당하는데 이는 영상이 현장감을 높이는 데 필수적인 역할을 하기 때문이다. 그리고 영상과 같이 전달되는 정보는 뉴스에서 간결하게 제시되거나 생략될 수 있기 때문에 영상은 TV 뉴스의 언어가 간결성을 유지하는 데에도 큰 역할을 한다. TV 뉴스는 시간의 제약을 받기 때문에 다른 매체로 전달되는 뉴스에 비해 길이가 짧은 편인데 이러한 시간의 부족을 영상이 보완해 준다.

TV는 대중성을 가지는 보도 매체이다. 즉, 남녀노소 각계각층의 다양한 사람들이 쉽게 접근할 수 있는 매체다. 이 때문에 TV 뉴스는 내용을 쉽게 전달하는 것이 중요하다. 더불어 내용이 주로 구어를 통해 전달되기 때문에 시간성을 가지며 문체도 구어체의 성격을 띤다. TV 뉴스의 전달자는 어조나 강세, 휴지(pause)를 사용해 시청자들에게 어떤 정보나 감정을 전달하기도 한다.

한편, TV 뉴스의 시청자는 수동적인 수용자가 된다. 정해진 시간에 고정된 장소에 있는 기기를 통해 음성 언어가 시간의 흐름에 따라 일방적으로 내용을 전달하기 때문에 시청자가 뉴스의 수용과 관련하여 결정할 수 있는 것은 별로 없다. 뉴스를 듣는 시간이나 장소를 쉽게 바꿀 수 없고 뉴스를 듣는 순서를 바꾸거나 일부를 듣지 않고 넘어갈 수도 없다. 한 뉴스를 여러 번 듣는 것도 어렵기는 마찬가지이다. 다만, 일단 방송이 되고 나면 그 후에는

TV 뉴스가 인터넷을 통해 제공되는 경우가 많기 때문에 이러한 수동성은 어느 정도 보완될 수 있다.

　TV 뉴스에서는 구어와 더불어 문어도 중요한 역할을 하는데 대표적인 것이 영상과 함께 제공되는 자막이다. 자막의 역할은 뉴스의 주요 내용을 요약하여 보여주거나 보도문에서 생략한 정보를 제공하는 것이다. 그런데 TV 뉴스의 자막은 몇 가지 제약을 가진다. 우선 화면에 보통 한 줄이나 길어도 두 줄로 들어가기 때문에 길이에 제한이 있다. 또 복잡한 외국어나 한자 표기는 사용할 수 없고 문장 부호 역시 몇 가지만 제한적으로 사용된다. 예를 들어, 앵커가 앵커 멘트를 할 때 화면 아래쪽에 제시되는 뉴스 제목의 경우, 화면에 한 줄의 큰 글자로 들어가기 때문에 길어도 20자를 넘기기 어렵다. 문장 부호 역시 말줄임표(…)와 쉼표(,) 외에는 잘 사용되지 않는다.[1]

1.2. TV 뉴스의 종류

　TV 뉴스는 일반적으로 스트레이트 뉴스, 리포트 뉴스, 다큐멘터리 뉴스(특집 뉴스)로 나뉜다.

스트레이트 뉴스

　스트레이트 뉴스는 정보를 간결하게 제공하는 뉴스다. 짧으면 두세 문장, 길어도 대여섯 문장을 넘기지 않으며 방송 시간 역시 20초~1분 사이로 길지 않다. 스트레이트 뉴스는 중요하지 않은 뉴스, 단순한 정보 전달 뉴스 또는 아직 정보가 불충분한 속보 등을 전달할 때 주로 사용하는데, 기자의 견해나 주관적인 해석이 들어가지 않으며 별도의 앵커 멘트 없이 앵커가 보도문을 읽는다. 인터뷰도 없고 영상도 간단한 편이다.

　스트레이트 뉴스의 예를 들어보자. 한 방송사에서는 설을 맞아 코레일이 승차권 예매를 시작한다는 뉴스를 전달하면서 '코레일, 설 승차권 예매 시작…오늘 경부선·내일 호남선'

1　과거에는 뉴스 제목이 앵커의 어깨 정도 높이에 8자 정도로 짧게 들어갔는데, 이후 그래픽 기술의 발달로 뉴스 제목이 화면 아래쪽에 큰 글씨로 들어가면서 길이는 좀 더 길어졌다.

이라는 제목을 걸고 28초 정도의 짧은 뉴스를 내보냈다. 뉴스의 본문은 "코레일이 오늘부터 이틀 동안 온라인과 지정 역 창구, 승차권 판매 대리점을 통해 설 승차권 예매를 시작했습니다. 오늘은 경부와 충북선, 내일은 호남과 전라선 등의 승차권 예매가 진행됩니다. 온라인에서 예약한 승차권은 내일 오후 3시부터 12일 자정까지 결제해야 하고 결제하지 않은 승차권은 자동 취소돼 예약 대기 신청자에게 우선 제공됩니다."와 같이 단 3개의 문장으로 사실을 간결하게 전달하였다.

리포트 뉴스

리포트 뉴스는 음성과 음향, 영상, 인터뷰, 그래픽 등이 유기적으로 연결되어 있는 종합 구성 뉴스이다. 보통 원고를 작성한 기자가 직접 기사를 읽는다. 우리가 'TV 뉴스'를 생각하면 가장 먼저 떠오르는 전형적인 형태의 뉴스라고 할 수 있다. 일반적인 리포트 뉴스는 방송 전에 제작되지만 종종 취재 현장을 전화나 중계차로 연결하는 생방송 형태로 전달되기도 한다. 영상 역시 취재 영상과 여러 가지 자막 외에도 도표, 그래프, 그림 등이 자주 사용되며 인터뷰도 삽입될 수 있다. 리포트 뉴스에는 사실에 대한 정보와 더불어 전문가들의 해석이나 기자의 견해가 들어가는 경우가 있으며 이처럼 다양한 요소들로 뉴스를 구성하기 때문에 뉴스의 길이도 스트레이트 뉴스보다 길다. 보통 1분 30초에서 2분 30초 정도의 길이로 방송되며 이보다 더 긴 경우도 많다. 때때로 하나의 뉴스로 관련 내용을 충분히 전달하기 어려운 경우 여러 꼭지의 뉴스를 시리즈로 묶어 관련 내용을 다루기도 한다.

70년간의 노력으로 되찾은 파란 하늘[2,3]	제목
미국 캘리포니아는 청명하고 푸른 하늘로 유명합니다. 하지만 로스앤젤레스는 한때 자동차 매연 탓에 방독면을 써야 할 정도로 스모그가 심했던 곳입니다. 지금의 푸른 하늘은 70년 동안 지속된 대기질 정화 시스템 덕분이라고 로스앤젤레스 ○○○ 특파원이 전해왔습니다.	앵커 멘트

---

2 이후로 이 책에서 나오는 실제 방영된 TV 뉴스는 모두 해당 뉴스 웹페이지에서 텍스트로 제공하는 보도문이 아닌 실제 방송 영상의 보도문을 따랐다.

3 『KBS1 뉴스 9』, 2020년 1월 3일. http://news.kbs.co.kr/news/view.do?ncd=4355686.

다큐멘터리 뉴스

스트레이트 뉴스, 리포트 뉴스 외에 다큐멘터리 프로그램이나 특집 방송의 형태로 제작되는 다큐멘터리 뉴스, 특집 뉴스도 있다. 이들은 종합 뉴스 프로그램을 이루고 있는 여러 개의 보도문 중 하나가 아니라 하나의 주제를 가지고 독립된 프로그램으로 제작되는 뉴스이다. KBS의 『시사기획 창』이나 SBS의 『그것이 알고 싶다』와 같은 탐사 보도 프로그램이 다큐멘터리 뉴스의 대표적인 예이다. 독립된 프로그램으로 제작되기 위해서는 방송 시간을 충분히 채울 수 있는 내용이 필요하기 때문에 뉴스의 길이가 길고 보도 내용도 자세하다. 하나의 주제를 가지고 오랜 시간 준비하여 취재한 내용으로 구성된다.

1.3. TV 뉴스의 구성

TV 뉴스의 구성은 뉴스의 종류에 따라 달라진다. 다큐멘터리 뉴스의 경우에는 프로그램에 따라 구성이 다양한 반면, 스트레이트 뉴스나 리포트 뉴스의 경우에는 구성이 비교적 정형화되어 있다.

스트레이트 뉴스의 구성

스트레이트 뉴스는 맨 앞에서 주요 내용을 요약하여 전달하는 머리 문장과 머리 문장의 뒤를 따르는 본문으로 구성된다. 머리 문장에서는 가장 중요한 내용을 전달하고 본문에서는 관련 정보를 육하원칙 위주로 간단하게 제시한다.

학자금 대출금리 연 2.0%로 인하… 128만 명 혜택[4]	제목
올해 1학기 대학 학자금 대출 금리가 지난 학기의 연 2.2%보다 0.2%포인트 낮은 연 2.0%로 인하됩니다.	머리 문장
교육부는 오늘 국회에서 당·정·청 협의회를 통해 이같이 결정했다고 밝혔습니다. 학자금 대출 금리는 11년 전인 2009학년도에는 연 5.8%에 달했으나 점차 인하돼 2017학년도 1학기에는 연 2.5%, 2018학년도 1학기에는 연 2.2%로 변경됐습니다. 교육부는 올해 약 128만 명의 학생이 159억 원의 이자 부담을 덜 것으로 예상했습니다.	본문

위의 예는 스트레이트 뉴스의 전형적인 구성을 보여준다. 뉴스의 첫 문장인 '올해 1학기 대학 학자금 대출 금리가 지난 학기의 연 2.2%보다 0.2%포인트 낮은 연 2.0%로 인하됩니다.'는 머리 문장으로, 가장 중요한 정보를 간결하게 제시하는 부분이다. 그리고 그 뒤에 이어지는 3개의 문장, "교육부는 오늘 국회에서 당·정·청 협의회를 통해 이같이 결정했다고 밝혔습니다. 학자금 대출금리는 11년 전인 2009학년도에는 연 5.8%에 달했으나 점차 인하돼 2017학년도 1학기에는 연 2.5%, 2018학년도 1학기에는 연 2.2%로 변경됐습니다. 교육부는 올해 약 128만 명의 학생이 159억 원의 이자 부담을 덜 것으로 예상했습니다."는

---

4 『KBS1 뉴스5』, 2020년 1월 6일. http://news.kbs.co.kr/news/view.do?ncd=4356779.

누가, 언제, 어디서, 무엇을, 어떻게 결정했는지, 이전에는 어땠는지, 그리고 앞으로 어떤 결과가 있을 것으로 예상되는지를 간결하게 보도하고 있다.

리포트 뉴스의 구성

리포트 뉴스의 구성은 좀 더 복잡하다. 리포트 뉴스는 내레이션, 화면, 컴퓨터 그래픽으로 구성된다. 내레이션에는 뉴스의 맨 앞에서 다음에 보도될 뉴스의 내용을 소개해 주는 앵커 멘트와 리포트를 읽는 기자의 내레이션이 포함되며, 화면에는 현장을 촬영한 화면을 비롯한 자료화면, 인터뷰 화면 등이 포함되고, 컴퓨터 그래픽에는 그림, 도표, 자막 등이 포함된다. 리포트 뉴스는 이러한 다양한 요소의 배열과 활용을 고려하여 구성된다.

술 취해 70대 할머니 쫓아다니며 폭행[5]	제목
어제 아파트 단지에서 분리수거 하던 70대 여성이 만취한 30대 남성으로부터 무차별 폭행당했습니다. 코뼈가 부러질 만큼 큰 부상을 입었는데, 남성은 술에 취해 기억이 없다고 주장하고 있습니다. ○○○ 기자입니다.	앵커 멘트
70대 할머니의 눈이 시퍼렇게 멍들고 얼굴은 통통 부었습니다. 눈은 제대로 뜰 수조차 없습니다. 새해 첫날이던 어젯밤 부천의 한 아파트 주차장에서 분리수거를 하고 있던 78살 A 할머니가 지나가던 35살 남성 B 씨에게 묻지마 폭행을 당했습니다. B 씨가 갑자기 할머니의 머리를 세게 때렸고 이에 할머니가 왜 때리냐고 따지자 무자비한 폭행이 이어졌다는 것입니다. (폭행 피해 할머니) "막 허리를 차고, 주먹으로 머리를 막 쥐어박고. 그래 가지고 내가 옷 소매를 잡고 그러지 말아라, 돈이 필요하면 돈을 주마. 그랬더니 자꾸 때리는 거야." 남성이 이곳에서 분리수거를 하던 할머니를 마구 때리기 시작했고 할머니가 이 아파트 현관까지 도망쳤지만 폭행을 멈추지 않았습니다. 할머니는 코뼈가 부러지는 등 심각한 부상을 당했습니다. 신고를 받고 출동한 경찰은 아파트 2층에 있던 만취한 B 씨를 현행범으로 체포했습니다. (이웃 주민) "응 그냥 이러고만 있어. 경찰 아저씨한테 가서 그 아저씨 한 번 보라 그랬어. 하여튼 술 냄새가 엄청 나더라고." B 씨는 경찰 조사에서 술에 취해 아무것도 기억이 나지 않는다고 진술했습니다. 경찰	기자 리포트

은 오늘 저녁 B 씨에 대한 구속영장을 신청했습니다.

　SBS ○○○입니다.

위의 예는 전형적인 리포트 뉴스의 구조를 보여준다. 우선 앵커가 뉴스의 내용을 소개하고 나면 기자의 리포트가 시작된다. 기자 리포트는 다시 도입부, 본문, 인터뷰 등으로 나뉜다. 이 보도문의 경우 도입부에서 할머니의 부상을 보여주는 영상과 설명을 통해 시청자들의 관심을 유도하고 있다. 이후 본문에서는 구체적인 사건의 경과를 설명하며 이 내용을 뒷받침할 수 있는 관련자들의 인터뷰를 제시하였다. 마지막 부분에서는 경찰의 조처 등에 대해 언급하며 뉴스를 마무리한다.

TV 뉴스 보도문은 각각이 하나의 주제를 가지는 독립적인 글이지만 뉴스 프로그램 전체를 놓고 보면 뉴스 프로그램을 구성하고 있는 여러 개의 뉴스들 중 하나이다. 종합 뉴스 프로그램을 구성하는 뉴스들은 보통 서로 다른 주제를 가지고 있는 경우가 많지만, 중요한 주제이거나 복잡한 내용을 다루어야 하는 주제의 경우 여러 개의 뉴스가 하나의 주제나 사건을 다루기도 한다.

5　『SBS 8 뉴스』, 2020년 1월 2일. https://news.sbs.co.kr/news/endPage.do?news_id=N1005588529&plink=THUMB&cooper=SBSNEWSPROGRAM&plink=COPYPASTE&cooper=SBSNEWSEND.

라디오 뉴스

라디오는 한때 가장 중요한 미디어로서 각광 받았지만 현재는 미디어로서의 중요성이 많이 약해졌다. 영상이나 자막 없이 전적으로 청각에 의존하므로 인쇄 매체에 비해 기록 성이 약하고 문자 언어로 자세하게 내용이 기술되는 신문이나, 영상을 같이 제공하는 TV에 비해 구체성도 떨어진다. 또한 청취자로서는 보도 내용을 능동적으로 선택하기 어려워서 어떤 뉴스를 듣지 않고 넘기거나 여러 번 듣는 것이 불가능하며 뉴스를 접하는 순서를 결정할 수도 없다.

하지만 라디오는 여전히 영향력을 지닌 중요한 미디어로 특히 보도 매체로서 큰 장점을 지닌다. 그것은 바로 동시성과 현장성이 뛰어나다는 것이다. 인쇄 매체와 같이 인쇄 시간이나 인쇄물 운반 시간을 필요로 하지 않으며 전파를 이용하여 정보를 송신과 거의 동시에 전달한다. 라디오는 장비나 기술이 간단하고 전파 수신기의 기동성 역시 TV보다 좋아서 긴급하게 소식을 전할 때에는 더 유용하다. 다만 전파의 주파수와 청취 지역의 제약이 존재한다는 약점이 있다.

라디오 뉴스의 경우 TV와 마찬가지로 뉴스 시간이 정해져 있고 정해진 시간 안에 순서 대로 준비된 뉴스를 다 전달해야 하기 때문에 인쇄 매체 뉴스에 비해 비교적 내용이 간결한 편이다. 라디오 뉴스는 대부분 스트레이트 뉴스의 형식으로 제작되며, 모든 내용을 아나운서가 읽는다. 다만, TV 뉴스를 라디오로 동시 송출하는 경우에는 TV 뉴스의 형식을 그대로 따르기 때문에 리포트 뉴스도 방송된다. TV 뉴스에서 자막으로 제공되는 정보는 아나운서가 음성으로 전달하는 경우도 있다.

3 신문 뉴스

3.1. 신문 기사의 특성

신문은 보도에 기능이 집중되어 있는 인쇄 매체이다. 인쇄되어 보급이 되는 데까지 시간이 걸리는 까닭에 보도의 신속성은 TV나 라디오, 인터넷보다 떨어지지만, 방송 시간 때문에 길이에 제약을 받는 TV나 라디오 뉴스보다 더 길고 자세한 보도가 가능하다는 이점도 있다.

신문 기사는 문어로 전달되기 때문에 기본적으로 격식적인 문어체를 사용하며 공간성을 가진다. 따라서 음성의 형태로 전달되어 시간성을 가지는 TV나 라디오의 뉴스와 달리 독자가 능동적으로 기사를 읽는 순서를 정할 수 있고, 어떤 기사는 아예 읽지 않거나 여러 번 읽는 것도 가능하다.

한편 신문은 인쇄 매체이기 때문에 기사 작성에 있어 시공간적 제약을 받는다. 우선 신문 기사를 작성할 때에는 마감 시간이라는 제약이 있다. 신문이 정해진 시간에 보급되기 위해서는 인쇄 시간을 확보해야 하기 때문에 일정 시간까지 기사를 작성하고 편집하는 일이 끝나야 한다. 또한 신문 기사는 지면이 한정되어 있기 때문에 그 넓이에 맞게 기사를 작성해야 하는 공간적 제약이 있다. 이런 제약을 극복하기 위해 신문은 글씨체의 종류, 크기, 색의 변화 등을 통해 독자들의 시선을 끄는 방향으로 표제를 편집하는 경향을 보인다.

3.2. 신문 기사의 종류

신문 기사는 보도 기능에 따라 스트레이트 기사, 피처 기사, 에디토리얼 기사로 나누어

볼 수 있다.

스트레이트 기사는 사건이나 사고 등에 대해 논평 없이 사실적, 객관적으로 기술한 기사로, 신문에 실리는 기사 중 대다수는 여기에 속한다. 사실 보도 기사라고 부르기도 한다. 이 유형의 기사는 육하원칙에 입각하여 사건의 과정이나 결과에 대한 객관적인 정보를 제공한다.

피처 기사는 스트레이트 기사를 보강해 주는 것으로, 보도 기사에서 다루었던 사건이나 인물의 배경을 설명해 주거나 해설을 덧붙이는 기사를 말한다. 어떤 사건이나 사실의 의미, 앞으로의 전망 등을 제시하기도 한다.

에디토리얼 기사는 사설, 칼럼 등 어떤 사건이나 쟁점에 대한 평가를 제공하는 기사를 말한다. 사회를 바라보는 필자나 신문사의 관점이 드러나는 기사이다.

3.3. 신문 기사의 구성

신문 기사의 표제는 기사의 핵심 내용을 제시한다. 필요할 경우 표제의 내용을 보완하는 부제가 그 다음에 제시되기도 한다. 표제와 부제 뒤에 이어지는 기사문의 내용 구성은 크게 네 가지로 나뉘는데 보통 각 구성 요소의 중요도를 나타내는 도형으로 유형을 표시한다.

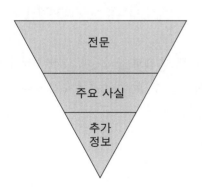

역피라미드형 구성

전문
주요 사실
추가 정보

신문 기사의 가장 대표적인 내용 구성 유형은 역피라미드형 구성이다. 전문에서 중요한 내용을 요약적으로 제시한 뒤 사건이나 상황과 관련이 있는 주요 사실을 좀 더 구체적으로 제시하고 이어서 부수적인 추가 정보들을 제공한다. 따라서 내용의 중요도를 고려하면 가장 먼저 나오는 전문이 가장 중요하고 뒤로 갈수록 덜 중요한 내용이 나온다고 할 수 있다. 때문에 이를 중요도에 따라 도형으로 표현하면 위가 넓고 아래가 좁은 역피라미드형이 된다.

작년 수출 –10.3%… 10년만에 두자릿수 감소[6]	표제
美中무역분쟁–반도체 불황 여파	부제
지난해 수출이 전년보다 10.3% 줄어 글로벌 금융위기였던 2009년 이후 10년 만에 처음 두 자릿수 감소율을 보였다. 정부는 올해는 수출이 반등할 것으로 기대하지만 낙관하기 어렵다는 지적이 나온다.	전문
산업통상자원부는 지난해 수출액이 5424억 1300만 달러로 집계됐다고 1일 밝혔다. 2018년 사상 첫 6000억 달러 수출 시대를 연 지 1년 만에 다시 5000억 달러대로 주저앉은 것이다. 연간 수출이 역성장한 것은 저유가로 석유화학 등이 부진했던 2016년 (–5.9%) 이후 3년 만에 처음이다. 미중 무역분쟁이 격화되고 주력 수출품인 반도체 경기 회복이 더뎠던 영향이 컸다. 산업부는 △미중 무역분쟁 여파로 107억 달러 △반도체 업황 부진으로 328억 달러 △유가 하락 영향으로 134억 달러의 수출이 감소한 것으로 추산했다.	주요 사실
올해는 미중 무역분쟁 1단계 합의와 반도체 경기 회복 요인 등으로 수출이 3.0% 증가할 것으로 내다봤다. 지난해 12월 대중(對中) 수출이 14개월 만에 증가세로 돌아서는 등 긍정적 신호가 나오고 있다고 했다.	추가 정보

역피라미드형 구성에서 육하원칙에 해당하는 내용은 주로 표제, 부제, 전문에서 드러난다. 따라서 표제와 부제, 전문 정도만 읽어도 주요 정보는 알 수 있다는 것이 큰 장점이다. 또한 기사를 생산하고 편집하는 사람의 입장에서는 지면이 기사에 비해 부족할 경우 기사를 뒤에서부터 잘라서 줄여 나가면 되므로 길이 조절이 상대적으로 쉽다. 기사를 작성한 뒤 제목을 붙일 때에도 전문의 내용을 참고하여 표제를 정하면 되므로 제목 정하기가 상대적으로 용이하다.

이러한 이유로 대부분의 스트레이트 기사는 역피라미드 형태로 구성된다. 그러나 역피라미드형 구성은 신문 기사에서 가장 많이 쓰이는 전형적인 구성이기 때문에 구성 면에서 신선하고 창의적이라는 느낌을 주기는 어렵다.

6 『동아일보』, 2020년 1월 2일, A1면.

피라미드형 구성

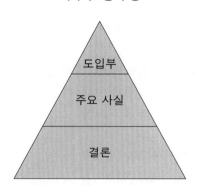

두 번째 유형은 피라미드형 구성이다. 역피라미드형 구성과는 반대로 뒤로 갈수록 중요한 내용이 제시된다. 주로 서두에서는 사건을 설명하는 도입부가 제시되고 그 뒤에 주요 사실들이 제시된 뒤 마지막으로 가장 중요한 결론이 제시된다.

코로나 감염 방지에만·신경썼나… 정신질환 치료엔 손 놓았던 격리시설[7]	표제
아산·진천에 격리됐던 교민들 공황장애·우울증 등 악화 불구 파견된 전문의는 상담만 가능 "경직된 처방 프로세스 개선 F코드 제외 등 유연한 대응 필요"	부제
"하루에도 몇 번씩 죽을 것 같은 기분이었어요." 　충북 진천군 국가공무원인재개발원에서 2주간의 격리 생활을 끝내고 지난 15일 경기 평택역에 도착한 버스에서 내린 A(44)씨의 얼굴에는 피로감과 불안감이 배어 있었다. 공황장애를 가졌지만 격리시설에서는 처방이 불가능해 어쩔 수 없이 약 복용량을 반으로 줄인 영향이었다. 　A씨는 회사 업무차 지난 11월부터 이달 초 정부의 전세기 편으로 귀국하기 전까지 신종 코로나바이러스 감염증(코로나19) 발원지인 중국 후베이성 우한에 머물렀다. 공황장애 약은 출장길에 오르기 전 챙긴 3개월분이 전부였다. 　정신적으로 쇠약해진 상태에서 시작된 진천에서의 격리생활 중 약은 바닥을 보였다. 시설에는 정신과 전문의들이 있어 상담은 가능했지만 약은 구할 수 없었다. 향정신성의약품은 엄격하게 관리되는데 파견 나온 의사라 전산화된 처방 프로세스에 접근할 수 없었기 때문이다. A씨는 "아침 저녁으로 두 알 복용해야 할 약을 반만 먹으며 힘겹게 버텼다."며 "전면 봉쇄된 우한에서도 그랬고, 격리시설에도 극심한 공포에 시달렸다."고 말했다.	도입부

---

7 『한국일보』, 2020년 2월 20일, A11면.

신종 코로나로 우한에 갇힌 교민들을 데려와 2주간의 잠복기를 무사히 넘기고 퇴소까지 마친 정부의 조치에도 허점이 있었다. A씨처럼 당장 정신 치료가 필요한 사람들을 치료해줄 방법이 없었던 것이다. 19일 코로나19 통합심리지원단에 따르면 우한에서 입국해 2주일가량 충남 아산시 경찰인재개발원과 진천군 공무원인재개발원에 격리됐다가 퇴소한 교민 700여명 중 179명은 총 332차례에 걸쳐 심리지원을 받았다. 우한에서부터 몸과 마음이 지친 교민 상당수가 격리생활 중에도 불안함과 답답함을 호소했다. 심리지원은 국립정신의료기관에서 파견된 정신과 전문의와 전문요원으로 구성된 통합심리지원단이 아산에 4명, 진천에 3명 배치돼 제공했다. 하지만 이들은 파견이라 자신이 근무하는 병원에서 의사면허번호를 입력해야 하는 처방 프로세스에는 접근하지 못했다. 경직된 처방 프로세스로 인해 경찰인재개발원에 입소한 교민 한 명은 지인이 대리처방을 받아야 했다. 공무원인재개발원의 한 교민도 의료팀이 수기처방전을 작성해 진천군보건소에서 약을 구하는 등 매뉴얼에 없는 방식으로 겨우 위기를 모면했다. 우울증, 공황장애 같은 정신질환은 한국표준질병사인분류표에 정신질환을 의미하는 'F코드'로 분류된다. F코드는 △의료법 △건강보험법 △개인정보보호법 등으로 엄격하게 보호되는데, 되레 이 엄격성이 비상상황에 약 반출을 원천적으로 불가능하게 만든 셈이다. 반면 지난 12일 3차 전세기를 타고 경기 이천시 국방어학원에 격리된 148명은 통합심리단에 배속된 군의관을 통해 처방을 받을 수 있었다. 100% 전산화된 일반병원과 달리 군의관은 수기 처방이 가능하다.	주요 사실
때문에 정신 치료가 필요한 특수한 상황에서는 유연한 제도 운영이 필요하다는 주장이 나온다. 우한 교민들의 정신건강 상담과 교육을 총괄하는 심민영(45) 국립정신건강센터 국가트라우마부 부장은 "호미로 막을 수 있는 것을 가래로 막는 상황은 막아야 한다."고 강조했다. 그는 "단기적이고 집중적인 치료가 필요한데 치료가 이뤄지지 않으면 오히려 병을 키우고 더 큰 사회적 비용을 초래한다."면서 "재난과 같은 특수한 상황에서는 임시적으로 F코드 제외가 현실적 배려가 될 수 있다."고 말했다.	결론

위의 예에서 볼 수 있는 것처럼 피라미드형 구성의 기사는 주로 사건 기사에서 다룬 내용을 좀 더 자세하게 설명하거나 어떤 사건이나 사실, 인물에 대한 흥미로운 이야기를 다루는 피처 기사, 또는 주장을 담고 있는 기사나 사설에 주로 어울린다. 배경이나 원인, 근거를 먼저 제시하고 결과나 결론을 뒤에 제시하는 방식이 이런 주제에 더 어울리기 때문이

다. 그러나 일반적인 스트레이트 기사에서도 역피라미드형 구성의 익숙함을 피하기 위해 피라미드형 구성을 취하기도 한다.

혼합형 구성

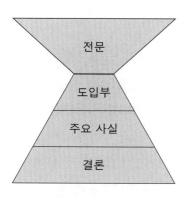

세 번째 유형은 혼합형 구성이다. '혼합형'이라 함은 역피라미드형 구성과 피라미드형 구성의 혼합형을 말한다. 즉, 역피라미드형 구성과 동일하게 표제와 부제 뒤에 주요 내용을 한두 문장으로 요약한 전문이 나오고 그 뒤는 피라미드형 구성과 동일하게 도입부-주요 사실-결론이 나오는 구성이다.

출근길 혼잡 예상… "교통통제 확인후 출발하세요"[8]	표제
서울시, 출퇴근 버스-지하철 증편 막차시간도 30분씩 연장키로	부제
집중호우로 팔당댐의 방류량이 늘어나면서 한강 수위가 상승함에 따라 서울 시내 도로 곳곳이 교통통제됐다가 해제됐다. 잦은 도로통제로 대중교통을 이용하는 시민이 늘어나면서 서울시는 10일 오전부터 지하철과 버스의 출퇴근 시간대와 막차 시간을 30분씩 연장하기로 했다.	전문
서울시는 9일 오후 4시 50분부터 강변북로 한강대교~마포대교 양방향 교통을 통제했다가 오후 9시 20분 해제했다. 오후 2시부터 내부순환로 성동 분기점~마장램프 구간을, 오후 1시 반부터 동부간선도로 수락지하차도~성수 분기점 진출입 램프 진입을 금지했다가 같은 시각 통행을 재개했다. 전날 통제가 해제됐던 올림픽대로 일부 구간도 차량 통행을 막았다가 9시 반경 통제가 풀렸다. 오후 1시부터 염창 나들목~동작대교 양방향 교통이 전면 통제됐고, 여의상·하류 나들목은 오전부터 통행이 계속 제한됐다. 6일 한강 본류에 홍수주의보가 발효되자 서울시는 한강공원 11곳 모두를 통제하고 있다.	도입부

---

8 『동아일보』, 2020년 8월 10일, A12면.

서울시는 10일 오전부터 버스와 지하철의 출퇴근 집중배치 시간과 막차 시간을 30분씩 연장한다. 버스는 노선별로 교통량에 따라 탄력적으로 운행하고 지하철은 오전 7시~9시 반, 오후 6시~8시 반에 집중 배치할 예정이다. 막차 시간도 밤 12시 반까지 늘어난다. 경찰 관계자는 "교통통제는 한강 통제 수위에 따라 실시간 바뀔 수 있어 출퇴근 전에 반드시 확인이 필요하다."고 말했다.	주요 사실 + 결론

위의 기사는 혼합형 구성의 예이다. 기사의 맨 앞부분에는 주요 내용을 전달하는 전문이 있고, 그 뒤에 지금까지 있었던 서울 시내의 교통 통제에 대해 정리하는 도입부가 온 뒤 앞으로 진행될 서울시의 대중교통 증편과 같은 주요 정보가 제시되고 마지막으로 출퇴근 전에 반드시 교통 상황을 확인해야 한다는 결론이 제시된다. 이러한 형식은 역피라미드형 구성의 장점과 피라미드형 구성의 장점을 모두 취할 수 있으며 스트레이트 기사, 피처 기사, 에디토리얼 기사 등 다양한 기사에 두루 적합하다는 장점을 가지고 있다. 또한 전문에서 제시한 핵심 내용이 주요 사실 부분에서도 제시되므로 중요한 정보를 충분히 강조한다는 장점이 있는 반면, 같은 내용이 반복되는 것을 피할 수 없다는 단점도 있다.

다이아몬드형 구성

네 번째 유형은 다이아몬드형 구성이다. 이 유형은 주요 사실이 가운데 놓이며 그 앞에 도입부가 오고 뒤에는 추가 정보가 오는 형식이다. 이러한 형식은 피라미드형 구성과 마찬가지로 논리적 흐름에 따른 내용 전개에 유리하여 피처 기사 또는 분석이나 평가를 목적으로 하는 보도 기사에 많이 쓰인다.

'괜찮겠지' 하다 전파 … 발열 땐 병원 가야[9]	표제
유증상자 일상생활로 피해 속출	부제

---

9 『문화일보』, 2020년 2월 19일, A2면.

지역사회 방역이 속속 뚫리면서 추가 감염 확산을 막기 위해서는 시민들의 적극적인 협력이 무엇보다 중요해지고 있다. 19일 의료계에 따르면 무엇보다 발열 등 의심 증상이 발생하면 병원을 찾아 의사의 판단을 구해야 한다. 감염경로가 미궁에 빠진 확진자가 속속 나오고 있어 "나는 괜찮겠지"라는 생각으로 일상생활을 계속하면 걷잡을 수 없는 추가 감염 상황을 유발할 수 있기 때문이다.	도입부
특히 최근 14일 이내 중국 등 지역사회 감염이 확인되고 있는 국가나 지역을 방문한 뒤 증상이 발현된 경우에는 자의적으로 지역 의료기관을 찾아가면 안 된다. 반드시 관할 보건소, 지역 콜센터(☎지역번호+120) 또는 질병관리본부 상담센터(1339)로 먼저 연락해야 한다. 상담을 받고 선별진료소를 찾아가야 '병원 내 감염' 확산을 막을 수 있다. 이 경우 반드시 마스크를 착용하고 여건이 허락하면 자차를 이용해야 피해를 줄일 수 있다.	주요 사실
방역 당국은 이제부터는 의료기관의 초동대처가 어느 때보다 중요한 것으로 보고 있다. 의료진 또한 신종 감염병의 특성 때문에 지속적으로 대응 지침 등이 개정되고 있는 만큼 정부 지침과 발표 내용 등을 확인하면서 최신 정보와 사례정의 등에 따라 진료에 임해 줄 것을 방역 당국은 당부했다.	추가 정보

4 인터넷 뉴스

4.1. 인터넷 뉴스의 특성

최근 인터넷 뉴스의 영향력이 점점 커지면서 이에 대한 관심도 증가하고 있다. 하지만 인터넷 뉴스, 인터넷 뉴스 미디어의 개념은 사실 그리 명확하지 않다. 심지어 관련 법률들조차도 법에 따라 그 범위를 다 다르게 설정하고 있는 실정이다. 일반적으로는 신문사나 방송사와 같은 오프라인의 뉴스 미디어가 운영하는 인터넷 뉴스 미디어인 '언론사닷컴'과 오프라인 미디어 없이 인터넷에서만 제공되는 '인터넷신문'으로 구분한다.

초기의 인터넷 뉴스는 오프라인의 신문 기사나 TV 뉴스를 그대로 인터넷에서 제공하거나 텍스트와 사진으로 구성된, 신문 기사와 거의 동일한 형태의 기사문을 제공하는 것이 대부분이었다. 하지만 요즘에는 TV 뉴스와 달리 내레이션 없이 영상과 자막으로 구성된 동영상 뉴스나, 카드를 한 장씩 넘겨가며 내용을 읽는 카드 뉴스와 같은 새로운 형식의 뉴스가 각광을 받고 있다.

인터넷 뉴스는 뉴스의 생산과 소비에 큰 변화를 가져왔다. 컴퓨터와 인터넷, 스마트폰 기술의 발달로 사람들은 더 편하게 뉴스를 접할 수 있게 되었다. 또한 한 번 생산된 뉴스는 인터넷상에서 언제든 다시 찾아볼 수 있게 되어 뉴스의 축적성은 더 커졌다.

무엇보다도 인터넷 뉴스가 TV, 라디오, 신문 등과 같은 전통적인 미디어와 구별되는 특성은 뉴스의 생산과 유통이 보통 분리되어 진행된다는 점이다. TV, 라디오의 뉴스나 신문 기사의 경우 뉴스를 생산한 방송사나 신문사가 직접 그것을 전파로 송출하거나 인쇄·배포하므로 뉴스의 생산자가 곧 유통의 주체가 된다. 하지만 인터넷 뉴스는 인터넷 언론사

사이트보다는 네이버, 다음, 구글 등과 같은 포털 사이트나 유튜브 등과 같은 동영상 공유 사이트, 인스타그램, 페이스북 등과 같은 SNS를 통해 주로 유통되므로 뉴스의 생산자와 유통의 주체가 분리되는 모습을 보인다. 따라서 뉴스를 생산하는 언론사의 이름이 가지는 힘은 줄어들고 뉴스 생산의 주체와는 별개로 뉴스를 배포·유통하는 사이트의 중요성과 힘이 커지게 되었다. 이와 더불어 새로운 뉴스 생산자들이 뉴스 공급 시장에 진입하는 것이 더 쉬워졌으며 SNS 등을 기반으로 개인이 뉴스를 생산하여 공유하는 것도 어렵지 않게 되었다. 뉴스의 생산을 위해 배포나 유통의 수단까지 마련할 필요가 없어졌기 때문이다. 이로 인해 인터넷 뉴스 미디어의 수는 기하급수적으로 늘어나 2019년에는 등록된 인터넷 신문의 숫자가 9,164개에 이르게 되었다. 이는 우리나라 전체 정기간행물 21,781개 중 약 42.1%를 차지하며 점유율 1위에 해당하는 것이다. 정기간행물로 등록된 일간신문이 642개인 것과 비교하면 어마어마한 숫자다.[10]

인터넷 뉴스는 언제 어디에서나 쉽게 접할 수 있으며, 다양한 내용과 형태를 가진 많은 양의 뉴스가 지속적으로 누적된다는 점에서 높은 가치를 가진다. 또한 뉴스가 생산되면 인터넷을 통해 바로 널리 배포할 수 있기 때문에 신속한 보도가 가능하며, 생산자의 뉴스 생산과 배포, 소비자의 뉴스 수용과 피드백이 거의 실시간으로 이루어진다. 게다가 뉴스를 배포한 이후에 뉴스의 내용을 수정하는 것도 가능하다. 특히 인터넷 뉴스는 댓글과 공유 등을 통해 수용자의 반응이 바로 드러난다. 그 결과 소비자의 능동성과 영향력이 커졌다. 또한 인터넷 뉴스는 하이퍼링크나 관련 기사 목록 등을 통해 여러 개의 기사를 계층화시켜 제시하거나 한 기사에서 관련 기사로 바로 넘어가도록 뉴스를 구성하는 것이 가능하다.

인터넷 뉴스는 내용의 전달 방식에서 기존의 뉴스와 확연히 구분된다. 전형적인 유형이 존재하는 신문 기사나 TV 뉴스와 달리 인터넷 뉴스는 다양한 방식으로 구성되고 있어서 전형적인 유형이 아예 존재하지 않는다. 영상과 음성, 사진, 텍스트 등을 활용하여 종합적으로 뉴스를 구성하며 이때 이들을 어떤 방식으로 구성하는가에 따라 뉴스의 형태가 다양해지게 된다. 또한 뉴스의 내용을 검토하고 수정을 지시하는 게이트 키핑 기능이 약하거나 전혀 없기 때문에 기존의 뉴스에서는 볼 수 없었던 주관적인 내용이나 선정적인 표현

---

10 문화체육관광부 정기간행물 현황 등록일람표. http://www.index.go.kr/potal/main/EachDtlPageDetail.do?idx_cd=1645.

등이 자주 사용되며 심지어는 사실이 아닌 내용을 뉴스에서 다루는 경우도 흔하다.[11] 이 때문에 인터넷 뉴스는 뉴스의 질적 저하를 가져온다는 비판을 받기도 한다.

4.2. 인터넷 뉴스의 유형

이미 언급한 바와 같이 인터넷 뉴스는 그 종류가 매우 다양하고, 형식이나 내용도 정형적이지 않아서 유형을 분류하기가 쉽지 않다. 따라서 여기에서는 모든 인터넷 뉴스의 유형을 다루지는 않고 인터넷 뉴스의 유통 플랫폼으로 최근 점점 더 중요한 위치를 차지해가고 있는 포털 사이트와 SNS에 대해 알아볼 것이다. 이에 더해서 독특한 형태의 인터넷 뉴스인 카드 뉴스에 대해서도 간단히 살펴보도록 하겠다.

포털 사이트의 뉴스 서비스

포털 사이트는 인터넷 뉴스를 유통하는 기능만 담당하는 것은 아니지만, 일찍부터 인터넷 뉴스의 유통 플랫폼으로서 큰 영향력을 가지게 되었다. 포털 사이트가 인터넷 뉴스의 전달자로서 주로 담당하는 기능은 크게 두 가지로 나뉜다.

첫 번째 기능은 뉴스 선택과 편집이다. 포털 사이트는 다양한 언론사들의 인터넷 뉴스 기사를 제공받아 사이트의 메인 페이지나 뉴스 서비스 메인 페이지, 각 섹션 페이지에서 제공한다. 이때 메인 페이지에 어떤 뉴스를 보일 것인지, 뉴스 서비스 메인 페이지나 섹션 페이지에서 어떤 뉴스를 어떤 순서로 보일 것인지는 보통 포털에서 결정한다. 또한 포털 사이트에서 뉴스를 제공할 때에는 일반적으로 언론사의 뉴스 페이지를 보여주지 않고 사이트에서 편집한 뉴스 페이지를 제공한다. 따라서 포털 사이트는 마치 신문사나 방송국의 데스크처럼 뉴스를 최종적으로 취사·선택하는 게이트 키핑의 역할을 하기도 한다.

두 번째로 사회의 이슈를 설정하고 이를 알리는 기능을 한다. 포털 사이트의 메인 페이지에서 제목이 노출되는 뉴스는 사회 구성원들의 관심을 끌기 쉽다. 또한 이미 이슈가 되

---

11 '게이트 키핑'이란 뉴스 편집자 등과 같이 뉴스를 선택할 수 있는 권한을 가진 사람이 뉴스를 선택하고 뉴스의 내용을 검토하며 수정하는 과정을 가리키는 말이다.

어 있는 문제라면 이슈가 더욱 부각될 수 있다. 따라서 포털 사이트의 인터넷 뉴스는 그 자체로 사회의 이슈를 설정하고 부각시키는 기능을 하게 된다.

이처럼 여러 언론사에서 생산한 뉴스들을 한 자리에서 제공하는 포털 사이트의 뉴스 서비스는 다양한 뉴스에 쉽게 접근할 수 있게 하는 효과가 있다. 뉴스 수용자들은 포털 사이트를 통해 같은 사건에 대한 다양한 언론사의 기사들을 한꺼번에 접할 수 있고 이에 대한 다른 사람들의 견해도 댓글을 통해 쉽게 볼 수 있다. 따라서 사회적인 이슈에 대해 다루는 복수의 뉴스를 통해 독자는 각각의 뉴스가 서로 다른 시각을 가지고 있음을 쉽게 확인할 수 있다. 또한 포털 뉴스 서비스는 사람들의 뉴스 접근성을 높여서 결과적으로 뉴스 이용률을 높이는 효과도 있다. 실제로 컴퓨터와 인터넷, 모바일 기기에 익숙한 지금의 젊은 세대들은 대부분의 뉴스를 신문이나 TV보다는 포털 사이트나 SNS를 통해 접하고 있다.

그러나 포털의 뉴스 서비스가 늘 장점만 지니고 있는 것은 아니다. 가장 큰 단점은 포털 사이트가 언론사의 뉴스 유통량과 광고 수익을 결정하게 되면서 언론사에 미치는 영향이 커졌다는 것이다. 포털 사이트의 메인 화면에 뉴스의 제목이 노출되는 것이 뉴스의 조회수 및 파급력에 지대한 영향을 미치게 되면서 언론사들은 포털 사이트의 영향력을 무시할 수 없게 되었다. 또한 포털 사이트가 뉴스를 서비스할 때 자체적으로 편집한 뉴스 페이지를 제공하면서 뉴스 소비자들은 자신이 보는 뉴스를 생산한 언론사나 기자에 대해 관심을 크게 가지지 않게 되었고, 이 때문에 언론사의 지명도나 공신력 등은 뉴스 수용자들이 뉴스를 선택하는 데에 큰 영향을 미치지 않게 되었다. 이는 새로운 언론사의 시장 진입을 쉽게 만들기도 하지만 부실 언론사가 난립하고 가짜 뉴스가 넘쳐나는 상황을 만들었다. 그뿐만 아니라 포털 사이트가 메인 페이지에 노출할 기사를 선택하고 위치를 정하는 과정에서 여론을 특정한 방향으로 이끄는 것이 가능해지기도 했다. 많은 수의 인터넷 언론사들이 비슷한 내용의 기사로 포털 사이트에서 경쟁을 하게 되면서 독자의 흥미를 유발하여 관심을 끌기 위해 선정적인 제목을 붙이거나 주관적인 내용의 기사를 작성하는 경우도 많아지게 되었다. 포털 사이트의 기사 댓글창은 소통의 장이 되기도 하지만 무차별적인 비난, 비방, 욕설 등이 난무하는 싸움터가 되기도 한다.

이러한 단점들 때문에 최근 일부 포털 사이트는 메인 화면에 언론사별로 주요 기사를 노출하고 기사의 제목을 언론사가 직접 정하게 하거나, 뉴스를 서비스할 때 포털 사이트가 편집한 뉴스 페이지가 아닌 언론사의 뉴스 페이지로 바로 연결되도록 구성을 바꾸기도 하였다. 또한 포털 사이트의 뉴스 댓글창에서 비방과 욕설이 오가고 유언비어가 빈번히 유포되면서 주요 포털 사이트의 일부 뉴스 섹션에서는 댓글창이 없어지기도 했다.[12]

〈그림 8〉 언론사별로 기사를 보이는 방식[13]

〈그림 9〉 자체적으로 기사를 편집하는 방식[14]

SNS 뉴스

최근 SNS 이용자가 증가함에 따라 SNS를 통해 뉴스를 공유하는 사람들이 늘어나면서 SNS는 뉴스를 전달하는 미디어의 기능도 가지게 되었다. 언론사들은 SNS에 공식 계정을

---

12 인터넷 포털 사이트와 같이 뉴스의 유통만을 담당하는 플랫폼도 언론이라고 할 수 있는가에 대해서는 논란의 여지가 있다. 그러나 2018년 한국언론진흥재단에서 실시한 「인터넷 포털의 언론 지위 인식」 설문조사에 따르면 응답자 5,040명 중 62%가 언론이라고 생각한다고 답했다. https://www.kpf.or.kr/front/mediaStats/mediaStatsDetail.do.

13 네이버 뉴스 스탠드, 2020년 12월 8일. https://newsstand.naver.com.

14 다음 메인 화면, 2020년 12월 8일. https://www.daum.net.

만들어 뉴스의 링크를 게시하거나 뉴스 내용을 공유한다. 또한 SNS 고유의 동영상 뉴스, 카드 뉴스 등을 제작하여 제공하며 SNS를 통해 뉴스를 수용하는 이용자들과 적극적으로 소통하기도 한다.

　SNS를 통해 전달되는 뉴스는 몇 가지 특징을 가진다. 우선 속보성이 매우 뛰어나다. SNS에서는 공유와 전달이 매우 쉽게, 빠른 속도로 이루어지기 때문에 뉴스가 빠르게 널리 퍼질 수 있고, 이러한 속보성으로 인해 SNS는 뉴스를 전달하는 미디어로서 각광 받게 되었다. 대형 사고나 자연 재해, 테러 등과 같은 사건이 발생했을 때 가장 먼저 소식이 전해지는 것은 SNS를 통해서인 경우가 많다. 그러나 SNS 뉴스는 심층 보도가 이루어지기 어렵다. 신속한 전달에는 탁월하지만 SNS의 글자 수 제한, 동영상 시간 제한, 용량 제한 등으로 인해 긴 기사문이나 뉴스 동영상을 전달하는 것은 어렵기 때문이다. 따라서 SNS는 주로 속보를 전달하는 데에 이용되거나 심층 보도가 필요하지 않은 뉴스의 전달에 주로 활용된다.

　최근에는 SNS가 다양한 형식으로 발전하면서 SNS를 통해 전달되는 뉴스의 형식도 변화를 겪게 되었다. 예를 들어, SNS의 라이브 방송 기능이 활성화되면서 SNS를 통해 실시간으로 토론을 중계하거나, 대화창을 통해 시청자들과 소통하며 뉴스를 전달하는 것도 가능해졌다. 또한 동영상 길이에 제한이 없는 유튜브와 같은 동영상 서비스가 유행하면서 SNS에서도 심층 보도가 가능해지기도 하였다. 이러한 변화로 인해 주로 속보 전달에 집중되어 있던 SNS의 뉴스 미디어로서의 기능은 더 넓은 범위로 확대되고 있다.

카드 뉴스

　SNS를 통한 뉴스 전달이 활발해지면서 나타나게 된 독특한 형식의 뉴스가 바로 카드 뉴스이다. 카드 뉴스는 한 장 또는 여러 장의 카드에 사진, 그림이나 짧은 동영상과 함께 짧은 텍스트를 담아 내용을 전달하는 뉴스 양식이다. SNS로 제공하고 모바일 기기로 보는 것에 유리한 뉴스 형태라 할 수 있다. 이 때문에 신문이나 TV보다 모바일 기기에 더 익숙한 젊은 층에게 다가가기 쉽다는 장점을 가진다.

　카드 뉴스의 가장 흔한 형태는 방송사나 신문사가 자사의 뉴스를 편집하여 카드 뉴스로 전달하는 것이지만, 카드 뉴스로만 제작되는 뉴스도 있다. 방송사나 신문사 외에도 특정

단체나 기관이 자체 SNS나 홈페이지를 통해 해당 단체나 기관의 소식을 전하는 카드 뉴스를 배포하기도 한다.

〈그림 10〉 세계한국어대회 조직위원회 발족을 알리는 카드 뉴스[15]

이처럼 SNS를 통해 전달되는 새로운 형식의 뉴스들은 속보성, 상호 소통성 등에서 TV, 라디오, 신문에 비해 탁월하지만, 그만큼 부작용이 있다. 우선 짧은 글이나 한두 장의 사진만으로도 뉴스를 생산하는 것이 가능하며 개인도 쉽게 뉴스를 생산할 수 있고 게이트 키핑을 담당하는 사람이나 기관이 없기 때문에 주관적, 편파적인 내용을 담은 뉴스나 선정적인 뉴스, 더 나아가서는 가짜 뉴스도 많이 생산된다. 언어적 측면에서도 SNS 이용자들의 관심을 끌기 위해 주관적, 선정적, 자극적인 표현이 많이 사용된다.

---

15 세계한국어대회 페이스북, 2019년 10월 22일. https://www.facebook.com/WCKL2020/posts/145468443965069.

국외 뉴스

 최근에는 위성 TV나 인터넷과 같이 외국의 언론과 국내의 뉴스 수용자를 연결해 주는 미디어 플랫폼들이 발달하면서 국외 뉴스를 접할 수 있는 기회도 늘고 있다. 전 세계의 다양한 뉴스들을 접하다 보면 비슷한 유형의 사건에 대해서 국가별로 서로 다른 보도 방식과 태도를 취하는 경우를 볼 수 있다. 이는 뉴스 생산자가 속한 국가와 사회가 뉴스의 내용과 형식에 영향을 미치는 것을 보여준다. 따라서 여기에서는 '재해'라고 하는 동일한 유형의 사건에 대해 미국과 중국의 보도 내용과 형식이 어떻게 다른지를 살펴봄으로써 국외 뉴스의 특성을 알아볼 것이다.

5.1. 미국(CNN)의 재해 관련 뉴스

 미국의 뉴스 채널인 CNN은 24시간 뉴스를 방송하는 뉴스 전문 채널이다. 아침과 저녁 시간에 하루의 다양한 뉴스를 전하는 뉴스 프로그램, 속보를 심층적으로 전하는 뉴스 프로그램, 밤 시간에 2시간 이상 편성되는 시사 전문 프로그램 등 다양한 종류의 뉴스 프로그램이 있는데, 여기에서는 2020년 1월의 코로나바이러스와 관련한 뉴스 보도를 살펴본다.
 『NEWSROOM』은 오전 시간에 편성된 프로그램이며 2020년 1월 31일에 보도된 내용은 다음과 같다.[16]

16 『NEWSROOM』, 2020년 1월 31일. http://transcripts.cnn.com/TRANSCRIPTS.

발화자	내용	포함 정보
내털리 앨런 (앵커)	코로나바이러스의 발발로 전 세계인의 건강과 관련된 비상 사태가 선포되었습니다. 더 많은 국가들이 중국 여행에 대한 감시와 경고를 강화하고 있습니다. 이에 대해 라이브 리포트를 살펴보겠습니다.	앵커 멘트 및 개관
	세계보건기구(WHO)는 현재 코로나바이러스를 세계적인 비상 사태로 선언하고 있습니다. 즉각적으로 미국 국무부는 중국을 여행하지 말고, 중국에 있는 사람들은 중국을 떠나야 한다고 경고했습니다.	WHO와 국무부의 선언 및 경고
	1주일 전, WHO는 긴급 상황임을 선언하면서 이 바이러스가 중국에 국한된 것으로 보인다고 밝혔습니다. 그러나 그 이후 많은 것이 바뀌었습니다. 확인된 감염자만 만여 명으로 크게 증가했고, 사망자도 늘고 있습니다. 세계 보건 전문가들은 바이러스가 전염되는 것을 우려하고 있습니다. CNN 의학 전문 기자 산제이 굽타로부터 더 많은 정보를 들어 보겠습니다.	1주일 전과 현재 상황 비교
산제이 굽타 (CNN 의학 전문 기자)	2003년 사스(SARS) 발발 이후 국제적인 공중 보건 비상 사태의 지정이 시작되었습니다. 세계보건기구는 기본적으로 모든 국가에 지침을 전달하고 자원과 자금도 전달하고자 하며, 적어도 필요한 국가에 이러한 지원이 할당되게끔 노력하고 있습니다. 이것이 바로 '공중 보건 비상 사태 선언'이 의미하는 바입니다.	WHO의 '공중 보건 비상 사태 선언'의 의미
	코로나바이러스는 현재 전 세계 여러 국가에서, 중국을 포함한 최소 6개 국가에서 퍼지고 있습니다. 향후 며칠 내에 각 국가들은 코로나바이러스의 확산을 방지하기 위해 가능한 모든 일을 하고 있는지 확인하기 위해 공중 보건 조치를 고려해야 합니다.	현재 상황 및 공중 보건 비상 사태 적용
	2014년 에볼라, 2016년 지카, 2018년 에볼라 등 역사상 몇 차례에 대해서만 공중 보건 비상 사태 선언이 이루어졌습니다. 세계 보건 기구의 선언은 전 세계 여러 국가 경제에 전반적으로 영향을 미칠 것으로 보입니다.	공중 보건 비상 사태의 적용 사례
	코로나바이러스의 감염자는 계속 증가하고 있습니다. 그러나 이 감염자들이 증상이 거의 없거나 전혀 없는 무증상자일 수 있다는 점이 새로운 사실입니다. 이 경우 코로나바이러스는 심한 독감이나 감기에 가깝다는 것을 의미합니다. 공중 보건 연구원들은 바로 이러한 점을 파악하려고 하고 있습니다.	코로나바이러스의 특징
앨런	CNN의 스티븐 장이 중국에서의 소식을 전하겠습니다. 스티븐, 베이징에서는 세계 보건기구의 선언에 대해 어떤 반응을 보였습니까?	중국(베이징) 연결

스티븐 장 (CNN 시니어 프로듀서)	네, 즉각적인 반응이 있었습니다. 이 선언의 영향 중 하나는 중국이 바이러스의 격리에 있어 세계의 다른 지역들과 훨씬 더 밀접하게 협력할 것이라는 점입니다. 지금까지 중국 정부는 가능한 모든 일을 하고 있다고 말하고 있습니다. 외교부 대변인은 중국 정부가 이 바이러스에 관한 정보와 데이터를 투명하고 책임 있게 공유하고 있다고 밝혔습니다. 그녀는 이러한 노력이 실제로 WHO 사무총장에 의해 재확인되고 칭찬받고 있다고 말했습니다. 또한 중국은 국제적 의무 이상의 포괄적인 조치를 이행해왔다고 밝혔습니다.	중국 정부의 입장
	그러나 이러한 확신에도 불구하고 여전히 이 바이러스의 영향은 전 세계적으로 확산되고 있습니다. 우리는 이미 많은 국제항공사들이 중국으로의 취항을 취소, 중단하는 것을 목격했습니다. 이것은 분명히 중국으로 가는 해외 여행객에게 영향을 미칩니다.	바이러스의 확산과 영향
	중국 정부는 현재 해외 여행지로 특별 전세 항공편을 발송하여 후베이성 우한에서 출발한 승객을 태워 오고 있다고 합니다. 두 편의 비행기를 통해 태국과 말레이시아로 가서 발이 묶인 승객을 태우고 다시 우한으로 날아옵니다.	중국 정부의 조치—전세 기 운행
앨런	빨리 진행이 되고 있네요. 네 감사합니다. 스티븐 씨. 이 바이러스의 급속한 확산은 중국 본토 밖에서도 두려움을 불러일으키고 있습니다. 홍콩은 2003년 SARS로 인해 280명 이상이 사망했습니다. 중국으로의 여행은 제한되었고 마스크에 대한 수요가 치솟았습니다. CNN의 윌이 홍콩에 있습니다.	홍콩 연결
윌 리플리 (CNN 홍콩 특파원)	홍콩은 빈 상점으로 가득 찼습니다. 이 주변에는 줄이 길게 늘어섰는데요, 마스크를 사기 위해 3시간 동안 기다립니다. (인터뷰) 한 사람당 한 팩만 구매 가능합니다. (윌) 내일 다시 오실 예정입니까? (인터뷰) 네, 마스크가 더 필요합니다. (윌) 수요가 치솟아 마스크가 부족합니다. 상점에서도 마스크가 빠르게 고갈되고 있습니다. (인터뷰) 문제의 심각성을 예상하지 못했습니다. 바이러스가 매우 빨리 퍼졌습니다.	홍콩 시내 현황—마스 크 고갈
	시위대가 얼굴을 가리기 위해 마스크를 착용하지 못하게 했던 홍콩의 지도자들은 이제 자신의 얼굴을 가리고 있습니다. 중국 정부는 공중 보건 재앙을 예방하기 위해 긴급 조치를 취하고 있습니다. 중국 본토에서 잠긴	홍콩 현황 및 전망

문을 통과하려는 사람들이 꾸준히 이어질 것입니다. 고속철도 서비스는 추후 공지가 있을 때까지 중단되었고, 홍콩 전역의 쇼핑몰은 황폐화되었습니다.	
(월) 17년 전인 2003년 SARS의 발발로 사망한 사람들이 많습니다. 여기에 사는 사람들은 그러한 일이 다시 일어날까봐 두려워하고 있나요? (인터뷰) 홍콩의 모든 사람들은 두려워하고 있습니다. (월) 홍콩에서 가장 어두운 날을 살아온 사람들은 9/11과 비슷한 심리적 공포를 보이고 있습니다. 이제 보이지 않는 적에 대한 두려움으로 정부의 충고에 귀를 기울이고 있습니다. 집 안에 머물고, 붐비는 곳을 피하고, 재택근무를 하라 등입니다. (하략)	인터뷰—홍콩 시민의 두려움

위의 보도는 20분 이상 이어지고 있는데 메인 앵커와 전문 기자, 베이징과 홍콩의 특파원 등이 소식을 전달한다. 발췌한 부분의 포함 정보는 크게 네 가지로 구성된다.

① 앵커 멘트 및 개관: WHO와 국무부의 선언 및 경고
② WHO의 '공중 보건 비상 사태 선언'의 의미
③ 중국 정부의 조치
④ 홍콩 현황

앵커와 각 보도원들이 정보를 한 가지씩 차례대로 설명하며, 한 가지 정보를 전달하는 데에 할애하는 시간은 상대적으로 짧은 편이다. WHO의 선언이 가지는 의미, 역사적 사례 등에 대해 설명하고 있으며 중국 정부의 조치에 대해 긍정적으로 보도하고 있다는 점이 두드러진다. 홍콩의 상황에 대해 설명할 때에는 다음과 같은 비유적인 표현을 사용하고 있다는 점도 특징적이다.

(1) 시위대가 얼굴을 가리기 위해 마스크를 착용하지 못하게 했던 홍콩의 지도자들은 이제 자신의 얼굴을 가리고 있습니다.

(2) 중국 본토에서 잠긴 문을 통과하려는 사람들이 꾸준히 이어질 것입니다.

위의 예문들은 홍콩 시민들의 시위로 인해 악화된 홍콩과 중국의 관계를 비유적으로 드러내고 있다. 또한 홍콩의 경우 시민들과의 자유로운 인터뷰 등을 통해 마스크 품귀 현상으로 인한 고충이나 심리적인 공포에 대해 자세히 보여 주고 있는 반면, 중국의 조치에 관해서는 중국 정부의 입장만 간결하게 전달하고 있다.

5.2. 중국(CCTV)의 재해 관련 뉴스

중국의 국영방송인 CCTV는 중국의 가장 권위 있는 방송사이며 종합 채널 외에도 다양한 채널을 가지고 있다. CCTV는 뉴스 전문 채널을 운영할 뿐만 아니라 다양한 뉴스 프로그램을 제작하고 있는데, 그중 CCTV 종합 채널의 저녁 종합뉴스 프로그램『新闻联播』는 CCTV의 여러 채널을 통해 여러 번 방송되며 각종 지역 위성방송 채널을 통해 광범위한 지역에 송출되는, 영향력이 큰 주요 뉴스 프로그램이다. 여기에서는 자연재해 관련 보도 중『新闻联播』의 화재 관련 보도를 살펴보기로 한다.

『新闻联播』가 쓰촨성에서 발생한 산림 화재에 대해 2020년 3월 31일에 보도한 내용은 다음과 같다.[17]

내용	포함 정보
3월 30일 16시쯤 쓰촨(四川)성 량산(凉山)주 시창(西昌)시 징주(经久)향 마안(马鞍)촌에서 삼림 화재가 발생하였는데, 순간적으로 풍향이 돌변하고 바람이 거세지면서 소방관이 미처 대피하지 못하여 19명이 숨지고 3명이 다쳤습니다. 산불은 아직도 진화 중입니다.	화재 관련 사실 요약 (발생 시각, 장소, 사상자 수)

---

17 习近平对四川西昌市经久乡森林火灾作出重要指示 要求坚决遏制事故灾难多发势头 全力保障人民群众生命和财产安全 李克强作出批示,『新闻联播』, 2020년 3월 31일. http://tv.cctv.com/2020/03/31/VIDEUrFLj3Ne9EgiFvhQGjRA200331.shtml?spm=C31267.PFsKSaKh6QQC.S71105.21.

재해 발생 직후, 시진핑(习近平) 중국 공산당 총서기 겸 국가주석, 중앙군사위주석은 사건을 예의 주시하면서 신속하게 힘을 모아 과학적으로 구조 작업을 전개하고, 소방관의 안전을 확보한다는 전제하에 화재 진압에 총력을 기울여 달라고 하며 2차 재해를 예방할 것을 지시했습니다. 또한 현재는 삼림 화재 등 자연재해가 발생하기 쉬운 시기이며, 최근 쓰촨, 윈난, 푸젠, 후난 등지에서 삼림 화재와 안전사고가 잇따르는 데다 청명과 봄철 홍수가 다가오고 있으며 화재, 홍수 등 안전상의 위험이 두드러지고 있으니 반드시 주의를 기울여야 한다고 말했습니다. 더불어 각급 당위원회와 정부 및 관련 부서는 전염병 예방과 업무 복귀, 산업 복구를 총괄함과 동시에 안전상의 위험을 철저히 포착하여 각종 일에 대비하고, 안전불감증을 단호하게 극복하며, 화재와 산사태, 안전 생산 등 각종 잠재 위험을 철저히 조사하여 각 방면의 책임을 착실히 다해 사고와 재해가 빈번히 발생하는 추세를 억제하고 전력을 다해 인민의 생명과 재산의 안전을 보장해야 한다고 덧붙였습니다.	화재 발생 직후 시진핑의 지시 사항
리커창(李克强) 중국공산당 정치국 상무위원 겸 국무원 총리는 전력을 다해 부상자를 빠르게 구조하고, 과학적이고 효과적으로 산불을 진압하며, 조난당한 사람들의 사고 후 수습 작업 및 화재 현장 주변의 중점 장소와 시설 보호를 주도면밀하게 해 달라고 지시를 내렸습니다. 또한 최근 발생한 여러 건의 산림 화재와 사망 사고의 교훈을 깊이 있게 총집결하여 사회 각 부문 각 단계의 책임을 더욱 확실하게 하고, 잠재적인 위험을 심층적으로 조사하며 모니터링을 강화하여 중대한 산림 화재 발생을 단호히 억제해야 한다고 말했습니다.	리커창의 지시 사항
시진핑 주석의 지시와 리커창 총리의 요청에 따라 응급관리부는 즉각 작업반을 파견하여 현장 지도를 하게 하고 국가산림소방대와 소방구조대를 긴급 파견했습니다. 쓰촨성과 량산주는 진화를 위한 힘을 모으고 인근의 사람들을 긴급히 이동시키는 동시에, 주변 학교, 주유소 등 중점 장소 및 시설에 대한 보호 조치를 취하고 있습니다. 현재 화재 진화와 구호, 부상자 구제, 인명 대피 등 각종 작업이 진행 중입니다.	시진핑, 리커창의 지시에 따라 취한 조치

위의 보도는 메인 앵커가 단독으로 읽는 스트레이트 기사의 형식으로 구성되어 있으며 길이는 2분 30초 정도이다. 이처럼 다소 긴 길이의 스트레이트 기사를 메인 앵커가 읽는 것은 한국이나 미국에서는 그리 보편적이지 않지만, 중국 뉴스 프로그램에서는 흔히 볼 수 있는 형식이다. 특히 정부 고위 관료의 지시 사항을 전달할 때에는 별도의 자료화면 없이 아나운서가 직접 화면에 등장하여 내용을 읽고 주요 내용이 자막으로 함께 제공되는 것이 일반적이다. 이 보도에서도 지시 사항을 전달할 때는 화면에 아나운서의 모습과 내용

뉴미디어 시대의 미디어 리터러시

요약 자막이 제시되었으며, 지시 사항에 따라 취한 조치를 설명할 때에는 화재 현장의 자료 화면이 제시되었다.

위 뉴스의 정보는 크게 네 가지로 구성되어 있다.

① 화재 관련 사실 요약
② 화재 발생 직후 시진핑의 지시 사항
③ 리커창의 지시 사항
④ 시진핑, 리커창의 지시에 따라 취한 조치

현장의 상황을 현장감 있게 전달하는 다른 나라의 보도 내용과 달리 중국의 보도문은 정부 고위 관료의 지시 사항이나 정부의 조치를 정확하게 제시한다는 특징이 있다. 또한 화재에 대해 언급할 때에도 화재의 진행 상황이나 현장에 대한 정보보다는 대응 조치에 초점을 맞추고 있다. 이는 중국의 재난 보도에서 쉽게 찾아볼 수 있는 특징이다. 언어적 측면에서는 비유적인 표현이나 상황을 묘사하는 표현은 거의 사용되지 않고 사실을 전달하는 비교적 건조한 표현과 문체가 사용되었다.

실습 문제

• 범국가적 이슈에 대해 각국에서 보도하고 있는 내용을 찾아 비교해 봅시다.

뉴스 읽기와 뉴스 쓰기

앞서 3장에서 우리는 뉴스의 종류와 특성에 대해 자세하게 살펴보았다. 이 장에서는 앞에서 배운 내용을 바탕으로 실제 뉴스의 사례를 검토하며 미디어 언어를 읽고 쓰는 실습을 진행하고자 한다. 먼저 같은 사건에 대해 다루고 있는 다양한 미디어의 뉴스를 비교하여 보도문의 종류와 특성을 분석해 보는 실습을 진행하고, 뉴스의 문장과 내용을 비판적으로 읽는 활동도 직접 수행해 볼 것이다. 그리고 이러한 읽기 실습 후에는 다른 사람이 만든 뉴스를 읽는 것을 넘어서서 직접 뉴스를 작성하는 것까지 함께 배우며 실습해 보도록 하겠다.

보도문의 종류와 특성

실습 문제

• 아래의 자료들은 화성 연쇄 살인사건의 용의자가 특정되었음이 알려진 당일(2019년 9월 18일)과 그 다음날 보도된 각종 미디어의 보도 내용입니다. 자료를 읽고 보도문의 종류별 특성에 대해 생각해 봅시다.

(자료의 원본을 인터넷 등을 통해 확인하여 실제 보도 형식을 분석하세요.)

① 화성 연쇄 살인사건 용의자 특정 관련 인터넷 속보 기사(최후 수정 19시 57분)[1]

〔속보〕 경찰, '화성연쇄살인사건' 유력 용의자 확인

○○○ 기자 | 2019. 09. 18. 19:47

화성연쇄살인사건 10번째 사건 현장. 경향신문 자료사진

---

1 『경향신문』, 2019년 9월 18일. http://news.khan.co.kr/kh_news/khan_art_view.html?artid=201909181947001&code=940100.

화성연쇄살인사건 유력 용의자가 확인됐다. 18일 경기남부지방경찰청은 이 사건의 유력한 용의자로 현재 수감 중인 50대 ㄱ씨를 특정했다고 밝혔다.

경찰 관계자는 "7월 중순경 화성사건 증거물 일부를 국과수에 DNA 분석 의뢰한 결과, 채취한 DNA와 일치한 대상자가 있다는 통보를 받아 관련여부 수사중에 있다"며 "잔여 증거물 감정의뢰, 수사기록 정밀분석, 관련자 조사 등 대상자와 화성 연쇄살인 사건과의 관련성을 철저히 수사할 예정이다"고 밝혔다.

② 용의자를 확인했음을 경찰이 발표한 당일의 저녁 종합 뉴스 기사(20시)[2]

'화성 연쇄살인' 용의자 확인… "강간·살인 무기수"

(앵커) 화성 연쇄 살인사건의 용의자가 무려 30여 년 만에 드러났습니다. 경찰과 국립과학수사연구원이 최근 데이터베이스를 분석해서 DNA가 일치하는 용의자를 포착한 건데요. 이 용의자는 또 다른 살인죄를 저질러서 현재 20년 넘게 교도소에서 복역 중인 것으로 확인됐습니다. 보도에 ○○○ 기자입니다.

(리포트) 지난 1986년 발생한 화성 연쇄 살인사건의 유력한 용의자가 특정됐습니다.

경찰이 지난 7월 화성 연쇄 살인사건의 증거물을 국립과학수사연구원에 보냈고 DNA 분석을 의뢰한 결과 DNA가 일치하는 대상자가 확인된 겁니다. 경찰은 DNA 분석 기술의 발달로, 십수 년이 지난 증거물에서 DNA가 검출된 사례가 있다는 점에 착안했다며 당시 현장에서 발견된 옷가지 등에서 범인의 DNA를 추출하는 데 성공했다고 설명했습니다.

이번에 특정된 용의자는 화성 살인사건을 저지른 뒤 1994년 무렵 또 다시 강간 살인 범죄를 저지르고 무기징역을 선고받아 현재 20년 넘게 교도소에서 복역 중인 것으로 확인됐습니다. DNA 채취 기술이 발달한 데다, 용의자들을 추려낼 수 있는 데이터베이스가 방대해지면서, 그동안 숨겨져 있었던 범인의 흔적이 수사망에 걸려든 겁니다.

하지만 해당 범인을 처벌하기 어려워 보입니다. 화성 연쇄 살인사건의 마지막 범행은 1991년. 당시 살인사건의 공소시효는 15년으로 이미 지난 2006년 공소시효가 끝났습니다. 지난 2015년 살인사건의 공소시효가 폐지됐지만 이전에 발생한 사건이어서 소급 적용이 안 되기 때문입니다.

다만 경찰 내부선 공소시효를 앞둔 미제 사건과 관련해 앞으로 재수사에 탄력이 붙게 됐다며 이번 수사 결과의 의미를 설명했습니다.

화성 연쇄 살인사건은 지난 1986년 경기 화성시 태안읍 일대에서 여성 10명이 차례로 살해된 사건으로 그동안 최대 미제 사건으로 남아왔습니다.

경찰은 자세한 수사 상황을 내일 정식 브리핑하기로 했습니다.

○○○뉴스 ○○○입니다.

③ 당일 유튜브 뉴스 채널의 동영상 뉴스[3]

'화성 연쇄살인마' 유력 용의자 특정… 사상 최악의 미제 사건 해결되나?

---

2   '화성 연쇄살인' 용의자 확인…"강간·살인 무기수", 『MBC 뉴스데스크』, 2019년 9월 18일. http://imnews.imbc.com/replay/2019/nwdesk/article/5502185_24634.html?menuid=nwdesk.

3   '화성 연쇄살인마' 유력 용의자 특정…사상 최악의 미제 사건 해결되나?, 『비디오머그』, 2019년 9월 18일. https://youtu.be/0VxHay99RrQ.

④ 다음 날의 신문 1, 2면 기사(2019년 9월 19일 조간)[4,5]

〔1면〕
'살인의 추억' 그놈 33년 만에 찾았다
〈화성 연쇄살인사건〉

경찰, DNA로 용의자 확인
교도소 수감 50대 남성 일치

1980년대 말 전국을 공포에 떨게 했던 화성 연쇄살인사건의 유력 용의자를 경찰이 33년 만에 찾아냈다. 사건 공소시효는 만료된 상태라 이 용의자를 처벌할 수는 없다. 경기남부지방경찰청은 화성 연쇄 살인사건의 유력한 용의자로 현재 교도소에 수감중인 50대 남성 A씨를 특정했다고 18일 밝혔다. 이 남성은 1994년 충북 청주에서 처제를 성폭행하고 살해한 혐의로 무기징역을 선고받고 25년째 수감 중이다. 당시 1, 2심 재판

부는 사형을 선고했으나 대법원은 우발 범행일 가능성이 있다고 파기환송한 것으로 알려졌다.

경찰은 지난 7월 중순 화성 연쇄살인사건의 증거물 일부를 국립과학수사연구원(국과수)에 DNA 분석 의뢰한 결과, 일부 증거물에서 채취한 DNA와 A씨의 DNA가 일치한다는 결과를 통보받았다. 경찰이 의뢰한 연쇄살인사건 10건의 증거물 중 피해 여성의 속옷 등 유류품 2점에서 A씨와 일치하는 DNA가 나왔다고 한다. 경찰은 이 남성이 10차례의 화성연쇄살인사건을 모두 저질렀는지 등을 조

사하고 있다.

화성 연쇄살인사건은 1986년 9월 14일부터 1991년 4월 3일까지 경기도 화성시(당시 화성군) 태안읍 일대에서 10명의 부녀자들을 성폭행하고 살해한 사건이다. A씨가 진범이 맞는다면 당시 그는 20대였다.

화성 연쇄살인사건 목격자와 생존 피해자들이 진술한 "중간 정도의 키에 20대 중후반"이라는 진술과 대체로 일치한다.

수원=○○○·○○○·○○○ 기자

〉 2면 '화성 연쇄살인'으로 계속

---

4 『중앙일보』, 2019년 9월 19일, A1~2면.

5 중앙일보의 지면은 중앙일보 전자판 서비스를 통해 PDF 파일로 확인할 수 있다. https://www.joins.com/Media/List.aspx?mseq=11&cloc=Joongang-home-megaservice.

〔2면〕

공소시효 끝나 처벌 못하지만 다른 살인죄로 무기복역 중

'살인의 추억' 그 놈 누구인가
DNA 일치한 화성살인 용의자
1994년 처제 성폭행·살해 저질러
수감 중이라 경찰 수사망 피한 듯
화성살인 모두 저질렀는지 수사

》 1면 '화성 연쇄살인'에서 계속

그러나 A씨가 화성 연쇄살인사건의 마지막 범행(1991년 4월) 이후 3년 뒤 다른 범행을 저지르고 수감되면서 경찰 수사망을 피한 것으로 경찰은 보고 있다. 공정식 경기대 범죄심리학과 교수는 "성범죄는 강도와 달리 감정적·심리적 요인이 크기 때문에 참기가 어려운 게 특징"이라며 "A씨가 비슷한 범행으로 수감됐고, 증거물과 A씨의 DNA도 일치하는 등 현재까지의 정황을 보면 A씨가 진범일 가능성이 크다"고 말했다.

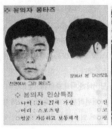

화성 연쇄살인 사건은		자료: 경기지방경찰청
❶ 1986년 9월 15일 오전 6시20분	태안읍 안녕리 목초지	피해자 이모(71)씨
❷ 1986년 10월 20일 오후 8시	태안읍 진안리 농수로	박모(25)씨
❸ 1986년 12월 12일 오후 11시	태안읍 안녕리 축대 위	권모(24)씨
❹ 1986년 12월 14일 오후 11시	정남면 관항리 농수로 둑	이모(23)씨
❺ 1987년 1월 10일 오후 8시50분	태안읍 황계리 논바닥	홍모(18)양
❻ 1987년 5월 2일 오후 11시	태안읍 진안리 야산	박모(30)씨
❼ 1988년 9월 7일 오후 9시30분	팔탄면 가재리 농수로	안모(52)씨
❽ 1988년 9월 16일 오전 2시	태안읍 진안리 가정집	박모(13)양
❾ 1990년 11월 15일 오후 6시30분	태안읍 병점리 야산	김모(13)양
❿ 1991년 4월 3일 오후 9시	동탄면 반송리야산	권모(69)씨

화성 연쇄살인사건의 유력 용의자가 드러났다. 몽타주는 7차 사건 당시 용의자 수배 전단. 오른쪽 사진은 1987년 1월 경기도 화성에서 5차 사건 현장을 살피는 경찰.　　　　　　〔연합뉴스〕

다만 일각에선 A씨가 화성 연쇄살인사건의 진범인지 확인되지 않은 상태인데 경찰이 성급하게 공개한 것이 아니냐는 지적도 나온다. 이수정 경기대 범죄심리학과 교수는 "공소시효도 지난 사건이고 10건의 증거물 중 2건에서만 A씨의 DNA가 검출돼 A씨가 모든 사건의 진범이라는 증거가 없는데 경찰이 성급하게 '화성 연쇄살인범'으로 공개한 것 같다"고 말했다.

경찰은 화성 연쇄살인사건의 남은 증거물에 대한 감정 의뢰와 당시 수사 기록 분석, 관련자 조사 등을 통해 A씨와 이 사건의 관련성을 수사할 예정이다.

경찰 관계자는 "사건의 공소시효는 이미 끝났지만, 이후에도 다양한 제보를 수집해 관련 여부를 확인하는 등 진실 규명을 위한 노력을 해왔다"며 "올해부터는 경기남부청이 미제수사팀을 총괄해 기록 검토 및 증거물 감정 의뢰 등 수사 절차를 진행해 왔는데 DNA 분석 기술 발달로 십수년이 지난 사건의 증거물에서 DNA가 검출된 사례가 있다는 점에 착안해 국과수에 DNA 검사를 의뢰하게 됐다"고 말했다.

2010년 '디엔에이 신원확인 정보의 이용 및 보호에 관한 법률'(DNA법)이 시행되면서 구속 피의자, 수형인, 범죄 현장 DNA 증거 등을 데이터베이스(DB)로 축적할 법적 근거도 마련됐다. 용의자가 미검 상태이더라도 그간 축적된 DNA DB 자료에 동일인이 있는지 확인할 수 있게 된 것이다.

경찰은 이를 통해 사건 증거물과 DNA가 일치하는 DB 속 인물을 용의선상에 올려 신속히 신병을 확보해 수사해 왔다. 오윤성 순천향대 경찰행정학과 교수는 "DNA를 활용한 수사 기법이 발전하면서 이번 사건을 비롯해 많은 미제 사건이 해결될 것"이라고 말했다.

A씨가 이 사건의 진범으로 드러나도 처벌은 어려울 것으로 보인다. 2007년 이전 발생한 살인 사건의 경우 공소시효가 15년인데, 화성 연쇄살인사건의 마지막 범행이 1991년 4월 3일 벌어져 이미 공소시효가 만료됐다.

공소시효가 끝나지 않았다면 수감된 A씨를 상대로 조사하고 가중 처벌도 할 수 있다. 경찰 수사 등을 거부하면 체포영장도 발부받아 강제 수사도 가능하다. 그러나 공소시효가 끝난 상태에선 강제 수사는 물론 재판에 넘길 수도 없다.

경찰 관계자는 "아직 수감된 A씨를 접견하진 못한 상태"라며 "A씨가 화성 연쇄살인사건의 진범으로 확인되면 입건한 뒤 '공소권 없음'으로 검찰에 송치할 예정"이라고 말했다. 경찰은 19일 오전 A씨의 신원 파악 경위 등에 대한 브리핑을 할 예정이다.

(1)　매체에 따라 보도 일자와 시간에 차이가 있는 것은 무엇 때문이라고 생각합니까?

(2)　매체에 따라 보도문의 내용에는 어떤 특징이 있습니까? 같은 사건을 다루는 보도문들
　　의 내용상의 차이점과 사용하는 언어의 차이점을 관찰하여 비교해 봅시다.

- 인터넷 신문 기사

- TV 뉴스

– SNS 동영상 뉴스

– 신문 기사

(3) 매체에 따라 보도문의 편집과 디자인에는 어떤 특징이 있습니까? 같은 사건을 다루는 보도문들의 형식적인 차이점을 관찰하여 비교해 봅시다.

– 인터넷 신문 기사

– TV 뉴스

– SNS 동영상 뉴스

– 신문 기사

뉴스 읽기

2.1. 뉴스 문장 읽기

실습 문제

• 다음 문장에서 부적절한 부분을 찾아 고쳐 봅시다.

1. 높은 점수를 받아 스페셜 팀에 들어가야 정부의 지원금을 받을 뿐 아니라, 기업체들의
   후원이 보장되기 때문입니다.

   → _____

   _____

2. 자세 제어장치에 문제가 생기면서 페어링이나 상단 로켓이 일찍 분리돼 폭발했을 수 있
   다는 겁니다.

   → _____

3. 전인대가 열리고 있는 인민대회당 기자회견장에서 중국 인민은행 저우샤오촨 행장이 위안화 환율 조정 시기를 보고 있다고 밝혔습니다.

→ _____

_____

4. 후보자의 얼굴을 본딴 인형은 물론 만화 캐릭터까지 등장했다.

→ _____

5. 조선통신사를 통해, 또는 임진왜란 등을 거치면서 건너간 작품들은 10여 년간 고서화를 수집해 온 한 화랑의 노력으로 500년 만에 고향을 찾았습니다.

〔참고〕
조선 서화 500년 만의 '귀향'
　(전략) 일본에 건너간 조선 시대 회화는 중국의 옛 이야기들을 소재로, 중국식 화풍을 살린 것들이 많았습니다. (중략)
　조선통신사를 통해, 또는 임진왜란 등을 거치면서 건너간 작품들은 10여 년간 고서화를 수집해 온 한 화랑의 노력으로 500년 만에 고향을 찾았습니다. (후략)

→ _____

_____

6. 검찰은 소환 조사에서 해당 승진자들이 인사 과정에서 공 전 교육감 등에 돈을 건넸는
   지 여부 등을 확인할 방침이다.

   → _____

   _____

7. 바둑 대국실도 자리를 못 잡고 훈수 두는 노인들이 넘쳐납니다.

   → _____

8. 이런 문제점 때문에 청와대 등에서는 상설 특검제를 적극 검토하고 있습니다.

   → _____

9. 각국과 협약이 체결되면, 해외 재산 도피 적발이 크게 늘어날 것으로 기대됩니다.

   → _____

10. 칠레 중부의 이 와인 농장은 칠레 내에서도 20위권에 드는 큰 곳입니다.

   〔참고〕
   칠레 강진에 와인 12% '2억 달러' 피해
   　칠레 중부의 이 와인 농장은 칠레 내에서도 20위권에 드는 큰 곳입니다. 300헥타르의 농원에서
   나오는 와인은 매년 2백만 리터. 우리나라에도 8만 4천여 병을 수출합니다. 지진은 이곳에도 피해를
   입혔습니다. 하나에 만 리터짜리 와인 탱크들이 뒤로 넘어지고 찌그러지기까지 했습니다. (후략)

   → _____

11. 자원봉사자들이 열심히 치워 보지만 그래도 넘쳐나는 쓰레기를 감당할 수 없습니다.

→ _____

12. 이렇다 보니 특히 서울시 교육청은 초상집 분위기입니다.

〔참고〕

〈인터뷰〉 서울시교육청 관계자(음성변조): "가까이 근무하는 사람이 연루돼 있다, 이런 흉흉한 소문도 있고… 주변에 있는 사람들이 상당히 위기의식을 느끼고 조심을 해야 되겠다…." (후략)

→ _____

13. 판돈을 숨기기 위해 미리 돈을 도박장 계좌에 입금하고 현장에서 칩을 받았습니다.

→ _____

14. 21개 나라 유엔군 193만 명이 참전해 싸우다 4만 명이 전사했다.

→ _____

15. 남측 부동산 몰수, 동결 조치 이후 북한군은 금강산 지구의 경계병력 배치를 변경한 것으로 전해졌습니다. 〈인터뷰〉 "초병 배치라든지 그런 게 달라진 게 있는데 특별한 것 없고… 평소에 있던 자리가 아니라 다른 자리…

→ _____

2.2. 뉴스 비판적으로 읽기

실습 문제 1

• 같은 사실을 다루고 있는 다음의 두 기사문을 읽고 물음에 답해 봅시다.

연합뉴스

제주 쓰레기매립장 논란 일단락…"문제해결 상호 협력"[6]
입력 2019. 08. 21. 21:52

　　(제주=연합뉴스) ○○○ 기자 = 제주 음식물 쓰레기 처리를 놓고 제주도와 봉개동 주민 간 빚어진 갈등이 가까스로 봉합됐다.

　　원희룡 제주지사는 21일 오후 봉개동쓰레기매립장주민대책위원회(이하 주민대책위) 사무실에서 지역 주민과 쓰레기 처리시설 사용 연장 문제를 놓고 면담을 가진 뒤 태스크포스(TF)를 구성, 문제 해결을 위해 협력하기로 합의했다.

　　원 지사는 이날 오후 밤늦게까지 이어진 주민과의 비공개 면담을 통해 "실무협의를 위한 태스크포스를 구성해 실천으로 이어갈 수 있도록 신뢰의 밑천을 만들고 주민들과 함께 논의해 나가겠다"고 말했다.

　　그는 "봉개동 주민들이 제주도 전체 생활폐기물을 받으며 도민을 위해 많은 고통을 감내해왔다"며 "냄새를 비롯한 많은 불편을 겪으며 희생해 왔던 데 대해 죄송스럽게 생각하고, 주민과 약속한 사항에 대해 도지사가 책임지고 성실히 이행될 수 있도록 책임지겠다"고 밝혔다.

　　주민대책위는 청정제주를 위한 체계적인 쓰레기 관리 정책을 촉구하며 도와 행정시, 주민대책

6　『연합뉴스』, 2019년 8월 21일. https://www.yna.co.kr/view/AKR20190821166300056?section=search.

위 간 협의체 구성에 합의했다.

　　김재호 주민대책위원장은 "오는 10월 31일까지 유예기간을 두고 쓰레기 반입을 허용할 예정이며 도, 행정시와 함께 태스크포스를 구성해 주민들의 요구사항과 협약사항을 추가 논의할 예정"이라고 밝혔다.

　　이에 따라 봉개동 주민들의 쓰레기 매립장 입구 봉쇄에 따른 쓰레기 대란 우려는 당분간 해소될 것으로 보인다.

　　주민대책위는 지난 19일 오전 제주시 환경시설관리소 입구에서 집회를 열고 "1992년 봉개동 쓰레기매립장이 조성된 이후 3차례나 연장 운영에 합의했음에도 제주도가 또다시 사용 연장을 바라고 있다"며 쓰레기 매립장 원천 폐쇄를 선언하면서 갈등이 빚어졌다.

News1

제주 쓰레기 대란 이틀만에 '찜찜한 일단락'… 불씨 여전[7]
입력 2019. 08. 21. 22:10

원희룡–매립장 주민, 면담 통해 협의체 구성 합의
10월까지 TF 통해 악취 문제 등 추가 협의

　　(제주=뉴스1) ○○○ 기자 = 제주시 동(洞)지역 쓰레기를 처리하는 봉개동 회천매립장 인근 주민들과 원희룡 지사가 21일 사용기한 연장에 합의했다.

　　이에 따라 지난 19일 촉발된 제주 쓰레기 대란 사태는 일단락됐지만 반복되는 쓰레기 처리 문제에 근본적인 대책 마련이 요구되고 있다.

　　원 지사와 봉개동 쓰레기매립장 주민대책위원회는 이날 오후 5시부터 제주시 환경시설관리소에서 매립장 사용기한을 놓고 논의한 결과, 매립장 내 쓰레기를 반입하되 도, 행정시, 대책위간 협의체를 구성해 10월까지 운영하기로 합의했다.

　　이날 원 지사는 비공개 면담에서 그동안 거론됐던 문제들을 종합적으로 검토하겠다며 "실무협의를 위한 태스크포스(TF)를 구성해 실천으로 이어질 신뢰의 밑천을 만들고 주민들과 함께 논의하겠다"고 약속했다.

　　회천매립장 인근주민들로 구성된 주민대책위원회는 지난 19일 매립장 사용기한 연장에 반발해 매립장 출입구를 막고 쓰레기 반입을 저지했다.

　　제주도와 제주시의 설득 끝에 주민들은 도지사 면담 등을 조건으로 같은날 저녁 쓰레기 반입을 임시 허용했다.

　　회천매립장 내 음식물·재활용품 처리시설 사용기한은 애초 2021년 10월 31일까지였으나 국

7　『News 1』, 2019년 8월 21일. http://news1.kr/articles/?3700874.

비 확보 등의 문제로 서귀포시 색달동 음식물 처리시설 조성이 늦어져 기한이 2023년 상반기로 2년 더 연장됐다.

이에 주민들은 2011년, 2016년, 2018년 사용기한을 연장한 데 이어 또 한차례 연장이 결정되자 "참을만큼 참았다"며 반발한 것이다.

회천매립장에 반입되는 음식물쓰레기만 하루 140~150톤, 재활용쓰레기는 하루 30~40톤에 달해 쓰레기 대란이 우려됐다.

주민과 도지사간 면담을 통해 사태는 일단락됐지만 언제든 비슷한 상황이 재현될 수 있다는 우려는 여전하다.

이날 합의 역시 주민들은 유예기간을 둔 것일뿐 향후 TF를 통해 악취 문제 등의 대안이 제시되지 않으면 또다시 실력행사를 하겠다는 입장이다.

특히 제주도는 그동안 색달동 시설 조성 연기를 쉬쉬하다 지난 6일에야 지역주민들에게 회천매립장 사용연장을 요청해 안일한 행정이라는 지적을 받았다.

봉개동 주민들이 "지난달 31일까지만 하더라도 색달동 음식물쓰레기 처리시설 이설에 문제가 없다더니 일주일만에 말을 바꿨다"고 비난하는 이유다.

도와 시는 이번 사태 속에서도 주민들을 향해 쓰레기 대란을 막아달라며 읍소만 했지 별다른 대안은 내놓지 못했다.

원 지사는 "봉개동 주민들이 도민을 위해 희생과 많은 고통을 감내해왔다"며 "죄송스럽게 생각하고 주민들과 약속은 도지사가 책임지고 성실하게 이행될 수 있도록 보증하고 책임지겠다"고 말했다.

고희범 제주시장도 이날 취임 1주년 기자회견에서 음식물 쓰레기 감량기 설치비용을 식당과 가정에 지원해 쓰레기를 절반으로 줄이겠다고 밝혔다.

(1) 두 기사에서 다루고 있는 사건의 내용은 무엇입니까? 객관적인 사실을 적어봅시다.

(2) 두 기사를 읽고 난 뒤 사건에 대해 독자가 평가를 한다면 어떤 기사를 읽었는지에 따라 평가가 다를 것이라고 생각합니까? 다를 것이라고 생각한다면 어떻게 다를 것이라고 생각합니까?

(3) 기사의 어떤 부분에서 기자나 언론사의 주관적인 생각이 드러납니까?

(4) 기사를 좀 더 객관적으로 만들기 위해서는 기사를 어떻게 수정해야 합니까?

실습 문제 2

• 아래의 두 보도문은 동일한 자료를 바탕으로 하여 작성된 TV 뉴스입니다. 읽고 물음에 답해 봅시다.

SBS
아이 한 명 안 낳는 나라.. '인구재앙 우려' 감소 폭[8]

(앵커) 출생아 수가 역대 최저 행진을 이어가며 아기 울음소리가 급격히 줄고 있습니다. 이렇게 젊은 층은 줄어들고 고령층의 비중은 늘면서 우리 경제 활력이 가파르게 떨어질 거라는 우려가 깊어지고 있습니다. ○○○ 기자가 설명해드립니다.

(리포트) 통계청이 지난 6월 기준으로 출생아 수를 집계했습니다. 2만 4천여 명, 지난해 같은 달보다 무려 8.7%나 줄었습니다. 역대 최저치 갱신이 39개월 연속 이어졌을 정도로 급락세가 가파릅니다.

출산과 관련 있는 혼인 건수는 1만 7천 900건으로 1년 전보다 12.9%나 줄었습니다. 경기 침체로 결혼을 늦추거나 꺼리는 경향이 강해진 탓입니다.

결혼을 한 뒤에도 허리가 휠 정도의 양육비, 교육비, 주거비 부담은 출산을 가로막습니다. 인구를 지금 수준으로 유지하려면 합계출산율이라는 것을 2.1명 유지해야 하는데, 우리는 0.94명에 그칩니다. 젊은 층은 줄고 고령층은 급증하고, 조만간 인구 감소까지 나타나게 되는 겁니다.

이렇게 되면 생산과 소비가 줄면서 경제는 활력을 잃고 복지비 부담은 급등하게 됩니다. 지난 2017년만 해도 생산연령인구 100명이 부양해야 할 유소년이나 고령 인구가 36.7명이었는데, 오는 2047년에 90.9명으로 3배 가깝게 치솟을 전망입니다.

(영상편집: ○○○, CG: ○○○)

JTBC
합계출산율 0.98···사실상 세계 유일 '0명대'[9]

(앵커) 지난해 우리나라의 합계 출산율이 0.98명으로 확정됐습니다. 여성 1명이 평생 동안 낳는 아이가 1명도 안 된다는 얘기입니다. 사실상 세계에서 유일한 0명 대 출산율입니다. ○○○ 기자입니다.

(리포트)
(○○○ 서울 신수동) "결혼보다는 차라리 취업을 하고 그 돈을 저에게 투자하는 게 좋을 것 같아서···"
(○○○ 서울 갈현동) "물가가 많이 올랐는데 나라에서 지원해주는 게 그렇게 많지가 않은 것 같아서···"

청년들은 결혼하기가 두렵고, 결혼한 부부들은 아이를 갖는 것이 엄두가 나지 않습니다. 이렇다 보니 지난해 우리나라에서 태어난 아기는 32만 6800명으로 집계 이후 가장 적었습니다.

합계 출산율은 0.98명, 이 수치가 1명 아래로 떨어진 것도 처음입니다. 중국 행정 지역인 마카오 정도를 제외하면 출산율이 1명에도 못 미치는 사실상 유일한 국가가 된 것입니다.

이처럼 출산율이 곤두박질치고 있는 것은 결혼을 미루는 청년들이 늘고 있기 때문입니다. 아이를 갖는 시기도 늦어지면서 지난해에는 30대 후반 여성의 출산율이 20대 후반 출산율을 처음으

8 『SBS 8 뉴스』, 2019년 8월 28일. https://news.sbs.co.kr/news/endPage.do?news_id=N1005414431&plink=THUMB&cooper=SBSNEWSPROGRAM.

9 『JTBC 뉴스룸』, 2019년 8월 28일. http://news.jtbc.joins.com/article/article.aspx?news_id=NB11872695&pDate=20190828.

로 추월했습니다.

올 들어서도 상황은 오히려 나빠지고 있습니다. 상반기에 태어난 아이는 15만 8000여 명으로 지난해보다도 7.7% 줄었습니다. 연말에는 출산이 줄어드는 것을 감안하면 올해 태어나는 아이는 30만 명에도 못 미칠 가능성이 있습니다.

(영상디자인: ○○○)

(1) 출산율과 관련한 동일한 자료에서 각 보도문이 선택하여 제시한 수치는 무엇입니까? 선택한 수치가 동일합니까?

(2) 두 기사를 읽고 난 뒤 우리나라의 출산율 문제에 대해 독자가 분석을 한다면 어떤 기사를 읽었는지에 따라 분석 내용이 다를 것이라고 생각합니까? 다를 것이라고 생각한다면 어떻게 다를 것이라고 생각합니까?

(3) 기사의 어떤 부분에서 기자나 언론사의 주관적인 생각이 드러납니까?

(4) 기사를 좀 더 객관적으로 만들기 위해서는 기사를 어떻게 수정해야 합니까?

뉴스 쓰기

3.1. 주제 정하기

기자의 요건

뉴스를 제작하기 위해서 제일 먼저 해야 하는 일은 취재 대상을 찾아 취재를 진행하는 것이다. 취재 대상을 정하는 일은 결코 쉬운 일이 아니다. 많은 사람들이 관심을 가질 만하고 여러 사람에게 알릴 만한 가치가 있으며 실제로 취재가 가능한 대상을 찾아야 하기 때문이다. 이 때문에 취재 대상을 적절하게 선택하여 취재를 진행하기 위해서 기자는 몇 가지 요건을 갖추어야 한다.

첫째는 통찰력이다. 사회의 문제를 발견하고 그것이 뉴스에서 다룰 만한 가치가 있는 것인지를 판단하기 위해서는 통찰력이 필요하다. 또한 사회의 일반적인 관점이 아닌 다양하고 새로운 관점으로 문제를 바라볼 수 있어야 한다.

둘째는 문제의식이다. 취재 대상에 대해 기자가 가지는 문제의식이 곧 기사의 주제가 된다. 그리고 문제의식을 가지고 있어야 취재를 할 때 어떤 부분을 집중적으로 다룰 것인지 결정할 수 있다.

셋째는 축적된 정보이다. 정확한 기사를 쓰기 위해서는 취재 대상에 대한 정보를 많이 축적해야 한다. 또한 취재 대상에 대한 정보 외에도 관련이 있는 사회적인 맥락에 대한 정보를 가지고 있어야 한다. 기자가 취재 대상과 관련 맥락에 대한 정보를 충분히 가지고 있어야 문제를 정확하게 분석하여 기사를 정확하게 작성할 수 있다.

뉴스의 가치를 결정하는 특성

이러한 요건을 갖추었다면 이제 취재 대상을 결정해야 한다. 이때 중요하게 고려해야 하는 것이 바로 뉴스의 가치이다. 취재 대상과 뉴스의 주제가 높은 가치를 지니는 것인지 판단해야 한다. 그러면 뉴스의 가치는 어떻게 결정될까? 뉴스의 가치를 결정하는 기준은 크게 여섯 가지로 나뉜다.

첫 번째 기준은 근접성이다. 뉴스의 수용자와 더 가까울수록, 더 직접적으로 관련될수록 뉴스의 가치도 더 커진다. 근접성은 다시 지리적 근접성과 심리적 근접성으로 나누기도 한다. 지리적 근접성은 뉴스가 전달하는 문제나 사건이 뉴스 수용자와 지리적으로 얼마나 가까운지와 관련이 있는 특성이다. 일반적으로 뉴스 수용자들은 자신과 가까운 곳의 사건이나 문제에 더 많은 관심을 가진다. 예를 들어, 범죄 보도의 경우 범죄가 발생한 장소와 가까운 곳에서 사는 사람들이 먼 곳에서 사는 사람들보다 보도에 더 관심을 가지며 더 크게 반응한다. 심리적 근접성은 뉴스가 전달하는 사건이나 문제, 인물이나 사물이 뉴스 수용자와 심리적으로 얼마나 가까운지와 관련이 있는 특성이다. 뉴스 수용자들은 자신들이 직접 경험하거나 접촉한 대상, 개인적으로 알고 있다고 생각하는 대상에 대해 더 많이 관심을 가진다. 따라서 자신이 아는 장소에서 발생한 사건, 자신이 아는 사람, 겪고 있는 문제에 대해 다루는 뉴스에 더 크게 반응한다.

두 번째 기준은 영향성이다. 뉴스 수용자의 생활에 미치는 영향력이나 중요도가 클수록 뉴스 가치도 더 높다. 예를 들어 노인 복지 제도를 다루는 뉴스에 대해서는 나이가 많은 뉴스 수용자들이 관심을 더 많이 가지며, 보육 시설을 다루는 뉴스에 대해서는 영유아 자녀가 있는 사람들이 더 크게 반응한다.

세 번째 기준은 즉각성이다. 새로운 소식을 전달하는 속도가 빠를수록 뉴스의 가치가 높아진다. 같은 사건이나 문제에 대한 뉴스도 전달하는 속도에 따라 가치가 달라질 수 있다. 이 때문에 방송사에서는 크고 중요한 뉴스가 있을 때 다른 프로그램이 진행되는 중에 자막으로 뉴스를 내보내거나 아예 진행 중이던 프로그램의 송출을 중단하고 뉴스를 내보내기도 한다.

네 번째 기준은 저명성이다. 즉, 뉴스에서 다루는 인물이나 사건이 많이 알려져 있으면 뉴스 가치가 높다. 일반인의 결혼이나 사망은 뉴스에서 거의 다뤄지지 않지만 유명 연예인의 결혼이나 이름난 예술가의 사망 소식이 뉴스에서 다뤄지는 것은 이 저명성 때문이다.

　다섯 번째 기준은 흥미성이다. 뉴스 수용자들의 흥미를 많이 끌면 끌수록 뉴스의 가치도 더 높아진다. 이때 뉴스 수용자 개인의 흥미는 사람마다 다르기 때문에 취재의 대상과 뉴스의 주제를 정할 때는 주로 인간이라면 보편적으로 가지고 있는 흥미를 고려하는 경우가 많다. 예를 들어, 돈 버는 법에 관한 뉴스, 건강에 관한 뉴스는 대부분의 사람들이 흥미를 느낄 만한 주제이다.

　마지막 여섯 번째 기준은 광범위성이다. 뉴스에서 다루는 사건이나 문제와 관련된 사람이 많고 갈등의 크기가 클수록 뉴스의 가치가 더 높아진다. 예를 들어, 차 두 대가 서로 부딪혀 두 명이 다친 사고보다는 고속도로에서 많은 사상자를 낸 12중 추돌 사고가 더 뉴스 가치가 높다. 전쟁, 테러, 국가 간 분쟁에 대해 자주 보도하는 것 역시 이러한 사건들이 매우 광범위한 사건이라 뉴스 가치도 높기 때문이다.

실습 문제 1

- 저녁 종합 뉴스 프로그램을 통해 방송될 TV 뉴스를 제작한다고 생각하고, 보도문의 주제를 정해 봅시다. 만약 전국적, 전 사회적으로 관심을 가질 만한 취재 대상을 찾기 어렵다면 대학 방송국이나 지역 방송국의 뉴스 프로그램을 통해 방송될 뉴스를 제작한다고 생각하고 주변의 취재 대상을 찾아 주제를 정해도 좋습니다.

〔체크〕 취재 대상을 결정하고 취재를 진행하기 위한 기자의 요건
1) 통찰력: 사회의 문제를 발견하고 그것이 뉴스에서 다룰 만한 가치가 있는 것인지를 판단하는 능력, 사회의 일반적인 관점이 아닌 다양하고 새로운 관점으로 문제를 바라보는 능력
2) 문제의식: 기사의 주제를 정하고 취재의 중점을 선택하기 위한 바탕
3) 축적된 정보: 취재 대상에 대한 정보, 관련이 있는 사회적인 맥락에 대한 정보

• 앞서 선택한 뉴스의 주제가 보도할 만한 가치가 있는 것인지 생각해 봅시다.

〔체크〕 **뉴스의 가치를 결정하는 특성**

1) 근접성(지리적 근접성, 심리적 근접성): 뉴스의 수용자와 더 가까울수록, 더 직접적으로 관련
   될수록 뉴스의 가치도 더 높아진다.
2) 영향성: 뉴스 수용자의 생활에 미치는 영향력이나 중요도가 클수록 뉴스 가치도 더 높다.
3) 즉각성: 새로운 소식을 전달하는 속도가 빠를수록 뉴스의 가치가 높아진다.
4) 저명성: 뉴스에서 다루는 인물이나 사건이 많이 알려져 있으면 뉴스 가치가 높다.
5) 흥미성: 뉴스 수용자들의 흥미를 많이 끌수록 뉴스의 가치도 더 높아진다.
6) 광범위성: 뉴스에서 다루는 사건이나 문제와 관련이 있는 사람이 많고 갈등의 크기가 클수록
   뉴스의 가치가 더 높아진다.

3.2. 취재하기

뉴스의 주제를 정하고 나면 다음 단계로 해야 하는 것은 뉴스에서 다룰 대상에 대해 취재를 하는 것이다. 취재는 뉴스의 대상에 대한 조사를 통해 뉴스에서 다룰 재료를 얻는 활동이다.

1단계: 정보 수집

취재에서 가장 먼저 해야 하는 일은 취재 대상에 대한 정보를 최대한 많이 수집하는 것이다. 취재 대상에 대한 정보뿐만 아니라 취재 대상과 관련이 있는 주변적인 사건이나 맥락, 인물에 대해서도 최대한 많은 정보를 수집한다. 수집한 정보를 뉴스에서 다 활용하지 않는다 하더라도 일단 정보를 최대한 많이 수집해야 뉴스의 재료도 풍부하게 얻을 수 있다.

그러나 취재 활동이 정보를 수집하는 것에 그쳐서는 안 된다. 정보의 수집보다도 더 중요한 것이 바로 그 정보가 사실인지 확인하는 것이다. 정보의 출처를 정확하게 확인하고

내용의 사실 여부도 꼼꼼하게 따져야 한다. 특히, 기자들에게는 각종 홍보 자료, 보도 자료, 보도 의뢰서가 많이 전달되는데 이렇게 개인이나 기관이 직접 제공하는 자료들은 홍보의 목적을 가지는 경우가 많다. 따라서 특정한 개인이나 단체, 기관의 이득을 위해 사실이 아닌 내용을 담고 있을 수도 있다. 이는 성명서나 기자회견, 기자간담회에서 제공되는 정보도 마찬가지이다. 따라서 이러한 자료들로부터 뉴스의 재료를 얻을 때에는 정보를 제공한 개인이나 단체, 기관의 이름과 연락처 등을 정확하게 확인하고 내용의 사실 여부도 꼼꼼하게 확인해야 한다.

2단계: 직접 취재

이렇게 뉴스에서 다룰 대상에 대한 정보를 수집하고 각 정보의 사실 여부도 확인을 했다면 다음 단계에서 해야 하는 일은 직접 대상을 취재해 새로운 정보를 얻는 것이다. 종종 직접 취재 없이 주어진 보도 자료나 기자회견 내용 등을 바탕으로 바로 뉴스를 작성하는 경우도 있지만 이것은 가급적 피해야 한다. 직접 취재 없이 뉴스를 작성할 경우 주어진 자료의 내용을 그대로 받아들여 작성하게 되는데, 이 자료는 모든 언론사에 공유되었을 것이기 때문에 그 내용만을 가지고 뉴스를 작성하면 다른 언론사들의 뉴스와 다른 내용이 없는 뉴스를 작성하게 된다. 그렇기 때문에 보도 자료나 기자회견 내용 등이 주어진 상태에서 뉴스를 작성한다고 하더라도 가급적 직접 취재를 통해 새로운 정보를 추가하는 것이 좋다. 또한 새롭게 발생한 사건에 대해서 급히 취재를 해야 할 때에는 정보 수집의 과정 없이 바로 직접 취재를 진행하기도 한다.

직접 취재를 할 때 중요한 것은 사건이나 사고의 현장을 직접 방문하여 사건의 실재적인 맥락을 파악하는 것이다. 사건이나 사고 또는 특정한 현상을 취재할 때에는 최대한 빨리 현장에 도착하여 현장의 상태가 비교적 잘 보존되어 있을 때 정보를 취합하고 필요한 화면을 촬영하는 것이 좋다. 사건이나 사고를 직접 경험한 당사자나 목격한 인물을 만나 자료만으로는 알 수 없는 당시의 상황에 대한 구체적인 정보를 얻을 수도 있다. 사건을 수사하고 있는 경찰 관계자나 관련 전문가를 만나 의견을 구하는 것도 한 방법이다. 그뿐만 아니라 인물을 다루는 뉴스를 제작할 때에는 대상이 되는 인물을 직접 만나 인물에 대한 다양한 정보를 직접적으로 얻는 것이 좋다.

3단계: 정보 해석

이렇게 정보 수집 및 사실 확인과 직접 취재를 통해 뉴스의 재료를 충분히 수집했다면 마지막으로 이 정보를 올바르게 해석해야 한다. 대부분의 뉴스는 사실만으로 구성되지 않는다. 사실에 대한 해석과 설명, 분석이 함께 제시되는 것이 보통이다. 특히 스트레이트 뉴스에 비해 상대적으로 호흡이 긴 리포트 뉴스의 경우에는 이러한 정보 해석이 더욱 중요해진다. 예를 들어, 내일 눈이 올 확률이 90%라는 단순한 기상 정보를 전할 때에도 '내일은 눈이 꼭 올 것이다.' 또는 '내일은 빙판길을 조심해야 한다.'와 같은 해석이 곁들여지기 마련이다. 이때 제시하는 해석이나 설명, 분석의 내용이 신뢰할 만하고 객관적인 것이 되기 위해서는 사건 당사자나 관련 전문가 등 취재원을 통해 뉴스에서 제시하고자 하는 해석이 올바른지 확인하는 것이 필요하다.

실습 문제 1

- 인터넷, 도서, 보도 자료, 홍보 자료 등을 통해 앞에서 정한 취재 대상에 대한 정보를 수집해 봅시다.

〔체크〕**취재 1: 정보 수집**
1) 취재 대상에 대한 정보를 최대한 많이 수집한다.
2) 취재 대상과 관련이 있는 주변적인 사건이나 맥락, 인물에 대해서도 최대한 많은 정보를 수집한다.
3) 정보의 출처를 정확하게 확인하고 내용의 사실 여부도 꼼꼼하게 따진다.

• 취재 대상에 대해 직접 취재해 봅시다.

〔체크〕**취재 2: 직접 취재**

1) 직접 뉴스에서 다루려는 대상을 취재해 새로운 정보를 얻는다.
2) 보도 자료나 기자회견 내용 등이 주어진 상태에서 뉴스를 작성한다고 하더라도 가급적 직접
   취재를 통해 새로운 정보를 추가한다.
3) 현장을 직접 방문하여 사건의 실재적인 맥락을 파악한다.
4) 당사자나 목격자를 만나 상황에 대한 구체적인 정보를 얻는다.
5) 뉴스에서 다루는 인물을 직접 만나 인물에 대한 다양한 정보를 얻는다.

• 앞에서 확보한 취재 내용에 대해 덧붙일 수 있는 해석이나 예상을 생각해 봅시다.

〔체크〕**취재 3: 정보 해석**

1) 뉴스에서 사실과 함께 제시할 해석과 설명, 분석을 생각한다.
2) 사건 당사자나 관련 전문가 등 취재원을 통해 뉴스에서 제시하고자 하는 해석이나 설명, 분석
   의 내용이 신뢰할 만하고 객관적인 것인지 확인한다.

3.3. 인터뷰하기

인터뷰의 역할

'인터뷰'란 기자가 취재를 위해 특정한 사람을 만나서 정보를 수집하고 이야기를 나누는
일을 말한다. 언론계에서는 뉴스에서 사용되는 인터뷰 결과물을 '인터뷰'라고 하기도 한다.

인터뷰는 뉴스에서 중요한 역할을 담당한다. 우선, 인터뷰는 뉴스의 재료가 되는 직접적인 정보를 확인하게 해 준다. 이는 주로 사건의 당사자 또는 관계자 인터뷰와 관련이 있다. 즉, 사건의 당사자와 관계자의 설명이나 의견 진술을 확보함으로써 기사에서 다룰 대상과 관련이 있는 직접적인 정보를 얻을 수 있다.

또한 인터뷰를 통해 뉴스의 사실성을 강화하고 신뢰도를 높일 수 있다. 기자가 모든 사건이나 현상을 직접 확인할 수 있는 것은 아니다. 이때 사건이나 현상을 직접 경험하거나 목격한 사람을 인터뷰하면 뉴스의 신뢰도가 올라간다. 예를 들어, 16중 추돌사고가 발생하여 이를 취재한다고 해 보자. 기자는 사건 발생 후에 사건을 인지하게 되기 때문에 우연히 현장에 있었던 것이 아니라면 당연히 사건 발생 순간을 놓칠 수밖에 없다. 그 대신 사건이 발생했을 당시에 현장에 있었던 목격자나 추돌사고의 당사자를 인터뷰하면 취재원의 말을 통해 사건 현장을 재현할 수 있게 되고 더 사실적인 뉴스를 만들 수 있다.

이뿐만 아니라 당사자나 목격자는 인터뷰를 통해 자신들이 겪은 사건을 그대로 전달함으로써 뉴스의 현장성을 증가시킨다. 사건 발생 당시의 상황을 가장 생생하게 전달할 수 있는 사람은 그 일을 직접 경험하거나 보고 들은 사람이기 때문이다.

이 외에도 전문가 인터뷰는 뉴스의 객관성과 중립성을 강화해 준다. 전문가를 인터뷰하여 사건에 대한 해석이나 설명을 전달하면 뉴스 수용자들은 이를 기자가 직접 제시하는 것보다 더 객관적이고 중립적이라고 느낄 수 있다. 전문가가 더 많은 지식과 정보를 바탕으로 사건을 분석할 것이라고 믿기 때문이다.

인터뷰의 요건

그러면 인터뷰가 이러한 역할을 다하기 위해서는 어떤 요건을 갖추어야 할까?

첫째, 인터뷰 대상이 직접성을 가져야 한다. 인터뷰가 기사의 사실성과 현장성을 키우고 신뢰도를 높이기 위해서는 인터뷰의 대상이 어떤 사건이나 현상과 직접적으로 관련을 맺고 있어야 한다. 인터뷰의 대상이 기자가 직접 확인하지 못한 현장 상황에 대한 정보를 줄 수 있어야 하는 것이다. 그리고 이러한 조건을 만족시키기 위해서는 인터뷰의 대상이 사건이나 현상을 직접 겪은 당사자이거나 목격자여야 한다.

둘째, 인터뷰의 내용이 객관성과 중립성을 가져야 한다. 인터뷰의 내용은 공정하고 객관적이어야 한다. 특히, 전문가를 대상으로 인터뷰를 할 경우 전문가의 발언은 뉴스 수용자들에게 큰 영향을 끼칠 수 있으므로 주의해야 한다. 대립하는 해석이나 의견이 있는 사안이라면 더욱 그렇다.

셋째, 인터뷰의 내용이 현장성을 가지고 있어야 한다. 뉴스의 현장성을 살리기 위해서는 사건이나 사고, 특정한 현상을 겪거나 목격한 사람이 당시의 경험을 있는 그대로 이야기하는 인터뷰를 제시해야 한다. 이때 인터뷰는 당시의 상황과 분위기를 자연스럽게 전달하도록 이루어져야 한다.

넷째, 인터뷰의 내용이 진실성을 가져야 한다. 인터뷰는 기본적으로 거짓이나 왜곡, 과장이 없어야 한다.

인터뷰 대상자의 종류

인터뷰의 요건을 제대로 갖춘 인터뷰를 하기 위해서는 인터뷰의 대상을 선정하는 것부터 신중해야 한다. 인터뷰의 대상이 잘못되면 인터뷰 내용이 아무리 좋아도 신뢰를 얻기 힘들기 때문이다.

보통 인터뷰 대상자는 크게 세 부류로 나눈다.

첫째는 당사자(또는 관계자)이다. 당사자 인터뷰에서는 어떤 사건이나 현상, 사태에 직접적으로 관련을 맺고 있거나 이와 관계된 사람이 자신의 경험이나 의견을 직접 진술한다.

> 기자: ○○○ 장관은 당시의 협정은 불가피한 일이었으며 최근에 발생하고 있는 외교 문제는 이 협정과 무관하다고 밝혔습니다.
>
> ○○○ 장관: 그때 협정이 잘못돼서 지금 이런 문제가 발생한 거라고 자꾸 말씀하시는데 저는 그렇게 생각하지 않습니다.

위의 예는 당사자 인터뷰의 일종이다. 협정을 맺는 과정에 직접적으로 관여했던 장관이 자신의 견해를 직접 밝히는 것을 확인할 수 있다.

둘째는 전문가이다. 특정 분야에 상당한 지식과 경험을 가진 전문가가 어떤 사건이나 현상, 상황에 대하여 설명·해석하거나 예측을 제시하는 인터뷰 역시 뉴스에서 많이 활용된다.

> 기자: 이처럼 많은 국가와 기업에서 노력을 기울이고 있지만 백신과 치료제 개발은 난관에 봉착한 것으로 보입니다.
>
> ○○○ 교수(○○대 의대 ○○병원): 백신이 제대로 개발이 되려면 수년은 걸리지 않을까⋯ 최대한 빨리 개발한다고 해도 올해 안에 개발되기는 어려울 것 같습니다.

위의 예는 전문가 인터뷰의 일종이다. 백신 개발에 대해 전문적인 지식을 가지고 있는 의사가 앞으로의 백신 개발 과정을 예측하고 있다. 이러한 예측은 인터뷰를 한 사람이 의학 분야의 전문가이기 때문에 더 큰 신뢰를 얻을 수 있다.

셋째는 체험자이다. 체험자 인터뷰에서는 어떤 사건이나 사태, 상황을 몸소 경험한 사람이 자기의 경험에 대해 이야기한다.

> 기자: 대학들이 온라인 수업 기간을 연장하면서 수업에 대한 학생들의 불만도 커지고 있습니다.
>
> ○○○(대학생): 온라인 수업을 열심히 들으려고 노력은 하고 있지만 사실 인터넷을 사용하거나 딴짓을 하기가 너무 쉽고⋯ 너무 집중이 안 돼서 교실에서 수업하는 날만 기다렸는데 이렇게 또 온라인 수업이 연장되니까 제대로 공부를 할 수 있을지 걱정되는 게 사실이에요.

위의 인터뷰는 체험자 인터뷰이다. 온라인 수업을 직접 경험한 학생이 자신의 경험과 그 경험을 통해 느낀 바에 대해 이야기하고 있다.

이처럼 뉴스에 등장하는 인터뷰 대상자에는 당사자, 전문가, 체험자가 있다. 인터뷰 대상자에 따라 인터뷰의 역할과 효과가 달라지기 때문에 뉴스에 따라 적합한 인터뷰 대상자를 선정해야 한다. 따라서 뉴스를 제작할 때에는 뉴스 구성에 가장 도움이 되는 인터뷰 대상자가 누구인지 고려해야 한다.

인터뷰 준비하기

인터뷰의 특성과 요건을 고려하여 인터뷰 대상자를 선정하고 섭외하는 데에 성공했다면 이제 인터뷰를 본격적으로 준비해야 한다. 인터뷰 대상자를 만나기 전에 미리 준비해야 하는 것들은 다음과 같다.

우선, 자신이 쓸 기사의 유형을 생각해야 한다. 예를 들어, 사건을 다루는 뉴스에서 제시할 인터뷰에서는 인터뷰 대상자의 특성이나 개인적인 정보보다는 기사의 주제가 되는 사건에 대한 정보가 더 중요하다. 반면에 인물을 중점적으로 다루는 뉴스에서 제시할 인터뷰는 인터뷰 대상자에 대한 정보가 가장 중요하다. 따라서 기사의 유형에 따라서 인터뷰의 방향과 질문 내용을 달리 해야 한다.

다음으로 인터뷰의 소요 시간과 횟수, 방법을 생각해야 한다. 인터뷰 대상자를 섭외할 때부터 대상자에게 인터뷰에 걸리는 시간과 횟수를 미리 고지해야 한다. 그렇게 해야 인터뷰 대상자도 인터뷰를 위해 충분한 시간을 내고 일정을 조율할 수 있다. 또한 인터뷰 내용을 녹음하거나 녹화할 것인지, 녹음이나 녹화를 할 것이라면 이것을 방송에서 어떤 방식으로 사용할 것인지에 대해서도 미리 정하고 이를 인터뷰 대상자에게 알려서 동의를 얻어야 한다. 그렇지 않으면 법적으로도 문제가 될 수 있다.

또한 인터뷰 대상자를 만나기 전에 질문할 내용을 미리 준비해야 한다. 인터뷰 시간과 횟수는 제한되어 있으므로 미리 질문의 내용을 준비해야 주어진 시간 안에서 효율적으로 인터뷰를 이끌어 나갈 수 있으며 대화를 자연스럽게 진행할 수 있다. 인터뷰가 완료된 후에는 중요한 질문을 빠뜨렸다고 해서 인터뷰를 다시 할 수 없다는 것을 기억해야 한다.

이뿐만 아니라 인터뷰 장소와 인터뷰하는 날의 옷차림에도 주의해야 한다. 인터뷰 장소는 주제와의 관련을 고려하여 정하되 가급적 인터뷰 대상자의 직장을 피하는 것이 좋다. 인터뷰 대상자의 직장에서 인터뷰를 진행하면 대상자의 다른 업무가 인터뷰에 집중하는 것을 방해할 수 있기 때문이다. 인터뷰 장소는 방해가 적고 조용한 장소로 정하는 것이 좋다. 또한 인터뷰는 기본적으로 사람을 만나는 일이므로 상대에게 내가 어떻게 보이는지에 대해서도 신경을 써야 한다. 외모와 인상을 통해서도 인터뷰 대상자로부터 신뢰를 얻을 수 있으므로 옷차림과 청결에 신경을 쓰는 것이 필요하다.

질문 준비하기

앞서 살펴본 것처럼 인터뷰를 준비할 때 중요한 요소 중 하나가 바로 질문을 준비하는 것이다. 질문은 인터뷰의 방향과 내용을 결정하며 뉴스에 직접적으로 반영되므로 항상 미리 철저하게 준비해 두어야 한다. 결국 어떤 질문을 던지는가가 취재 결과를 좌우하기 때문이다.

답변을 요구하지 않는 의문문인 수사 의문문을 제외하면 의문문은 크게 두 가지 종류가 있다. 하나는 판정 의문문이고 다른 하나는 설명 의문문이다. 판정 의문문은 '예, 아니요'로 대답이 나오게 되는 의문문으로, 응답자가 선택할 수 있는 대답의 종류가 한정되어 있다는 점에서 폐쇄형 질문이라고 할 수 있다. 반면에 설명 의문문은 상대방에게 구체적인 설명을 요구하는 의문문이다. 응답자가 다양한 대답을 할 수 있다는 점에서 개방형 질문이라 할 수 있다.

이 두 가지 종류의 의문문 중 어떤 종류를 선택하느냐에 따라 인터뷰 대상자의 대답 역시 달라지기 때문에 인터뷰를 구성할 때에는 어떤 종류의 질문을 선택할 것인지를 신중하게 결정해야 한다. 예를 들어, 상금을 기부한 오디션 프로그램 우승자에게 질문을 할 때, "상금 전액을 기부하셨다는데 사실입니까?"라고 질문을 하면 대답은 '네, 아니요' 둘 중 하나가 될 것이다. 반면에 "상금 전액을 기부하셨다는데 그 계기가 무엇입니까?"라고 질문을 하면 대답은 상금을 기부하게 된 이유나 계기에 대한 설명이 될 것이며 내용이 풍부해지고 길이도 길어질 것이다. 따라서 같은 내용을 질문하더라도 내가 이 인터뷰를 통해 얻고 싶은 대답이 무엇인지, 각각의 질문에 대해 대답을 듣는 시간을 어떻게 분배할지, 어떤 대답을 들어야 뉴스의 전체적인 구성에 도움이 될지 등을 생각하여 질문을 구성해야 한다.

또한 여러 개의 질문들을 어떤 순서로 제시하는 것이 좋을지에 대해서도 충분히 고려해야 한다. 질문의 순서에 따라 인터뷰 대상자의 반응이나 인터뷰의 분위기가 크게 달라질 수 있기 때문이다. 보통은 일반적이고 보편적인 질문을 먼저 하고 구체적인 질문을 나중에 한다. 또한 대답하기 쉬운 질문이나 인터뷰 대상자가 긍정적으로 받아들일 질문을 먼저 하고 대답하기 곤란한 질문이나 인터뷰 대상자가 부정적으로 반응할 가능성이 높은 질문을 나중에 한다. 인터뷰 시간이 충분할 경우, 인터뷰의 분위기를 부드럽게 만들고 대상자의 적극적인 응답을 얻어내기 위해 인터뷰 초반에 인터뷰 대상자가 좋아할 만한 일반적인 질문이나 대상자의 안부 또는 신변의 변화를 묻는 질문을 먼저 하기도 한다.

인터뷰의 요령

열심히 인터뷰 준비를 하고 인터뷰에 임하더라도 실제로 인터뷰를 하다 보면 질문에 대해 속시원하고 구체적인 답변을 얻기가 쉽지 않다는 것을 금방 알 수 있다. 인터뷰 경험이 적고 답변을 얻어내는 요령이 부족하면 오랜 시간 인터뷰를 해도 뉴스에 실제로 사용할 만한 대답을 얻지 못할 수 있다. 따라서 여기에서는 실전에서 사용할 수 있는 몇 가지 인터뷰 요령을 알아볼 것이다.

첫째, 대답을 얻기 어려운 질문일수록 더 구체적으로 물어야 한다. 뉴스를 통해 알리고 싶지 않을 법한 내용, 민감한 내용을 질문할 때 구체적으로 묻지 않으면 대답을 얻기 힘들다. 예를 들어서 선거에 출마한 후보자를 인터뷰할 때 "위장 전입을 하셨나요?"라고 묻는 것보다는 "2019년에 집 주소를 양평으로 옮긴 기록이 있는데 이에 대해 해명해 주시죠."라고 요청하는 것이 구체적인 대답을 들을 확률이 높다.

둘째, 대답하기 부담스러운 질문은 우회적으로 묻는 것이 좋다. 민감한 내용을 직접적으로 질문하면 인터뷰 대상자는 더 크게 부담을 가질 수밖에 없다. 예를 들어, 성차별이나 내부 고발 등과 같이 당사자가 적극적으로 나서기 어려운 일에 대해 질문을 할 때 "지금 근무하는 직장에서 성별 때문에 차별을 받은 적이 있습니까?"와 같이 직접적으로 묻는 것보다는 "만약 본인이 남자였다면 직장에서 하지 않아도 되었을 업무를 하고 있다고 생각하시나요?"와 같이 돌려 묻는 것이 좋다. '성별'이나 '차별'과 같은 직접적인 표현을 사용하지 않는 것만으로도 인터뷰 대상자의 부담을 줄여줄 수 있다.

셋째, 인터뷰 대상자의 수는 많은 것이 좋다. 인터뷰 대상자를 섭외하는 것은 쉬운 일이 아니다. 따라서 편의만을 생각하면 인터뷰 대상자의 수를 줄이고 한 명을 인터뷰할 때 최대한 많은 정보를 얻어내려고 하기 쉽다. 하지만 뉴스의 내용을 풍부하게 하고 인터뷰 내용의 진위를 파악하기 위해서는 다양한 사람들을 만나 인터뷰하는 것이 좋다.

넷째, 인터뷰 대상자의 대답을 통해 모든 가능성을 확인하려고 노력해야 한다. 인터뷰 대상자로부터 다양한 대답을 듣다 보면 사건과 관련하여 새로운 국면을 발견하거나 새로운 해석의 가능성을 발견하기도 한다. 따라서 질문을 할 때는 판정 의문문, 즉 폐쇄형 질문을 가능한 한 적게 사용하고 개방형 질문인 설명 의문문을 통해 다양한 대답을 들으면서 자신이 생각하지 못한 가능성을 확인하는 것이 좋다.

뉴미디어 시대의 미디어 리터러시

다섯째, 상대방의 마음을 편하게 만들어야 한다. 인터뷰를 시작할 때에 인터뷰 대상자의 긴장을 풀어주고 마음을 편하게 만들어야 다양하고 솔직한 대답을 들을 수 있다. 따라서 인터뷰를 구성할 때 인터뷰 시작 단계에서 안부를 묻거나 최근에 있었던 신변의 변화와 같은 가벼운 이야기를 꺼내 친밀감을 쌓고 분위기를 부드럽게 만드는 것이 좋다. 특히, 인터뷰를 시작하기 전에 눈에 띄는 곳에 녹음기나 카메라를 바로 들이밀거나 인터뷰를 하는 내내 수첩을 꺼내 계속 적는 것은 좋지 않다. 인터뷰 대상자가 기록을 의식하면 솔직한 답을 하기 힘들다.

여섯째, 인터뷰 대상자의 비언어적 표현을 주의 깊게 관찰하여 적절하게 반응하는 것이 필요하다. 대화를 할 때는 감정 변화에 따라 몸짓이나 손짓, 자세, 표정 등이 달라진다. 이러한 비언어적 표현들은 인터뷰 대상자의 감정 변화나 태도 변화를 감지할 수 있는 좋은 힌트가 된다. 따라서 인터뷰를 할 때는 이러한 비언어적 표현을 잘 관찰하여 질문의 내용이나 종류를 바꾸거나 분위기를 바꾸는 등 적절하게 대처하는 것이 좋다.

일곱째, 명료하고 정확한 질문과 대답이 이루어지도록 해야 한다. 질문이 명확해야 적절한 대답을 얻을 수 있다. 또한 대답이 정확해야 인터뷰 내용을 통해 정확한 사실을 전달할 수 있다. 따라서 인터뷰 대상자에게 오해의 여지가 없는 명료하고 정확한 질문을 제시하도록 노력하고 오해가 발생했을 경우 다시 질문을 하면서 상대방이 질문 내용을 정확하게 이해하고 대답하게 해야 한다. 그리고 대답의 내용이 명확하지 않을 경우 좀 더 정확한 대답을 요구하거나 다시 질문함으로써 최대한 명료한 대답을 얻도록 노력해야 한다.

인터뷰 활용하기

뉴스를 제작할 때 인터뷰를 하는 것은 결국 그 내용을 뉴스에서 활용하기 위한 것이다. 따라서 인터뷰의 본래 목적을 정확하게 달성하기 위해서는 인터뷰한 내용을 뉴스에서 적절하게 활용해야 한다. 인터뷰의 적절한 활용을 위해서는 기자의 세심한 주의가 필요하다.

우선 어떤 인터뷰를 뉴스에 넣을 것인지 선택해야 한다. 일반적인 길이의 리포트 뉴스에서는 인터뷰가 두 개 정도 사용된다. 뉴스의 길이가 길거나 대립되는 견해가 있을 때에는 좀 더 많은 인터뷰가 사용되기도 한다. 앞서 이야기한 것처럼 사실성과 신뢰도, 생동감을 높이기 위해서는 인터뷰를 활용하는 것이 좋은데 뉴스에서 활용할 수 있는 인터뷰의 수는 한계가 있으므로 많은 인터뷰 내용 중 어떤 것을 넣을 것인지를 생각해야 한다. 대립되는 관점이 있을 때에는 양쪽의 인터뷰를 동등하게 제시해야 한다. 또한 비슷한 내용의 인터뷰를 반복하여 제시하지 않도록 주의해야 한다.

다음으로는 인터뷰가 뉴스의 내용 중 어디에 들어가는 것이 적절한지 선택해야 한다. 인터뷰의 앞뒤에 어떤 내용이 있어야 뉴스가 전체적으로 자연스럽게 진행될 것인지 생각한다. 이때 가장 주의 깊게 고려해야 할 것은 인터뷰 내용 앞뒤에 들어가는 기자의 멘트이다. 기자의 멘트가 인터뷰 내용과 잘 어우러져서 문맥이 적절하게 연결되어야 한다. 특히 인터뷰의 내용과 기자의 멘트가 겹치지 않도록 주의해야 한다. 기자의 멘트를 통해 인터뷰를 정리하는 것이 필요할 때도 있지만 기자의 멘트가 인터뷰의 내용을 그대로 반복해서는 안 된다. 인터뷰의 내용과 표현이 기자 멘트와 다를 바가 없다면 인터뷰 삽입은 시간 낭비가 되고 말 것이다.

인터뷰 중 뉴스에서 사용할 내용을 선택하고 그것이 들어갈 문맥을 결정했다면 이제 인터뷰의 내용을 편집해야 한다. 이때에는 편집이나 뉴스 구성이 인터뷰 내용을 왜곡하지 않도록 주의해야 한다. 기자가 객관성을 유지하기 위해 노력하지 않으면 편집이나 앞뒤 문맥에 의해 인터뷰 내용이 왜곡될 수 있다. 인터뷰를 편집할 때에는 인터뷰 내용의 일부를 의도적으로 삭제하여 뉴스 수용자들의 오해를 유도하지 말아야 한다. 또한 인터뷰 내용을 특정한 방향으로 해석하도록 만드는 기자 멘트를 제시하여 여론을 한쪽으로 이끌지 않도록 주의해야 한다.

이 외에도 인터뷰를 나열하는 순서와 각 인터뷰의 길이에도 주의해야 한다. 대립되는 의견을 보여주는 인터뷰들이 있을 때에 어떤 의견을 먼저 제시하는지, 어떤 의견을 더 길게 제시하는지가 은연 중에 수용자들에게 영향을 주기도 한다. 따라서 인터뷰를 편집할 때에는 전체 기사의 흐름을 자연스럽게 이어가면서도 객관성을 유지할 수 있는 순서와 길이로 인터뷰를 제시하려고 노력해야 한다.

실습 문제 1

- 인터뷰가 기자 리포트에서 왜 필요한지 생각해 봅시다.

〔체크〕 **인터뷰의 역할**
1) 뉴스의 재료가 되는 직접적인 정보를 확인하게 해 준다.
2) 뉴스의 사실성을 강화하고 신뢰도를 높인다.
3) 사건 발생 당시의 상황을 생생하게 전달함으로써 뉴스의 현장성을 증가시킨다.
4) 뉴스의 객관성과 중립성을 강화한다.

〔체크〕 **인터뷰의 요건**
1) 인터뷰 대상이 직접성을 가져야 한다.
2) 인터뷰의 내용이 객관성과 중립성을 가져야 한다.
3) 인터뷰의 내용이 현장성을 가져야 한다.
4) 인터뷰의 내용이 진실성을 가져야 한다.

실습 문제 2

- 앞서 정한 뉴스 주제에 대해서 어떤 사람을 인터뷰하면 좋을지 생각해 봅시다.

〔체크〕 **인터뷰 대상자(취재원)의 종류**
1) 당사자(또는 관계자): 어떤 사건이나 현상, 사태에 직접적으로 관련을 맺고 있거나 이와 관계된 사람이 자신의 경험이나 의견을 직접 진술한다.
2) 전문가: 특정 분야에 상당한 지식과 경험을 가진 전문가가 어떤 사건이나 현상, 상황에 대하여 설명·해석하거나 예측을 제시한다.
3) 체험자: 어떤 사건이나 사태, 상황을 몸소 경험한 사람이 자신이 겪은 일에 대해 이야기한다.

실습 문제 3

• 자신이 정한 인터뷰 대상자에 대해 조사하고 질문을 정하며 인터뷰를 준비해 봅시다.

〔체크〕 **인터뷰를 위한 준비**

1) 자신이 쓸 기사의 유형을 생각해야 한다.
2) 인터뷰의 소요 시간과 횟수, 방법을 생각하여 인터뷰 대상자에게 고지해야 한다.
3) 인터뷰 대상자에게 질문할 내용을 미리 준비해야 한다.
4) 인터뷰 장소와 인터뷰하는 날의 옷차림에도 주의해야 한다.

〔체크〕 **질문 준비하기**

1) 어떤 종류의 질문을 선택할 것인지를 신중하게 결정해야 한다.
   – 판정 의문문(폐쇄형 질문): '예, 아니요'로 대답이 나오게 되는 의문문
   – 설명 의문문(개방형 질문): 상대의 구체적인 설명을 요구하는 의문문
2) 여러 개의 질문들을 어떤 순서로 제시하는 것이 좋을지에 대해서도 충분히 고려해야 한다.
   – 일반적이고 보편적인 질문 → 구체적인 질문
   – 대답하기 쉬운 질문 → 대답하기 곤란한 질문
   – 긍정적으로 반응할 만한 질문 → 부정적으로 반응할 만한 질문

실습 문제 4

• 자신이 정한 인터뷰 대상자를 섭외하여 실제로 인터뷰를 해 봅시다.

〔체크〕 **인터뷰의 요령**

1) 대답을 얻기 어려운 질문일수록 더 구체적으로 물어야 한다.
2) 대답하기 부담스러운 질문은 우회적으로 묻는 것이 좋다.
3) 인터뷰 대상자의 수는 많은 것이 좋다.
4) 인터뷰 대상자의 대답을 통해 모든 가능성을 확인하려고 노력해야 한다.
5) 상대방의 마음을 편하게 만들어야 한다.
6) 인터뷰 대상자의 비언어적 표현을 주의 깊게 관찰하여 적절하게 반응해야 한다.
7) 명료하고 정확한 질문과 대답이 이루어지도록 해야 한다.

• 인터뷰 내용을 정리하며 이것을 어떻게 활용할지 생각해 봅시다.

〔체크〕 **인터뷰를 잘 활용하는 방법**

1) 어떤 인터뷰를 뉴스에 넣을 것인지 선택해야 한다.
   – 대립되는 관점이 있을 때에는 양쪽의 인터뷰를 동등하게 제시해야 한다.
   – 비슷한 내용의 인터뷰를 반복하여 제시하지 않도록 주의해야 한다.
2) 인터뷰가 뉴스의 내용 중 어디에 들어가는 것이 적절한지 선택해야 한다.
   – 인터뷰의 내용과 기자의 멘트가 겹치지 않도록 주의해야 한다.
3) 인터뷰의 내용을 적절하게 편집해야 한다.
   – 편집이나 뉴스 구성이 인터뷰 내용을 왜곡하지 않도록 주의해야 한다.
   – 인터뷰를 나열하는 순서와 각 인터뷰의 길이에도 주의해야 한다.

3.4. 리포트 작성하기

TV 뉴스의 일반적인 구성

취재와 인터뷰까지 마쳤다면 기자 리포트를 작성하기 위한 재료는 다 준비되었다고 할 수 있다. 이제부터는 본격적으로 리포트 작성을 시작해야 한다.

리포트를 작성하기 위해서는 우선 TV 뉴스가 일반적으로 어떻게 구성되는지 알아야 한다. TV 뉴스는 크게 세 부분으로 구성된다.[10]

첫 번째 부분은 제목이다. 기사의 핵심적인 내용을 요약적으로 보여주는 제목은 앵커가 앵커 멘트를 읽을 때 화면의 하단에 함께 제시되며 기자 리포트의 내용을 요약적으로 제시하면서 시청자의 관심을 유도한다.

---

10 TV 뉴스의 구성에 대한 좀 더 자세한 내용은 3장 1절에서 다룬 바 있다.

두 번째 부분은 앵커 멘트이다. 뉴스의 시작 부분에서 앵커가 뒤에 올 기자 리포트의 내용을 요약하거나 핵심 내용에 대해 흥미를 유발할 만한 문제를 제기하여 시청자가 뒤에 올 리포트를 시청하도록 관심을 유도한다. 보통 뉴스의 시작 부분에만 앵커 멘트가 나오지만 때때로 기자 리포트가 끝난 뒤 리포트 내용에 대해 앵커가 다시 논평을 하는 경우도 있다.

세 번째 부분은 기자 리포트이다. 뉴스의 주제에 대해 기자가 취재한 내용을 바탕으로 사실이나 해석, 의견 등을 제시하는 뉴스의 핵심이다.

기자 리포트 구성의 유형

기자 리포트는 TV 뉴스에서 가장 중요한 부분이기 때문에 그 구성에 특별히 주의를 기울일 필요가 있다. 기자 리포트의 유형은 크게 네 가지로 구분된다.

첫 번째 유형은 역피라미드형 구성이다. 이는 핵심적인 내용을 먼저 제시하고 주변적인 내용을 나중에 제시하는 유형이다. 이러한 구성은 핵심적인 정보가 맨 앞에 제시됨으로써 뉴스 수용자들이 중요한 내용을 빠르고 정확하게 이해할 수 있다는 장점이 있는 반면, 뉴스를 끝까지 보게 하는 힘은 다소 약하다. 중요한 내용은 도입부만 보아도 파악할 수 있기 때문이다.

정부는 오늘 전국 초·중·고등학교의 개학을 2주 더 연기하겠다고 발표했습니다. 앞으로 2주간이 코로나바이러스의 증가세를 꺾을 수 있을지를 결정할 중요한 지점이라고 본 것입니다. 따라서 전국 초·중·고등학교의 개학은 이달 23일로 변경되었습니다.

(○○○ 교육부 장관) "지금과 같이 코로나가 확산되는 상황에서 원래 계획대로 9일에 개학을 하는 것은 어렵다고 판단하여 개학을 2주 더 연기하였습니다. 23일 이후의 등교 여부는 상황에 따라 지역별로 결정할 예정입니다."

이에 따라 초·중·고등학교의 등교는 최소 21일 이상 연기될 것으로 보입니다. 정부는 이 기간 동안 자녀를 맡길 곳이 없는 맞벌이 부부들을 위한 긴급 돌봄 서비스를 제공합니다. 뿐만 아니라 초등학교 2학년 이하의 자녀를 둔 학부모들은 최대 10일간 자녀돌봄휴가를 쓸 수 있습니다.

(○○○ 초등학생 학부모) "그동안 아이들을 봐 줄 사람이 없어서 걱정을 많이 했는데 긴급 돌봄 서비스 덕분에 맘 편하게 출근할 수 있을 것 같아요."

한편, 정부는 학원에 대해서도 휴원할 것을 권고하였으며, 대학에도 가급적 온라인 수업을 계속 진행해 줄 것을 당부했습니다.

○○○뉴스 ○○○입니다.

위의 예는 역피라미드형 뉴스의 예이다. 초·중·고등학교의 개학이 2주 더 연기된다는 중요한 내용을 기자 리포트의 맨 앞에 제시하고 이후에 이에 대한 구체적인 설명과 인터뷰, 기타 부수적인 내용을 차례로 제시한다. 뒤로 갈수록 중심적인 정보와의 직접적인 관련성이 적은 정보들이 나오는 것을 볼 수 있다.

두 번째 유형은 피라미드형 구성이다. 주변적인 내용이 먼저 제시되고 뒤로 갈수록 핵심적이고 중요한 내용이 나온다. 따라서 가장 중요한 내용은 가장 나중에 나온다. 이러한 유형은 앞부분에서는 주로 뉴스 수용자들의 관심을 끌 만한 주변적인 내용을 제시하여 궁금증을 유발한 뒤 궁금증을 해소해 주는 정보는 뒤에서 제시한다. 따라서 시청자들이 뉴스를 끝까지 보게 만드는 데에 효과적이라는 장점이 있는 반면, 중요한 정보를 빠르게 파악하는 데에는 불리하다는 단점을 지닌다.

> 서울의 한 초등학교. 학생들로 북적거려야 할 학교가 조용합니다. 몇몇 선생님들과 교직원들의 모습만 보일 뿐입니다. 개학이 일주일 연기되었기 때문입니다.
>
> 학교만 조용한 것이 아닙니다. 학생들과 학부모들로 늘 붐비던 학원가의 모습도 학교와 크게 다르지 않습니다. 코로나가 확산되면서 교육 당국이 학원의 개원을 자제해 달라고 권고하자 많은 학원들이 문을 닫은 것입니다.
>
> (○○○ 학원장) "권고라고는 하지만 어쨌든 코로나가 이렇게 확산되는 상황에서 학원 수업을 하는 것도 부담이라서요."
>
> 최근 코로나바이러스의 확산이 계속되면서 학부모들 역시 초·중·고등학교는 물론 학원과 같은 교육 시설에 자녀를 보내는 것을 불안해하고 있습니다.
>
> (○○○ 중학생 학부모) "아무래도 학교나 학원에 가면 애들이 같이 놀고 부대끼기도 하면서 오랜 시간 동안 밀폐된 공간에 있을 텐데… 매일 (코로나바이러스 감염) 확진자들이 늘고 있는데 부모로서 걱정이 안 될 수가 없죠."
>
> 결국 교육 당국은 오늘 이러한 상황을 고려하여 전국 초·중·고등학교의 개학을 2주 더 연기하기로 결정했습니다. 이에 따라 전국 초·중·고등학교의 개학은 이달 23일로 변경되었습니다. 이러한 개학 연기 조치가 코로나바이러스 확산세를 꺾는 계기가 될 수 있을지 귀추가 주목됩니다.
>
> ○○○뉴스 ○○○입니다.

이 예는 앞서 제시한 뉴스와 동일한 주제를 다룬 피라미드형 구성의 뉴스이다. 앞부분에서는 개학이 연기되어 조용한 학교의 모습이나 수업을 중단한 학원의 모습과 같은 주변적인 정보를 전달하며 뉴스 수용자들의 호기심을 유발한다. 이후 등교와 등원을 시작하는 것에 대해 관계자들이 느끼는 부담을 전달한 뒤, 가장 중요한 내용인 초·중·고등학교의 개학 재연기 사실을 알린다.

세 번째 유형은 혼합형 구성이다. 이 구성은 역피라미드형 구성과 피라미드형 구성의 혼합이라 할 수 있는데, 리포트의 도입부에서는 역피라미드형 구성과 같이 핵심 내용을 먼저 제시하고 그 후에 피라미드형 구성과 같이 주변적인 내용에서 핵심적인 내용으로 리포트를 전개해 간다. 핵심 내용을 맨 앞에서 제시하여 중요한 정보를 빠르게 파악할 수 있게 해 주는 역피라미드형 구성의 장점을 살릴 수 있으며 핵심 내용이 기자 리포트의 앞과 뒤에서 제시되어 중요한 정보를 충분히 강조할 수 있다는 장점이 있는 반면 동일한 내용의 반복을 피할 수 없어 리포트의 효율성이 떨어진다는 단점이 있다.

정부는 오늘 전국 초·중·고등학교의 개학을 2주 더 연기하겠다고 발표했습니다. 앞으로 2주간이 코로나바이러스의 증가세를 꺾을 수 있을지를 결정할 중요한 지점이라고 본 것입니다.

이곳은 서울의 한 초등학교입니다. 학생들로 북적거려야 할 학교가 조용합니다. 몇몇 선생님들과 교직원들의 모습만 보일 뿐입니다. 개학이 연기되었기 때문입니다.

학생들과 학부모들로 늘 붐비던 학원가의 모습도 학교와 크게 다르지 않습니다. 코로나가 확산되면서 교육 당국이 학원의 개원을 자제해 달라고 권고하자 많은 학원들이 문을 닫았습니다.

최근 코로나바이러스의 확산이 계속되면서 학부모들 역시 초·중·고등학교는 물론 학원과 같은 교육 시설에 자녀를 보내는 것을 불안해하고 있습니다.

(○○○ 중학생 학부모) "아무래도 학교나 학원에 가면 애들이 같이 놀고 부대끼기도 하면서 오랜 시간 동안 밀폐된 공간에 있을 텐데… 매일 (코로나바이러스 감염) 확진자들이 늘고 있는데 부모로서 걱정이 안 될 수가 없죠."

결국 교육 당국은 오늘 이러한 상황을 고려하여 전국 초·중·고등학교의 개학을 이달 23일로 변경하고, 개학을 할 때까지 긴급돌봄 서비스와 자녀돌봄휴가를 제공하기로 결정했습니다. 이러한 개학 연기 조치가 코로나바이러스 확산세를 꺾는 계기가 될 수 있을지 귀추가 주목됩니다.

○○○뉴스 ○○○입니다.

위의 예는 혼합형 구성의 예이다. 일단 핵심적인 정보를 먼저 명확하게 제시한 뒤 개학이 연기된 학교의 상황을 제시하며 학부모들의 불안 등을 전달하고 다시 핵심적인 정보를 제시하고 있다. 핵심 정보를 반복할 때에는 앞에서 제시할 때와 표현을 달리하여 동일한 내용이 동일한 표현으로 반복되는 것을 피하는 것이 일반적이다.

　네 번째 유형은 다이아몬드형 구성이다. 처음에는 주변적인 내용으로 시작하여 중간 부분에서 중요한 내용을 전달한 뒤 다시 이와 관련이 있는 주변적인 내용을 제시하며 마무리한다. 이러한 구성은 호기심을 끌만한 주변적인 내용을 앞에 제시하여 피라미드형과 같이 뉴스에 대한 호기심을 유발한 뒤, 바로 이어서 핵심적인 내용을 제시함으로써 중요한 정보를 비교적 신속하게 제시한다. 역피라미드형 구성과 피라미드형 구성의 절충형으로, 두 유형의 장점을 모두 취하고자 하는 형태라고 할 수 있다.

> 　서울의 한 초등학교. 학생들로 북적거려야 할 학교가 조용합니다. 원래대로라면 입학식이 시작되었어야 하는 시간이지만 운동장은 텅 비어있습니다. 학교에는 몇몇 선생님들과 교직원들의 모습만 보일 뿐입니다. 개학이 일주일 연기되었기 때문입니다.
> 　여기에 더해서, 오늘 정부는 전국 초·중·고등학교의 개학을 2주 더 연기하겠다고 발표했습니다. 앞으로 2주간이 코로나바이러스의 증가세를 꺾을 수 있을지를 결정할 중요한 지점이라고 본 것입니다. 따라서 전국 초·중·고등학교의 개학은 이달 23일로 변경되었습니다.
> 　(○○○ 교육부 장관) "지금과 같이 코로나가 확산되는 상황에서 원래 계획대로 9일에 개학을 하는 것은 어렵다고 판단하여 개학을 2주 더 연기하였습니다. 23일 이후의 등교 여부는 상황에 따라 지역별로 결정할 예정입니다."
> 　이에 따라 초·중·고등학교의 등교는 최소 21일 이상 연기될 것으로 보입니다. 정부는 이 기간 동안 자녀를 맡길 곳이 없는 맞벌이 부부들을 위한 긴급 돌봄 서비스를 제공합니다. 뿐만 아니라 초등학교 2학년 이하의 자녀를 둔 학부모들은 최대 10일간 자녀돌봄휴가를 쓸 수 있습니다.
> 　(초등학생 학부모) "그동안 아이들을 봐 줄 사람이 없어서 걱정을 많이 했는데 긴급 돌봄 서비스 덕분에 맘 편하게 출근할 수 있을 것 같아요."
> 　한편, 정부는 학원에 대해서도 휴원할 것을 권고하였으며, 대학에도 가급적 온라인 수업을 계속 진행해 줄 것을 당부했습니다.
> 　○○○뉴스 ○○○입니다.

　위 예는 다이아몬드형 구성 뉴스의 예이다. 먼저 개학이 일주일 연기되어 학생들이 등교를 하지 않은 학교의 상황을 보여주며 시청자들의 호기심을 유발한 뒤 바로 전국 초·중·고등학교의 개학이 더 연기되었다는 핵심 정보를 제시한다. 그리고 그 뒤에는 다시 이와 관련이 있는 부가적인 정보들을 제공한다.

앞서 예들을 통해 본 것처럼 같은 주제를 다루는 기자 리포트라도 다양한 구성을 취할 수 있다. 따라서 각 구성의 장단점을 충분히 이해하고 자신이 작성하려고 하는 리포트의 주제와 취재 내용, 화면 구성, 길이 등을 고려하여 가장 적합한 구성을 선택해야 한다.

도입부 작성하기

기자 리포트는 크게 '도입부–본문–마무리'의 세 부분으로 나뉜다. 이 중에서 도입부는 리포트의 시작 부분으로 두 가지 역할을 담당한다. 첫째는 사건의 핵심을 제시하는 것이다. 주로 역피라미드형 구조나 혼합형 구조에서 이러한 역할이 크게 두드러진다. 둘째는 독자의 관심을 유발하는 것이다. 피라미드형 구조나 다이아몬드형 구조에서 이러한 역할이 강하게 드러난다.

기자 리포트의 도입부는 리포트 전체가 어떤 형태로 구성되는지, 도입부의 역할 중 어느 쪽에 더 비중을 두는지 등에 따라 그 유형이 달라진다. 도입부의 유형은 형식에 따라 나누어볼 수도 있고 내용에 따라 나누어볼 수도 있다.

먼저 형식에 따라 도입부의 유형을 나누어 보면 독립형 도입부와 주제형 도입부, 그리고 자유형 도입부로 나눌 수 있다. 독립형 도입부는 기자의 내레이션 없이 짧은 순간에 전체 주제를 그림과 음향 효과로 보여주는 도입부를 말한다. 예를 들어 화재와 같은 재난의 심각성을 보도할 때 도입부에서 화재 현장의 모습을 화면과 음향으로 보여줄 수 있다. 주제형 도입부는 리포트의 주제와 관련이 있는 정보를 기자의 말로 바로 전달하는 도입부를 말한다. 음향 효과나 화면보다는 기자의 말이 중심이 되는 도입부이다. 마지막으로 자유형 도입부가 있다. 자유형 도입부는 특정한 규칙 없이 독창적인 기법으로 대화하듯이 말하는 도입부를 말한다. 기자가 시청자와 대화하듯이 이야기하거나 인터뷰 대상자와 대화하는 등 다양한 형식으로 진행된다.

한편, 도입부는 내용에 따라 요지형, 발췌형, 유추형으로 나뉜다. 요지형 도입부는 기사의 핵심적인 내용을 압축적으로 제시하는 도입부이다. 주로 역피라미드형 구성이나 혼합형 구성에서 사용되며, 뉴스의 주제를 먼저 전달하는 기능을 한다.

> 오늘 아침 서울과 경기 지역에서 올해 첫 번째 황사 현상이 발생했습니다. 평년보다 일주일 정도 빨리 시작된 황사로 인해 호흡기 질환 및 안질환 환자가 급증했습니다.

위의 예는 요지형 도입부의 전형적인 예이다. 기자 리포트의 가장 중요한 정보가 시작 부분에서 압축적으로 제시되고 있다.

발췌형 도입부는 기사의 내용 중에서 뉴스 수용자들이 관심을 보일 만한 부분이나 가장 중요한 부분을 따로 떼어 앞에 제시하는 도입부이다. 주로 피라미드형 구성, 다이아몬드형 구성에서 많이 사용되는데 주변적이지만 흥미를 유발하는 데에 도움이 될 만한 부분을 먼저 제시할 때 사용된다.

> 영국 BBC 방송은 영국 왕실 대변인의 말을 인용해 찰스 왕세자가 신종 코로나바이러스에 감염돼 자가 격리중이라고 보도했습니다.

위의 예는 발췌형 도입부의 예이다. 이 도입부가 포함된 기자 리포트는 영국의 신종 코로나바이러스 확산 현황을 다루고 있는데, 도입부에서는 뉴스에서 다루는 여러 가지 정보 중 주변적 정보이지만 수용자들이 관심을 가질 만한 명사(名士)인 찰스 왕세자에 대한 소식을 먼저 제시하고 있다.

유추형 도입부는 보도의 내용과 직접적인 관련은 없지만 본문의 내용을 유추할 수 있게 해 주는 내용을 제시하는 도입부를 말한다. 도입부의 내용과 리포트 주제의 거리가 가장 멀지만 시청자들의 흥미를 끄는 데에 효과적이기 때문에 피라미드형이나 다이아몬드형 구성과 같이 주변적인 정보로 리포트를 시작하는 구성에서 자주 사용된다.

> 작년 이맘때쯤에는 벚꽃을 보러 나온 시민들로 붐볐던 여의도 윤중로. 지금은 차도, 사람도 찾아볼 수 없습니다.

위의 예는 유추형 도입부의 예이다. 전체 보도문은 신종 코로나바이러스로 인해 지자체의 여러 축제들이 취소되고 있다는 사실을 전하는 것인데 도입부에서는 예년과 달리 사람이 없는 여의도 윤중로의 모습을 보여주고 있다. 이를 통해 시청자들은 매년 윤중로에서 진행되던 벚꽃 축제가 취소되었다는 것을 유추할 수 있으며 해당 뉴스가 여러 축제들의 취소에 대해 다룰 것임을 예상할 수 있다.

위에서 살펴본 것처럼 도입부는 형식과 내용에 따라 다양한 유형으로 나타난다. 따라서 도입부를 결정할 때에는 전체 기자 리포트의 주제와 구성, 도입부에서 얻고자 하는 효과 등을 고려하여 적절한 도입부 유형을 선택하고 그에 맞게 내용을 작성해야 한다. 도입부를 작성할 때에는 다음과 같은 점을 고려하는 것이 필요하다.

우선 기자 리포트의 핵심 요소를 찾아야 한다. 핵심 요소가 무엇인지 모르면 도입부에서 무엇을 전달해야 할지, 어떤 정보에 대한 호기심을 유발해야 할지 알기 어렵다. 따라서 도입부가 제대로 효과를 발휘하기 위해서는 리포트의 주제, 핵심적인 정보를 정확하게 판단해야 한다.

다음으로, 쓰려고 하는 뉴스의 내용과 주제에 적합한 도입부 유형을 선택해야 한다. 형식적인 측면에서 독립형, 주제형, 자유형 도입부 중 어떤 도입부를 선택할 것인지, 내용적인 측면에서 요지형, 발췌형, 유추형 도입부 중 어떤 도입부를 선택할 것인지 정해야 한다. 유형을 선택할 때에는 앞서 언급한 것처럼 전체 기자 리포트의 주제와 구성, 도입부에서 얻고자 하는 효과 등을 고려해야 한다.

만약 요지형의 도입부를 선택하였다면 어떤 정보를 도입부에서 제시하고 강조할 것인지를 결정해야 한다. 기사에서 다루는 사건이나 사태의 육하원칙에 해당하는 내용 중 어떤 것을 강조할 것인지를 고려하여 결정하는 것이 일반적이다. 반면에 발췌형이나 유추형의 도입부를 선택한 경우에는 인터뷰 내용의 인용이나 질문, 그래프, 현장 묘사 등으로 시작하는 도입부도 가능하다.

도입부의 내용을 작성할 때에는 너무 길게 쓰지 않도록 주의해야 한다. 시청자의 흥미를 유발하기 위해서 다양한 내용을 추가하려고 하다 보면 도입부가 너무 길어질 수 있다. 기자 리포트의 길이는 한정되어 있으므로 너무 길게 써서 도입부가 리포트에서 차지하는 비중이 너무 커지지 않도록 주의해야 한다.

또한 뉴스의 도입부는 쉽고 단순하게 써야 한다. 도입부는 많은 시청자들의 흥미를 유발하고 뉴스의 핵심 내용에 대한 이해를 도와야 하므로 표현이 모호하거나 내용이 이해하기 어려우면 안 된다. 항상 구체적이고 분명한 표현으로 내용을 전달하여 뉴스 수용자들의 이해를 도와야 한다.

뉴미디어 시대의 미디어 리터러시

본문 작성하기

도입부를 작성했다면 이어서 본문을 작성해야 한다. 본문 부분은 뉴스의 주제가 되는 사실과 그 사실에 대한 해설을 전달하기 위한 부분이다. 여기에서는 사실에 대한 정보를 전달할 뿐만 아니라 해설, 논평, 예측, 특정한 사안에 대한 주장 등을 제시하기도 한다.

본문의 구성은 전체적인 리포트의 구성을 어떤 유형으로 선택하였는지, 도입부는 어떤 유형으로 구성되었는지, 본문에서 전달하고자 하는 내용은 어떤 것들인지 등을 고려하여 결정하게 된다.

본문 구성의 유형은 두 가지로 나눌 수 있다. 첫 번째 유형은 직렬형 구성이다. 시간적 순서, 인과적 순서 등에 따라서 본문의 내용을 배치하는 유형이다. 시간적 순서나 인과적 순서는 기자가 마음대로 바꿀 수 없으므로 본문의 내용을 구성할 때 순서가 바뀌지 않도록 주의해야 한다.

오늘 오전 8시쯤 서울 지하철 1호선 ○○역과 ○○역 사이에서 전동차가 고장 나 멈춰 섰습니다. 30분 뒤 전동차는 운행을 재개했지만 ○○○역에서 다시 멈춰 섰습니다.

(○○○ 대학생) "열차 안에서 한 시간 넘게 기다렸던 것 같아요."

이 사고로 ○○역에서 ○○○역까지 지하철 1호선의 운행이 한 시간 동안 지연됐습니다. 출근과 등교를 위해 열차를 타려고 기다리던 시민들은 큰 혼란을 겪었습니다. 철도공사는 아직 정확한 고장 원인을 찾지는 못했으며 재발을 막기 위해 모든 열차에 대한 긴급 점검을 실시하겠다고 밝혔습니다.

위 예문은 직렬형 구성을 가진 본문의 예이다. 지하철 고장이라는 사고에 대하여 사건의 순서대로 내용을 제시하고 있는 것을 확인할 수 있다. 이러한 구성은 시간적인 선후 관계나 인과 관계가 뚜렷한 사건·사고 관련 기사에서 많이 사용된다.

두 번째 유형은 병렬형 구성이다. 병렬형 구성은 공간적인 순서나 그 외의 적절한 분류 기준에 따라 본문의 내용을 배치하는 구성이다. 한 공간에서 일어난 사건이나 그곳의 상태를 이야기하고 다음 공간으로 전환하여 다시 그곳에서 일어난 사건이나 그곳의 상태를 제시한다든지, 피해자를 기준으로 삼아 한 피해자의 사연을 제시하고 다음 피해자의 사연을 제시하는 등의 방식이 여기에 속한다. 병렬형 구성 역시 내용을 배치하는 기준과 순서가 적절해야 본문이 효율적으로 구성될 수 있으므로 내용 배치 기준을 세우고 순서를 정하는 데에 주의해야 한다.

> 봄이 되면 관광객들로 몸살을 앓던 서울의 대표적인 벚꽃 명소. 지금은 차량과 사람의 통행이 금지되어 거리가 텅 비어 있습니다. 이맘때쯤이면 손님들로 가득차 있던 인근 식당과 상가도 한산한 모습입니다.
> (○○○ 식당 운영) "지금이 원래 제일 손님이 많은 시기인데 요즘은 거의 없어요."
> 개강과 함께 붐벼야 하는 대학가도 사정은 비슷합니다. 온라인 개강으로 인해 등교하는 학생이 없어지면서 개강 특수도 사라졌습니다.
> (○○○ 카페 운영) "여기는 손님들이 대부분 ○○대 학생들인데 학교에 오지를 않으니까요."

위의 예는 병렬형 구성의 예이다. 먼저 벚꽃 명소의 상황을 전달하고 다음으로 장소를 바꿔 대학가의 상황을 전달하는 것을 볼 수 있다. 이와 같은 병렬형 구성은 여러 곳에서 발생한 비슷한 사건을 함께 전달하는 뉴스나 어떤 쟁점에 대해서 서로 다른 견해를 전달하는 뉴스 등에서 많이 사용된다.

기자 리포트의 본문은 도입부나 정리부에 비해서는 길지만 방송 시간에 제한이 있는 뉴스의 특성상 그리 긴 길이는 아니다. 따라서 보통은 직렬형 구성이나 병렬형 구성 중 하나를 선택하여 본문을 구성하게 된다. 하지만 하나의 본문에서 직렬형 구성과 병렬형 구성을 혼합하여 쓰는 것도 불가능하지는 않다. 다만 두 가지 유형을 하나의 본문에서 혼합하여 사용할 경우에도 각각의 구성 순서가 적절하게 유지되도록 주의해야 한다.

정리부 작성하기

기자 리포트에서 본문 다음에 이어지는 것은 뉴스의 내용을 마무리하는 정리부이다. 정리부는 뉴스의 전체 내용을 요약하며 뉴스의 내용과 관련이 있는 전망이나 논평, 해석 등을 덧붙이는 부분이다. 기자가 화면에 등장하여 말을 하는 경우가 많다.

뉴스의 정리부는 크게 요약형, 환기형, 전망형, 해석형으로 나눌 수 있다. 요약형은 말 그대로 뉴스의 전체 내용을 요약하는 유형을 말한다.

뉴미디어 시대의 미디어 리터러시

'손을 자주 씻고 외출을 할 때는 마스크를 착용하며 다른 사람들과 2미터 이상의 거리를 유지한다.' 면역 전문가들이 입을 모아 말하는 감염 예방법입니다.

위의 예는 신종 코로나바이러스의 감염을 예방하는 방법을 설명하는 기자 리포트의 마지막 부분이다. 앞선 리포트에서 설명한 감염 예방법을 요약하여 한 문장으로 제시하고 있다.

환기형은 시청자들의 주의를 환기하거나 여론을 유도하는 유형이다. 주로 어떤 문제나 사회적인 현상에 대해 많은 사람들이 지속적으로 관심을 가지고 지켜보기를 촉구하고자 할 때 이러한 유형의 정리부를 제시한다.

정부의 발표 이후 시장은 큰 변화가 없지만 놀라움을 감추지 못하고 있습니다. 전례 없는 파격적인 규제 정책이 어떤 결과를 가져올지 귀추가 주목됩니다.

위의 예는 새롭게 발표된 부동산 규제 정책을 다룬 기자 리포트의 정리부이다. 정부의 발표 이후에 나타날 결과에 대해 관심을 유도하는 정리부라고 할 수 있다.

전망형은 예상되는 결과나 반응을 제시하는 유형이다. 주로 역피라미드형 구성에서 쓰인다.

정부는 파격적인 규제 정책으로 부동산 시장을 안정시키겠다고 밝혔지만 부동산 투자 열기는 쉽게 가라앉지 않을 것으로 예상됩니다.

이 예 역시 부동산 규제 정책을 다룬 기자 리포트의 정리부이다. 부동산 투자 열기가 쉽게 가라앉지 않을 것이라는 전망을 제시하고 있다.

마지막으로 해석형은 사안에 대해 기자가 부연 설명이나 해석을 덧붙이는 유형이다. 역시 역피라미드형 구성에서 자주 쓰이는 방식인데, 주로 어떤 사건이나 행동이 지니고 있는 의미를 제시한다.

기자들 앞에서 계속 당당했던 ○○○의 태도가 바뀐 것은 감형을 노린 전략으로 보입니다.

이 예는 흉악범이 구속·송치되었음을 밝히는 기자 리포트의 정리부이다. 기자들 앞에서 계속 당당하게 이야기했던 흉악범이 갑자기 사과를 하며 뉘우치는 모습을 보인 것에 대해 '감형을 노린 전략'이라는 해석을 제시하고 있다.

이처럼 기자는 정리부를 통해서 다양한 내용을 시청자들에게 전달한다. 이때 정리부에서 제시되는 내용 중에는 객관적인 사실도 있지만 전망이나 해석도 있다. 따라서 정리부에서 기자가 특정한 방향으로 전망이나 해석을 내놓으면 그 자체로 여론을 유도하는 행위가 될 수 있다. 전망이나 해석을 제시할 때에는 최대한 객관적인 태도를 유지해야 한다.

스탠드업 활용하기

한편, 기자 리포트 중에는 기자가 전면으로 드러나는 부분도 있다. 바로 기자가 카메라 앞에서 뉴스 내용의 일부를 읽는 것이다. 이것을 방송 용어로 '스탠드업'이라고 한다. 스탠드업의 경우 기자가 화면에 크게 노출되기 때문에 기자의 존재가 부각된다.

스탠드업은 리포트의 필수 요소라고는 볼 수 없다. 리포트의 성격과 내용에 따라 스탠드업이 필요할 수도 있고 필요하지 않을 수도 있다. 따라서 기자 리포트의 전체적인 내용을 어느 정도 정했다면 리포트에서 스탠드업이 필요한지, 필요하다면 어느 부분을 스탠드업으로 처리할 것인지를 정해야 한다.

이때 어느 부분을 스탠드업으로 처리하는가에 따라 스탠드업의 종류를 세 가지로 나눌 수 있다. 첫째는 클로징 스탠드업이다. 리포트의 정리부에서 기자가 나와 뉴스의 내용을 전달하는 것이다. 기자 리포트에서 가장 많이 쓰이는 스탠드업 유형이다. 둘째는 중간 스탠드업이다. 뉴스의 중간 부분, 즉 본문에서 기자가 나와 뉴스의 내용을 전달하는 것이다. 특히 현장 취재의 내용을 전달하는 과정에서 기자가 직접 현장에 나와 상황을 설명할 때 많이 사용된다. 이러한 중간 스탠드업은 역동적인 리포트 구성에 도움을 줄 수 있다. 마지막은 오프닝 스탠드업이다. 리포트의 도입부에서 기자가 나와 뉴스의 내용을 전달하는 것이다. 최근에는 가장 드물게 사용되는 유형이다.

스탠드업은 적절하게 사용하면 뉴스 내용의 신뢰도를 높이고 기자 리포트를 다채롭게 구성할 수 있다. 얼굴을 드러내고 하는 말은 목소리로만 전달하는 말보다 신뢰도가 높기 때문이다. 뉴스의 정리부에서 사건에 대한 해석이나 전망을 전달할 때 스탠드업이 많이 사용되는 것은 이 때문이다. 또한 기자가 직접 움직이고 물건을 만지고 살펴보며 내용을 전달하면 뉴스에 생동감이 더해지고 화면 구성도 다채롭게 변화하게 될 것이다. 다만 스탠드업을 너무 자주 사용하거나 부적절한 위치에서 사용할 경우 화면을 통한 내용 전달을 방해할 수 있으므로 주의해야 한다. 또한 스탠드업 부분의 기자 음성 크기나 톤이 다른 부분과 두드러지게 차이나지 않도록 신경 써야 한다.

기자 리포트 작성의 유의점

지금까지 우리는 기자 리포트의 각 부분별 유형과 그것을 작성하는 방법에 대해 공부했다. 여기에서는 지금까지 공부한 내용을 활용하여 실제로 기자 리포트의 내용을 작성할 때 유의해야 할 세부적인 사항들에 대해서 살펴보도록 하겠다.

우선 리포트는 내용이 통일성을 가져야 한다. 즉, 기자 리포트의 내용은 하나의 주제로 통일되어야 한다. 기자 리포트에서 반드시 하나의 사건이나 의견을 다루어야 하는 것은 아니다. 여러 개의 사건이나 의견을 다룰 수도 있지만, 그 경우에도 모두 하나의 주제로 통일되어야 한다. 기자 리포트가 통일성을 갖추지 못하면 그것은 좋은 리포트라 할 수 없다.

둘째로 문단을 적절하게 설정해야 한다. 하나의 문단은 하나의 소주제로 통일되어야 한다. 기자 리포트가 음성으로 전달되기 때문에 리포트를 작성할 때 문단 구분에 대해서는 주의를 기울이지 않는 경우도 있다. 그러나 문단은 단순한 글쓰기의 형식이 아니라 글의 내용 구성을 결정하는 중요한 요소이다. 따라서 리포트의 내용이 음성 언어로 전달이 된다 할지라도 문단 구성에 주의를 기울여야 한다. 특히 기자 리포트의 문단을 구성할 때에는 문단의 길이에도 유의해야 한다. 시청자들이 영상을 보면서 집중력을 유지할 수 있는 시간은 생각보다 짧다. 즉, 하나의 소주제가 너무 길게 다뤄지면 시청자들은 뉴스에 대한 집중력을 잃는다. 따라서 이러한 일을 막으려면 한 문단이 너무 길어지지 않도록 주의해야 한다.

셋째로 기자 리포트를 구성하는 문단들 사이에는 긴밀성이 유지되어야 하고, 문단 내부의 문장들도 긴밀하게 연결되어 리포트의 흐름이 자연스러워야 한다. 이를 위하여 기자는 뉴스를 구성하는 내용의 선택과 배치뿐만 아니라 인터뷰 내용과 내레이션의 연결, 접속 표현 등에도 주의를 기울여야 한다.

넷째로 문장의 길이가 길지 않고 구조도 단순해야 한다. 문장이 길어지면 구조가 복잡해져 시청자들이 뉴스 내용을 듣고 이해하는 것이 어려워질 뿐만 아니라 문법적인 오류가 발생할 확률도 높아진다. 따라서 문장의 길이가 길어지거나 구조가 복잡해지는 것을 피해야 한다. 특히, 수식어를 너무 많이 사용하지 않도록 주의해야 한다.

다섯째로 정확성, 명료성, 객관성이 있는 문장을 구성해야 한다. 문장의 내용과 표현이 모두 정확하고 명료하도록 문장을 구성하고 모호하고 불분명한 표현을 사용하지 않도록 주의해야 한다. 또한 '~은 것 같다, ~을지 모른다' 등과 같은 주관적인 표현을 사용하여 문장의 객관성이 떨어지지 않도록 주의해야 한다.

여섯째로 품위 있고 일상적인 구어를 구사해야 한다. 뉴스에서 사용되는 한국어는 누구나 쉽게 이해할 수 있을 정도로 일상적이면서도 품위가 있어야 한다. 유행어나 은어, 비속어 등을 사용하지 않아야 하며 전문 용어나 불필요한 외국어의 사용도 피해야 한다. 그래야 기자 리포트의 내용을 시청자들이 쉽게 이해할 수 있으며 리포트가 시청자들에게 신뢰를 줄 수 있다.

마지막으로 화면과의 관련성을 생각하면서 기자 리포트를 작성해야 한다. 리포트는 시청자들에게 전달될 때 반드시 화면을 동반한다. 따라서 제공되는 화면만으로 충분히 이해할 수 있는 내용은 말로 전달할 필요가 없으며, 화면과 리포트의 내용이 유기적으로 연결되어야 한다. 그러므로 기자 리포트를 작성할 때는 내용을 선택하고 구성하는 단계에서부터 화면과의 관련성을 고려해야 한다.

실습 문제 1

• 앞서 취재한 내용을 바탕으로 작성할 뉴스의 전체적인 구성을 생각하며 기자 리포트의 구성을 결정해 봅시다.

〔체크〕**TV 뉴스의 일반적인 구성**

1) 제목: 뉴스가 시작될 때 자막의 형태로 제시되며 기사의 핵심적인 내용을 요약적으로 보여주는 문구
2) 앵커 멘트: 뉴스의 시작 부분에서 앵커가 뒤에 올 리포트의 내용을 요약하거나 핵심 내용에 대해 흥미를 유발할 만한 문제를 제기하여 시청자의 관심을 유도하는 부분. 기자 리포트가 끝난 뒤 다시 앵커 멘트가 나오는 경우도 있다.
3) 기자 리포트: 뉴스의 주제에 대해 기자가 취재한 내용을 바탕으로 사실이나 해석, 의견 등을 제시하는 뉴스의 핵심

〔체크〕**기자 리포트 구성의 유형**

1) 역피라미드형: 핵심적인 내용을 먼저 제시하고 주변적인 내용을 나중에 제시하는 유형
2) 피라미드형: 주변적인 내용이 먼저 제시되고 뒤로 갈수록 핵심적이고 중요한 내용이 나오는 유형
3) 혼합형: 리포트의 도입부에서는 역피라미드형 구성과 같이 핵심 내용을 먼저 제시하고 그 후에 피라미드형 구성과 같이 주변적인 내용에서 핵심적인 내용으로 리포트를 전개하는 유형
4) 다이아몬드형: 처음에는 주변적인 내용으로 시작하여 중간 부분에서 중요한 내용을 전달한 뒤 다시 이와 관련이 있는 주변적인 내용을 제시하며 마무리하는 유형

〔체크〕**기자 리포트 작성의 유의점**

1) 내용이 통일성을 가져야 한다.
2) 문단을 적절하게 설정해야 한다.
3) 리포트를 구성하는 문단들과 문장들이 긴밀하게 연결되어야 한다.
4) 문장의 길이가 길지 않고 구조도 단순해야 한다.
5) 정확성, 명료성, 객관성이 있는 문장을 구성해야 한다.
6) 품위 있고 일상적인 구어를 구사해야 한다.
7) 화면과의 관련성을 생각하면서 기자 리포트를 작성해야 한다.

실습 문제 2

• 기자 리포트의 도입부를 구상하여 작성해 봅시다.

〔체크〕 **도입부의 유형**
• 형식에 따라
1) 독립형 도입부: 기자의 내레이션 없이 짧은 순간에 전체 주제를 그림과 음향 효과로 보여주는 도입부
2) 주제형 도입부: 리포트의 주제와 관련이 있는 정보를 기자의 말로 바로 전달하는 도입부
3) 자유형 도입부: 특정한 규칙 없이 독창적인 기법으로 대화하듯이 말하는 도입부
• 내용에 따라
1) 요지형 도입부: 기사의 핵심적인 내용을 압축적으로 제시하는 도입부
2) 발췌형 도입부: 기사의 내용 중에서 뉴스 수용자들이 관심을 보일 만한 부분이나 가장 중요한 부분을 따로 떼어 앞에 제시하는 도입부
3) 유추형 도입부: 보도의 내용과 직접적인 관련은 없지만 본문의 내용을 유추할 수 있게 해 주는 내용을 제시하는 도입부

〔체크〕 **도입부의 작성 요령**
1) 기자 리포트의 핵심 요소를 찾아야 한다.
2) 쓰려고 하는 뉴스의 내용과 주제에 적합한 도입부 유형을 선택해야 한다.
3) 너무 길게 쓰지 않도록 주의해야 한다.
4) 쉽고 단순하게 써야 한다.

실습 문제 3

• 기자 리포트의 본문을 구상하여 작성해 봅시다.

〔체크〕 **본문의 유형**
1) 직렬형 구성: 시간적 순서, 인과적 순서 등에 따라서 본문의 내용을 배치하는 구성
2) 병렬형 구성: 공간적인 순서나 그 외의 적절한 분류 기준에 따라 본문의 내용을 배치하는 구성

뉴미디어 시대의 미디어 리터러시

• 기자 리포트의 정리부를 구상하여 작성해 봅시다.

〔체크〕 **정리부의 유형**

1) 요약형 정리부: 뉴스의 전체 내용을 요약하는 정리부
2) 환기형 정리부: 시청자들의 주의를 환기하거나 여론을 유도하는 정리부
3) 전망형 정리부: 예상되는 결과나 반응을 제시하는 정리부
4) 해석형 정리부: 사안에 대해 기자가 부연 설명이나 해석을 덧붙이는 정리부

〔체크〕 **스탠드업 활용하기**

• 스탠드업: 기자가 카메라 앞에서 뉴스 내용의 일부를 읽는 진행 방식
• 스탠드업의 종류
1) 클로징 스탠드업: 리포트의 정리부에서 기자가 나와 뉴스의 내용을 전달하는 진행 방식
2) 중간 스탠드업: 뉴스의 중간 부분, 즉 본문에서 기자가 나와 뉴스의 내용을 전달하는 진행 방식
3) 오프닝 스탠드업: 리포트의 도입부에서 기자가 나와 뉴스의 내용을 전달하는 진행 방식

3.5. 제목과 자막 작성하기

제목의 기능

앞서 설명한 바와 같이 제목은 TV 뉴스에서 앵커 멘트가 시작될 때 자막의 형태로 가장 먼저 제시되는 문장이다. 제목은 기사의 핵심적인 내용을 요약적으로 보여주는 역할을 하며 앵커가 앵커 멘트를 할 때 화면의 하단에 함께 제시된다. 시대에 따라 제목의 길이는 조금씩 달라졌는데 최근에는 10~20자 정도(문장부호 제외)의 길이로 제목을 제시하는 것이 일반적이다.

제목은 크게 두 가지 기능을 한다. 첫째는 시청자들이 뉴스의 내용을 이해할 수 있도록 간략하게 소개하는 것이다. 제목이 화면에 나타날 때 음성으로는 앵커 멘트가 제공되고 있으므로 주로 앵커 멘트의 내용을 요약하거나 기사 전체의 주제를 전달하는 방식으로

이 기능을 수행한다. 한 화면에 들어갈 수 있는 글자의 수는 제약이 있으므로 제목은 간결해야 한다.

둘째는 호기심을 자극하여 시청자를 유인하는 것이다. 제목은 뉴스의 도입부에서 뉴스의 첫인상을 결정하는 요소이다. 따라서 제목이 얼마나 매력적인가가 뉴스에 대해 시청자가 얼마나 흥미를 가지는가를 결정한다. 잘못된 제목, 불친절한 제목, 뉴스의 내용을 효과적으로 전달하지 못하는 제목은 뉴스에 대한 신뢰도를 떨어뜨리고 흥미를 저하시킨다.

제목 작성 시 유의 사항

제목이 그 기능을 제대로 담당하기 위해서는 뉴스의 내용을 효과적으로 전달해야 한다. 이렇게 뉴스의 내용을 효과적, 매력적으로 전달하는 제목을 정하기 위해서는 다음과 같은 것들에 유의해야 한다.

가장 중요한 것은 핵심 정보를 담는 것이다. 제목의 가장 중요한 기능은 뉴스의 내용을 소개하는 것이다. 그런데 제목을 한정된 자수에 맞추기 위해서는 뉴스의 주요 내용을 짧게 압축하는 것이 필요하다. 이때 압축의 과정에서 핵심적인 정보가 누락되면 시청자들이 뉴스의 내용을 예측하기 어려워진다. 이렇게 되면 뉴스에 대한 신뢰도는 떨어지고 흥미도 감소하게 된다. 따라서 제목이 제 기능을 하게 만들기 위해서는 중요한 정보를 빠뜨리지 않고 담는 것이 중요하다. 만약 제목을 짧게 줄이기 위해 생략을 한다면 생략된 부분은 시청자가 쉽게 예측할 수 있는 부분이어야 한다.

또한 과장되거나 자극적인 제목, 내용을 왜곡하는 제목은 피해야 한다. 시청자를 유인하는 것에만 주의를 기울이면 시청자들의 눈길을 끌기 위해 과장되거나 자극적인 제목, 내용을 부풀린 제목을 정하고자 하는 유혹에 빠지기 쉽다. 시청자들은 뉴스의 제목을 인상적으로 기억하는 경향이 있다. 따라서 제목을 정할 때는 내용을 과대 포장하여 시청자들의 오해를 유발하지 않도록 주의해야 한다.

이와 더불어서 지나치게 감정적인 표현은 피해야 한다. 제목이 제대로 기능하기 위해서는 시청자들이 흥미를 가질 만한 내용을 참신하고 정확한 표현으로 전달하는 것이 필요하다. 그러나 흥미를 유발하기 위해 지나치게 감정적인 표현을 사용해서는 안 된다. 특히 입장 차이가 존재하는 문제에 대해 감정적인 제목을 붙이게 되면 시청자들의 견해 역시 한쪽으로 치우치기 쉽다.

제목을 정할 때 또 한 가지 유의해야 하는 것은 제목과 함께 제시되는 앵커 멘트이다. 앞서 언급한 것처럼 제목은 앵커의 멘트와 함께 제시된다. 따라서 제목과 앵커 멘트의 내용 사이에는 긴밀한 관련성이 있어야 한다. 또한 시청자는 뉴스를 시청할 때 전체적인 뉴스 프로그램의 흐름 속에서 보게 된다. 따라서 제목을 정할 때에도 다른 리포트와의 관련성을 함께 고려해야 한다. 예를 들어, 같은 사건에 대해 여러 개의 리포트가 방송된다면 이전의 리포트에서 주어진 정보를 제목에서 반복적으로 제시하지 않아야 한다.

그리고 제목을 정할 때에는 정확한 내용 전달을 위해 노력해야 한다. 특히 단어의 의미를 정확하게 파악하여 적절하게 사용해야 한다. 어휘의 본래 의미를 정확하게 알아야 표현도 정확하게 할 수 있다. 또한 리포트의 내용과 다른 부적절한 어휘를 사용하지 않도록 주의해야 한다. 되도록 쉬운 표현을 사용하고 중의적으로 해석될 수 있는 어휘나 구조를 피해서 시청자들의 오해를 미리 방지하는 것이 필요하다.

한편 부사어, 문장부호 등을 적절하게 사용하면 제목의 표현력을 높일 수 있다. 의성·의태어나 접속부사 등을 적절하게 이용하면 간결하면서도 내용이 효과적으로 전달되는 제목을 정할 수 있다. 큰따옴표, 작은따옴표, 물음표 등의 문장부호도 일정한 표현 효과를 지니므로 적절하게 사용하면 간결하게 내용을 표현하는 데에 도움을 얻을 수 있다. 예를 들어 큰따옴표는 다른 사람의 말을 인용할 때, 작은따옴표는 중요한 부분을 강조할 때 주로 사용된다. 물음표는 앞에 나온 내용에 대한 의심을 표현할 때 사용하기도 한다.

마지막으로 글자 수의 제한을 지켜 간결한 제목을 정하기 위해서는 화면을 적절하게 활용하는 것도 좋다. 예를 들어 제목에서 다루고자 하는 관련 인물의 사진이나 기관의 로고를 화면으로 제시하면 제목에서는 해당 인물이나 기관의 이름을 제시하지 않아도 내용을 충분히 전달할 수 있다.

자막 작성하기

뉴스와 함께 제시되는 자막에 제목만 있는 것은 아니다. 기자 리포트가 음성으로 송출되는 동안 화면에는 다양한 영상과 함께 자막이 제시된다. 최근에는 그래픽 기술이 발달하면서 자막의 수도 많이 늘어났다. 따라서 자막을 적절하게 작성하는 일은 기자 리포트의 전달력을 결정하는 데에 큰 영향을 미치게 되었다.

제목을 제외한 뉴스의 자막들은 크게 두 가지의 기능을 한다. 기자의 음성으로 전달되는 리포트의 내용을 요약하여 화면 하단에 시각적으로 전달하는 것이 첫 번째 기능이다. 이때는 기자 멘트 및 영상과 긴밀한 관련이 있는 내용을 정확하게 전달하는 것이 아주 중요하다. 두 번째 기능은 부가 정보와 세부 자료를 보여주는 것이다. 화면 속 장소나 시간, 인터뷰 대상자의 이름과 관련 정보, 취재 기자 정보 등을 제시하는 자막이 이러한 기능을 담당한다. 또한 인터뷰 내용이 정확하게 전달되도록 인터뷰 대상자가 하는 말을 그대로 문자로 제시하는 자막 역시 이러한 기능을 담당하는 자막이라고 할 수 있다.

리포트의 내용을 요약하여 제시하는 자막을 작성할 때에는 자막에 불필요한 요소가 있어서 오해를 불러일으키지 않도록 주의해야 한다. 즉, 내용을 간결하면서도 정확하게 전달하는 것이 핵심이다.

또한 인터뷰나 인용 관련 자막을 작성할 때에는 말하는 사람에 대한 정보와 인터뷰 내용이 정확하게 제시되도록 자막을 작성해야 한다. 특히 인터뷰의 내용을 제시할 때에는 종종 말하는 내용을 요약하거나 일부를 생략하고 다듬어서 제시하기도 하는데, 말하는 내용을 그대로 제시할 것인지 아니면 내용을 요약하거나 다듬어서 제시할 것인지를 결정하는 것 역시 기자의 몫이다. 만약 요약하거나 다듬기로 결정을 했다면 자막의 내용이 인터뷰 내용을 왜곡하거나 부정확하게 전달하지 않도록 주의해야 한다.

실습 문제 1

• 작성한 뉴스의 핵심 내용을 잘 전달할 수 있는 제목을 붙여 봅시다.

〔체크〕**제목의 기능**
1) 시청자들이 뉴스의 내용을 이해할 수 있도록 간략하게 소개한다.
2) 호기심을 자극하여 시청자를 유인한다.

〔체크〕**제목 정하기의 유의 사항**
1) 중요한 정보를 빠뜨리지 않고 담아야 한다.
2) 과장되거나 자극적인 제목, 내용을 왜곡하는 제목은 피해야 한다.
3) 지나치게 감정적인 표현은 피해야 한다.
4) 앵커 멘트, 다른 리포트와의 관련성 등을 함께 고려해야 한다.
5) 내용을 정확하게 전달해야 한다.
6) 부사어, 문장부호 등을 적절하게 사용하여 제목의 표현력을 높여야 한다.
7) 화면을 적절하게 활용해야 한다.

실습 문제 2

• 작성한 뉴스의 보도문과 화면에 어울리는 자막을 작성해 봅시다. 자막이 들어갈 장면도 정해 봅시다.

〔체크〕**자막의 기능**
1) 기자의 음성으로 전달되는 리포트의 내용을 요약하여 시각적으로 전달한다.
2) 부가 정보와 세부 자료를 보여 준다.

〔체크〕**자막 정하기의 유의 사항**
1) 리포트의 내용을 요약하여 제시하는 자막을 작성할 때에는 중요한 내용을 간결하고 정확하게 전달해야 한다.
2) 인터뷰나 인용 관련 자막을 작성할 때에는 말하는 사람에 대한 정보와 인터뷰 내용을 정확하게 제시해야 한다.

3.6. 앵커 멘트 작성하기

앵커와 앵커 멘트의 중요성

뉴스의 내용은 대부분 기자의 목소리를 통해 전달된다. 하지만 기자가 아닌 다른 사람의 목소리로 전달되는 내용도 있다. 바로 앵커 멘트다.

앵커 멘트는 기자 리포트의 앞 또는 뒤에서 그 기자 리포트와 관련하여 앵커가 하는 말을 의미한다. 앵커는 앵커 멘트를 통해 여러 기자가 전하는 새로운 소식들을 정리해 시청자들에게 전달하는 중요한 일을 담당할 뿐만 아니라 전체 뉴스 프로그램의 진행자 역할을 하기도 한다. 따라서 앵커는 '뉴스의 얼굴'이라 불린다.

앵커 멘트는 보통 기자의 리포트를 참고하여 앵커가 스스로 작성한다. 따라서 앵커는 짧은 시간 내에 다양한 주제의 리포트 내용을 숙지하고 이에 대한 해설이나 논평을 덧붙여야 한다. 하지만 준비 시간은 비교적 짧고 한 번에 다루는 뉴스의 양은 많기 때문에 주어진 시간 안에 효과적인 멘트를 작성하는 것은 쉬운 일이 아니다.

앵커 멘트는 개별 기자 리포트가 시작되기 전 또는 끝난 후에 뉴스의 내용을 요약하고 뉴스에 대한 논평이나 해석을 제시함으로써 뉴스에 대한 인상을 결정한다. 따라서 어떤 앵커 멘트든 객관성과 정확성을 유지해야 한다.

앵커 멘트의 유형

앵커 멘트의 유형을 나누는 기준은 다양하다. 우선 문장 수에 따라 두 문장 구성, 세 문장 구성, 네 문장 구성으로 나눌 수 있다. 두 문장 구성은 아주 짧은 형태의 앵커 멘트인데 초점이 주로 첫 번째 문장에 놓인다. 세 문장 구성은 비교적 흔한 구성으로 평균적인 길이의 앵커 멘트라 할 수 있다. 네 문장 구성은 비교적 긴 앵커 멘트로 보통 그 날의 첫 번째 뉴스나 중요한 뉴스에서 사용된다. 최근에는 앵커 멘트가 길어지는 추세를 보이고 있어 다섯 문장 이상의 앵커 멘트도 종종 나타난다.

한편 앵커 멘트는 기자 리포트와의 관계에 따라 몇 가지로 유형화할 수 있다. 가장 기본적인 유형은 본문 요약형이다. 리포트의 요지를 드러내는 앵커 멘트로, 사건과 관련된 정보만을 객관적으로 제시한다.

> 경기 남부 지역에 많은 비가 쏟아지면서 산사태, 침수 등 각종 피해 사례가 접수되고 있습니다. 경기도 안성에서는 산사태로 주택에 흙이 유입돼 60대 남성 1명이 병원에 이송됐고 이천 일부 지역에는 주민대피령이 내려졌습니다. 자세한 소식은 ○○○ 기자가 전합니다.

위의 예문은 호우로 인해 발생한 경기 남부 지역의 피해 소식을 전하는 리포트의 앵커 멘트이다. 기자 리포트에서 다룰 내용의 요지를 간략하게 전달하고 있다.

두 번째 유형은 원인 분석형이다. 사건의 원인을 강조하는 앵커 멘트이다.

> 최근 서울·경기 지역에서는 잇따라 자연재해가 발생했는데요, ○○○○에서 분석을 해 본 결과 지난 일 년 동안 서울·경기 지역에서 발생한 자연재해의 90% 이상이 바로 집중 호우 때문에 발생했다고 합니다. 여름철 집중 호우의 심각성을 ○○○ 기자가 전합니다.

위의 앵커 멘트는 지난 일 년 동안 서울·경기 지역에서 발생한 대부분의 자연재해가 집중 호우 때문임을 강조하는 원인 분석형 앵커 멘트이다. 뒤에 올 기자 리포트는 집중 호우로 인해 발생한 자연재해를 제시하고 문제의 심각성을 강조하는 내용으로 구성될 것이다.

세 번째 유형은 분위기 전환형이다. 앵커 멘트의 첫 부분에서 언급한 내용과 다른 분위기의 내용을 제시함으로써 시청자들의 관심을 유발하는 유형이다.

> 요즘 차 안에서 숙식을 해결하는 차박 여행 계획하고 계신 분들 많으시죠? 차박은 생활 방역 시대에 적합한 여행 유형으로 각광을 받고 있는데요, 하지만 차 안에서 요리를 하고 잠을 잘 경우 각종 안전사고에 노출될 수 있어 주의가 필요하다고 합니다. ○○○ 기자가 전합니다.

위의 앵커 멘트는 분위기 전환형 멘트의 예이다. 앞에서는 차박이 각광받고 있는 경향을 언급하였으나, 뒤에서는 분위기를 전환하여 차박이 위험할 수 있음을 이야기하였다. 이를 통해 차박을 할 때 발생할 수 있는 안전사고에 대하여 시청자들이 흥미를 가지도록 유도하고 있다.

네 번째 유형은 사후 전망형으로, 리포트에 대한 객관적인 전망을 밝히는 앵커 멘트이다. 이때 전망은 주관적이거나 감정적인 것이어서는 안 되고, 객관적인 분석을 통해 나온 것이어야 한다.

> 최근 ○○동 일대에 퍽치기 범죄가 연쇄적으로 발생하면서 주민들이 공포에 떨고 있습니다. 경찰은 골목 구석구석 CCTV를 설치하고 순찰 인원을 늘리는 등 범인 검거를 위해 노력하고 있지만 수사에 어려움이 많아 검거가 쉽지는 않을 것으로 보입니다. 현재까지의 피해 현황과 수사 진행 상황을 ○○○ 기자가 취재했습니다.

위의 앵커 멘트에서는 특정 지역에서 퍽치기 범죄가 연쇄적으로 발생하고 있는 상황을 전하면서 수사에 어려움이 많다는 점을 근거로 삼아 범인을 검거하는 것이 쉽지는 않으리라는 전망을 제시하고 있다. 이후에 제시되는 기자 리포트는 피해 현황과 수사 진행 상황을 이야기하면서 수사의 어려움을 전달하는 방향으로 전개될 것이다.

다섯 번째 유형은 행동 권고형이다. 청자가 어떤 행동을 하도록 유도하는 앵커 멘트라고 할 수 있다. '~하시는 것이 좋겠습니다', '~하셔야겠습니다' 등과 같은 직접적인 권유의 표현이 사용되는 것이 특징이다.

> 요즘 전동 킥보드 같은 개인형 이동수단 이용하시는 분들 많으시죠? 최근에는 개인형 이동수단을 공유하는 어플리케이션이 보편화되면서 이용자 수도 급격하게 늘고 있는데요, 여름에는 개인형 이동수단을 이용하실 때 안전에 더욱 유의하셔야겠습니다. 개인형 이동수단 교통사고의 절반이 7월부터 10월 사이에 발생하기 때문인데요, 개인형 이동수단 이용 시 유의사항에 대해 ○○○ 기자가 전해드리겠습니다.

위의 앵커 멘트는 행동 권고형 앵커 멘트의 예이다. 여름에는 개인형 이동수단을 이용할 때 안전에 더욱 유의하라고 권고하고 있다.

여섯 번째 유형은 감정 이입형이다. 특정한 의견이나 감정에 대해 시청자들이 공감할 수 있도록 시청자들을 유도하는 앵커 멘트를 말한다. 시청자들의 흥미와 공감을 유발하는 데에는 효과적이나 너무 주관적이거나 한쪽으로 치우치지 않도록 유의해야 한다.

> 오늘은 여러분들께 안타까운 소식을 전해드리게 됐습니다. 오늘 오전 경부고속도로 상행선 안성휴게소 부근에서 3중 추돌사고가 발생해 두 명이 숨지고 한 명이 병원으로 이송되었으나 중태에 빠졌습니다. 숨진 두 사람은 은퇴를 맞아 기념 여행을 떠난 40년 지기인 것으로 알려져 주위의 안타까움을 사고 있습니다. 관련 소식 ○○○ 기자가 전합니다.

위의 앵커 멘트는 안타까움을 나타내는 표현을 사용하여 발생한 사건에 대해 시청자들도 함께 안타까워하도록 유도하고 있다. 감정 이입형 앵커 멘트의 전형적인 예이다.

일곱 번째 유형은 호기심 유발형이다. 리포트의 내용을 요약하거나 소개하지 않고 시청자에게 내용과 관련이 있는 질문을 던짐으로써 질문의 답에 대한 호기심을 유발하는 앵커 멘트를 말한다.

> 요즘 바람이 선선해지면서 가을 옷 꺼내 입으시는 분들도 많으실 텐데요, 올 가을에는 어떤 색상, 어떤 스타일의 옷이 유행할지 궁금하시죠? ○○○ 기자가 올 가을 유행할 스타일과 패션 아이템들을 알려드린다고 합니다.

위의 앵커 멘트는 올 가을 유행할 패션이 무엇일지에 대해 질문을 던지고 그 대답이 기자 리포트에서 제시됨을 알리고 있다. 이러한 앵커 멘트는 질문의 대답에 대한 호기심을 유발하여 기자 리포트를 시청하도록 유인하는 역할을 한다.

마지막 유형은 의의 설명형이다. 리포트의 취재 내용이 가지는 사회적인 의의를 설명하여 뉴스 내용의 중요성과 의미를 강조하는 앵커 멘트를 말한다.

> 최근 한국에서는 공정무역 식품, 동물 복지 달걀이 유행하고 있습니다. 이러한 현상은 소비를 통해 사회적 가치를 실현하고자 하는 우리 사회의 분위기를 반영한 것이라 할 수 있는데요, 이와 같은 소비에 대한 인식의 변화는 기업의 제품 개발과 마케팅에도 영향을 미치고 있습니다. 사회적 가치를 중시하는 기업들의 노력을 ○○○ 기자가 취재했습니다.

위의 앵커 멘트는 의의 설명형의 예이다. 기업들의 제품 개발과 마케팅에서 나타나는 변화를 사회적인 인식 변화가 반영된 것으로 설명하고 있다.

앵커 멘트 작성 요령

앞에서 살펴본 것과 같이 앵커 멘트는 리포트의 인상을 결정하는 중요한 요소이며 다양한 유형과 형식으로 나타난다. 특히 최근에는 앵커 멘트의 길이가 길어지면서 뉴스에서 차지하는 영향력도 점점 커지는 경향을 보이고 있다. 따라서 앵커 멘트를 효과적으로 작성하는 것은 뉴스의 전달력과 매력을 높이기 위해 꼭 필요한 일이다.

앵커 멘트를 효과적으로 작성하기 위해서는 무엇보다도 중요한 정보를 빠뜨리지 않도록 주의해야 한다. 어떤 유형의 앵커 멘트를 선택하든 리포트 내용을 언급하지 않을 수는 없다. 따라서 리포트 내용에 대한 요점 정리가 반드시 필요하다. 이때 앵커가 중요한 정보를 생략하면 리포트에 대한 정보가 왜곡되어 시청자들의 오해를 불러일으킬 수 있다. 따라서 앵커 멘트를 작성할 때에는 기본적으로 중요한 정보를 빠뜨리지 않도록 주의해야 한다.

또한 앵커 멘트는 짧고 쉬워야 한다. 앵커 멘트는 짧은 시간 내에 뒤에 나올 기자 리포트의 내용을 정확하게 전달하는 것이 생명이다. 따라서 리포트의 주요 내용을 짧고 이해하기 쉬운 문장으로 표현해야 한다.

이와 더불어 여론을 한쪽으로 몰아가는 멘트는 피해야 한다. 특히 서로 다른 견해를 다루고 있는 리포트의 내용을 전달할 때 리포트를 짧게 요약하다 보면 일부 견해만을 언급하거나 해설이나 논평이 한쪽으로 치우치는 경우가 있다. 이럴 경우 리포트의 내용이 객관성을 유지하고 있더라도 앵커 멘트로 인해 뉴스 전체가 객관성을 상실하게 되므로 멘트의 내용이 한쪽으로 치우치는 일이 없도록 주의해야 한다. 주관적인 견해나 감정적인 표현 역시 자제하는 것이 필요하다.

과장된 표현이나 사고의 비약, 정확하지 않은 정보의 제시 역시 피해야 한다. 시청자의 관심을 끄는 데에 신경을 쓰다 보면 과장된 표현이나 논리적인 비약, 정확하지 않은 정보 등이 앵커 멘트에서 나타나기 쉽다. 그러나 과장된 표현은 뉴스 시청자들에게 불필요한 위기감을 줄 수 있고, 논리적인 비약이나 정확하지 않은 정보는 시청자들의 오해를 불러일으킬 수 있다. 따라서 앵커 멘트는 과장이나 비약 없이 논리적인 흐름이 자연스럽고 내용이 정확하도록 작성해야 한다.

마지막으로 인터뷰 내용 등을 인용할 경우에 표현을 함부로 바꿔서는 안 된다. 종종 앵커 멘트에서 다른 사람의 말을 인용하는 경우가 있는데, 이때 다른 사람의 표현을 자신의 표현으로 바꾸는 과정에서 앵커가 사용한 표현이 원래의 뜻에서 벗어나는 경우가 있다. 이럴 경우 시청자들은 인용문의 원래 화자가 의도한 바를 오해할 수 있으므로 주의해야 한다.

실습 문제 1

- 앞에서 작성한 기자 리포트의 내용을 소개하는 앵커 멘트를 작성해 봅시다.

〔체크〕**앵커 멘트의 유형**
- 문장 수에 따라: 두 문장 구성, 세 문장 구성, 네 문장 구성
  (다섯 문장 이상의 앵커 멘트도 종종 나타난다.)
- 기자 리포트와의 관계에 따라
1) 본문 요약형: 리포트의 요지를 드러내는 앵커 멘트
2) 원인 분석형: 사건의 원인을 강조하는 앵커 멘트
3) 분위기 전환형: 앵커 멘트의 첫 부분에서 언급한 내용과 다른 분위기의 내용을 제시함으로써 시청자들의 관심을 유발하는 앵커 멘트
4) 사후 전망형: 리포트에 대한 객관적인 전망을 밝히는 앵커 멘트
5) 행동 권고형: 청자가 어떤 행동을 하도록 유도하는 앵커 멘트
6) 감정 이입형: 특정한 의견이나 감정에 대해 시청자들이 공감하도록 시청자들을 유도하는 앵커 멘트
7) 호기심 유발형: 리포트의 내용을 요약하거나 소개하지 않고 시청자에게 내용과 관련이 있는 질문을 던짐으로써 질문의 답에 대한 호기심을 유발하는 앵커 멘트
8) 의의 설명형: 리포트의 취재 내용이 가지는 사회적인 의의를 설명하여 뉴스 내용의 중요성과 의미를 강조하는 앵커 멘트

〔체크〕**앵커 멘트 작성 요령**
1) 중요한 정보를 빠뜨리지 않도록 주의해야 한다.
2) 짧고 쉽게 써야 한다.
3) 여론을 한쪽으로 몰아가는 멘트는 피해야 한다.
4) 과장된 표현이나 사고의 비약, 정확하지 않은 정보의 제시 역시 피해야 한다.
5) 인터뷰 내용 등을 인용할 경우에 표현을 함부로 바꿔서는 안 된다.

- 앞에서 배우고 연습한 내용을 바탕으로 아래의 보도 자료와 관련 사항을 참고하여 뉴스 보도문을 작성해 봅시다.

  (보도문의 문장은 15개를 넘지 않도록 주의하세요.)

절제된 검찰권 행사, '전문공보관' 도입

○ 검찰은 국민의 엄중한 뜻을 받들어 '인권 보장'을 최우선 가치로 하는 헌법정신에 입각하여, '검찰권 행사 방식, 수사관행 및 내부문화' 등에 관하여 스스로를 겸허하게 돌아보면서 능동적으로 개혁을 추진하고 있습니다.

○ 그 일환으로 특수부 축소, 파견검사 전원 복귀, 공개소환 전면 폐지, 심야조사 폐지, 검사장 전용차량 중단 등을 발표하였고, 제도적 완결이 필요한 부분에 대하여는 법무부와 협의하고 있습니다.

필요 최소한의 영역에, 절제된 검찰권 행사

○ 종래 검찰의 직접수사에 대하여 그 범위와 빈도가 과도하다는 논란이 있었습니다.

○ 또한 다원화되고 전문화된 우리 사회의 발전 속도와 추세에 부합하도록 검찰권 행사 방식의 변화가 필요한 시점입니다.

○ 검찰은 경제, 부정부패, 공직, 방위사업, 선거 분야 등 국민의 생명과 안전을 위협하고 공동체의 사회경제질서를 교란하는 중대범죄 대응에 직접수사 역량을 필요 최소한으로 집중해 나가겠습니다.

○ 아울러 헌법의 '과잉금지, 비례의 원칙'을 준수하고, 검찰 내외부의 견제가 실효적으로 이루어지도록 시스템을 고쳐나가는 등 검찰권의 절제된 행사를 통해 국민의 인권을 철저히 보장하겠습니다.

'전문공보관' 도입

○ 종래 국민적 관심이 집중된 중대사건 수사에 대한 언론 취재 과정에서 수사내용이 외부로 알려져 사건관계인의 명예와 인권을 침해한다는 논란이 있었습니다.

○ 이러한 논란을 불식시키고 사건관계인의 명예와 인권 침해를 방지하는 한편, 정제된 공보를 통해 언론의 비판과 감시 기능을 보장하기 위한 획기적 조치와 제도 개선을 강구하고 있습니다.

○ 이를 위해 먼저 현재 수사담당자가 맡고 있는 공보 업무를 별도의 '전문공보관'이 전담하는 제도를 시행하겠습니다.

○ '전문공보관' 제도 도입으로 수사와 공보가 명확히 분리되어 수사보안이 강화되고 국민의

알권리도 보다 충실히 보장될 것으로 기대됩니다.

○ 수사공보 수요가 많은 서울중앙지검에는 차장급 검사를, 그 외 일선 검찰청에는 인권감독관을 '전문공보관'으로 지정하고, 관계부처와 직제 개정 등을 협의하겠습니다.

○ 검찰은 앞으로도 국민이 원하는 개혁방안을 계속하여 고민하고 실행할 계획입니다. ▨

관련 참고 사항

• 이 보도 자료는 10월 10일에 배포되었다.

• 이번 개혁안은 검찰의 네 번째 개혁안이다.
  − 이전 개혁안의 내용: 특별수사부(특수부) 축소, 외부 기관 파견 검사의 전면 복귀, 공개 소환 폐지, 심야 조사 폐지 등
  − 특별수사부(특수부): 검찰의 주요 인지수사(수사기관이 외부인의 고소나 고발 없이 언론 보도나 첩보원의 정보 등을 계기로 직접 착수·진행하는 수사 활동) 부서
  − 공개 소환: 검찰이 조사 일정을 공개하고 피의자를 불러 조사하는 것

• 이 보도 자료가 배포되기 이틀 전인 10월 8일, 법무부는 '검찰개혁 추진계획'을 발표하였다. 여기에서 제시한 신속 추진 과제는 다음과 같다.
  − 직접수사 축소와 민생에 집중하는 검찰조직 개편
  − 인권 존중과 절제된 검찰권 행사를 위한 수사관행 개혁
  − 견제와 균형 원리에 기반한 검찰 운영

• 이 개혁안에 대한 법무부의 입장
  − 절제된 검찰권을 행사하겠다는 검찰 발표를 환영한다. 관련 법의 제·개정이 이뤄질 수 있도록 하겠다.

1) 뉴스 제목:

2) 앵커 멘트:

3) 보도문:

실습 문제 3

• 스스로 정부 부처의 보도 자료를 찾아 뉴스 보도문을 작성해 봅시다.

1) 뉴스 제목 :

2) 앵커 멘트 :

3) 보도문 :

뉴미디어 시대의 미디어 리터러시

실습 문제 4

• 다음 뉴스 보도문의 문장을 수정해 봅시다(녹취 내용 제외).

> 방송통신위원회가 석 달 앞으로 다가온 남아공 월드컵에 대해 공동중계를 권고했습니다.
>
> 〈녹취〉 (○○○ 방통위 국장) "남아공월드컵이 공동 중계 될 수 있도록 그에 대한 협상을 우선적으로 진행하라고 권고한다."
>
> SBS가 2016년까지 단독으로 중계권을 확보한 올림픽과 월드컵 중계권 협상에서도 합의에 이르도록 최선을 다하라고 권고했습니다. 보편적 시청권이 단순히 법이 규정한 90%를 넘기느냐보다 더 넓게 해석될 수 있다는 점도 시사했습니다.
>
> 〈녹취〉 "올림픽·월드컵 등 국민적 관심행사가 가능한 한 많은 국민들이 시청할 수 있도록 보편적 시청권이 보장되어야 한다는 점을 강조한다."
>
> 방통위의 권고는 KBS와 MBC의 큰 폭의 양보 의사에도, 단독중계 의지를 밝혔던 SBS에 대해, 공동중계를 위한 협상에 나설 것을 압박하는 의미로 해석됩니다. 방통위는 또 이 같은 권고를 이행하지 않을 경우 SBS에 대해서는 재판매 의무를 이행할 것을, KBS와 MBC에 대해서는 구매를 거부, 지연하지 말 것을 요구하는 시정조치를 내릴 수 있습니다. 월드컵의 경우 이달 말까지 협상이 타결돼야 3시간 순차 중계 등의 공동중계가 가능합니다. 방송 3사 사장단이 어제 스포츠 중계권 공동협상을 위한 코리아풀의 정신이 여전히 유효하다고 합의한 데 이어, 방통위도 공동중계를 권고 해 대형 국제 경기에 대한 공동중계 시스템이 복원될지 주목됩니다.

실습 문제 5

• 자신이 작성한 뉴스 보도문의 문장을 수정해 봅시다.

뉴스 문장 수정 연습

1 어휘 오류 수정

1) 어휘의 의미가 호응하지 않는 경우

(1) 문제 될 일은 없었다는 취지로 답했습니다.

→ _____

(2) 이렇게 되면 태평양상에서 증발한 막대한 물이 산으로 치자면 골짜기에 해당하는 고기압의
    가장자리로만 밀려들어, 한반도에 강력한 비구름이 유입될 가능성이 높습니다.

→ _____

_____

_____

(3) 실종자 수색은 오늘 오후 6시까지만 하기로 했습니다. 유족들이 이 같은 결정을 한 것은 추
    가 희생에 대한 우려가 컸기 때문입니다.

→ _____

_____

2) 불필요한 외국어 · 외래어

(1) 대정부질문에선 지난 1년간 남북미 간 많은 **이벤트**가 있었지만

→ _____

(2) 문제 사항에 대해 **터치**를 해주면 아이가 오해를 해요. (자막)

→ _____

3) 비표준어와 비표준 발음

(1) 외교적 결례도 서슴치 않았다고 합니다.

→ _____

(2) 집값 불안의 진앙지인 재건축 아파트가

→ _____

(3) 성인 대표팀 **합류[함류]** 가능성도 언급했습니다.

→ _____

(4) **일반세율[일반쎄율]**만 부과됩니다

→ _____

(5) **벽돌세[벽돌세]**가 있었습니다.

→ _____

(6) 최고 300mm **장대비[장대삐]**가

→ _____

(7) **기뻤습니다[기뻤슴다]**.

→ _____

(8) 확대가 **됐고요[돼꾸요]**.

→ _____

(9) **일[일]**하러 왔는지

→ _____

4) 한자어 나열

(1) 각국과 협약이 체결되면, 해외 재산 도피 적발이 크게 늘어날 것으로 기대됩니다.

→ _____

(2) 법안을 심사해야 할 법사위원장과 여야 법사위 간사가 법조 인력 제도 개선 해외 시찰 명목으로 유럽에 출장 중이고 오는 16일에나 귀국할 예정입니다.

→ _____

_____

5) 신조어

(1) 다둥이 기준이 둘까지 내려간 세상이니까 말이죠.

→ _____

2 문법 오류 수정

1) 비문법적인 표현

• 문장 성분이 호응하지 않는 경우

(1) **가능성이 나옵니다**.

→ _____

(2) (주가하락의) **가장 주요한 요인은** 일본의 무역 보복에 따른 우리 경제에 대한 우려감이 확
    산하는 과정 속에서 **상당폭 떨어졌다**. (자막)

→ _____

   _____

(3) 그래서 정부가 아껴오던 카드를 결국 꺼냈다는 평가로 나오는데

→ _____

(4) 해당 학교는 오늘 하루 인근 초등학교의 조리 시설을 빌려 이들에 급식을 제공했습니다.

→ _____

- 문장 성분이 생략되어 문장의 의미를 정확하게 알 수 없는 경우

(5) (이 선수는) 운동을 할 때에도 분리가 되는 등 차별을 당했다고 하는데요.

→ _____

(6) 그중 최저임금처럼 속도가 빠른 경우 속도를 조절하는 내부 조정의 과정일 뿐이라고 설명했습니다.

→ _____

_____

- 문장 접속이 잘못된 경우

(7) 식약처가 커피 전문점에서 사용하고 있는 얼음을 검사했더니 233곳 가운데 41곳이 부적합으로 나타났고 해당 매장의 제빙기 사용을 중단시켰습니다.

→ ① _____

_____

→ ② _____

_____

(8) 인터넷에서는 방탄소년단 기획사에 해명을 요구하는 쪽과 암표 등을 막기 위해 잘한 조처라 며 갑론을박이 벌어지고 있습니다.

→ ① _____

_____

→ ② _____

_____

(9) 무능도 모자라 사건을 조작까지 하는 군이라는 비판이 거세지고 있습니다.

→ _____

- **피동과 관련하여 앞 뒤 문장의 주어와 술어가 달라지는 경우**

(10) (A시는) 이번엔 180억 원을 추가로 들여 철로와 전동차를 전면 교체했고, 이르면 오는 9월 정식 개통됩니다.

→ _____

_____

- **불필요한 반복의 경우**

(11) 낙곡이 떨어져 있던 논들은 움막이며 비닐하우스, 가건물 등으로 변했습니다.

→ _____

(12) 글짓기 선생님은 역시 앞을 볼 수 없는 시각장애인 정창선 목삽니다.

→ ① _____

→ ② _____

(13) 급류에 휩쓸려 익사하거나 강풍에 쓰러진 나무에 깔려 압사한 희생자가 많았습니다.

→ _____

(14) 베니그노 노이노이 아키노 후보가 유효투표의 43%인 1,300만 표를 득표했습니다.

→ _____

(15) 남산에서는 서쪽으로는 서해 바다, 북쪽으로는 개성 송악산, 동쪽으로는 양평의 산봉우리들까지 선명하게 보였습니다.

→ _____

_____

(16) 홈팬들은 모두 일어나 기립 박수를 보냈습니다.

→ _____

(17) 실종자를 찾기 위해 목숨 건 사투를 벌이고 있는 UDT 대원들.

→ _____

(18) 도로공사는 이번 공청회를 통해 여론을 들은 뒤 최종안을 확정해 도로표지규칙 개정안을 정부에 건의하기로 했습니다.

→ _____

_____

(19) 이에 앞서 지난 6일에는 맨해튼으로 들어가는 교량 위에 트럭이 방치돼 있고, 그 트럭에서 가스가 새고 있다는 허위신고로 뉴욕일대 교통이 전면 통제되는 소동까지 있었습니다.

→ _____

_____

_____

- **두 가지 의미로 해석 가능한 경우**

(20) 문 대통령 "한국 기업 피해 생기면 필요한 대응"

→ 　의미 해석 ① _____

→ 　의미 해석 ② _____

- **조사 사용 오류**

(21) 일부 신형 쏘나타<u>에 대해</u> 판매를 일시 중지하라는 내용입니다.

→ 　_____

2) 군더더기 표현

(1) 　워싱턴포스트는 김연아 선수의 연기는 기술력과 표현력에서 어떠한 실수도 없이 완벽했다며, 길이 남을 명연기라고 극찬했습니다.

→ 　_____

_____

(2) 이렇게 31년 짧은 삶을 마칠 때까지 안 의사는 대한독립의 꿈을 끝까지 저버리지 않았습니다.

→ _____

_____

(3) 일방적인 응원을 앞세운 홈팀 캐나다에 경기 중반 한때 8:1까지 밀렸지만, 선수들은 쉽게 물러서지 않았습니다.

→ _____

_____

(4) 교통사고 시 렌터카를 제공하는 대차 서비스의 경우, 일부 차량 정비업체와 지역 렌터카 업체가 짜고, 적정 수준보다 2배 이상의 요금을 받다보니, 렌트비가 자동차 수리비보다 더 많이 나오는 사례가 잇따르고 있습니다.

→ _____

_____

(5) 이렇게 사용하고 싶어도 사용할 수 없는 상황인데 일정 기간이 지나면 마일리지가 사라지는 유효기간이 있기 때문에 소비자들의 불만은 더 클 수밖에 없습니다.

→ ① _____

_____

→ ② _____

_____

(6) 관리사무소 직원이 임대료를 내라고 문 앞에 독촉장을 붙입니다.

→ _____

(7) 또 다른 문제는 노인 10명 중 3명가량이 배우자도 없이 혼자 산다는 점입니다.

→ _____

(8) 최근에는 지구 온난화로 인해 겨울 가뭄이 계속되면서 수분이 부족해져 소나무가 말라죽는 현상이 잦아지고 있습니다.

→ _____

_____

3) 자막 오류

(1) 상대국에 따라 달라지는 약속 보다 피해자의 아픔에 공감하며 (자막)

→ _____

(2) 그만둘 수 밖에 없다. (자막)

→ _____

(3) 증거 없이 의혹 흘리기 반복… 이재용은 비공개 활동 (자막)

→ _____

(4) 일단은 법이 제일 문제죠. 법이 동물을 생명이 아니라 물건으로 보는 게 우리나라는 재물이 잖아요. (인터뷰 자막)

→ _____

_____

번역 오류 수정

• 해외 인터뷰 번역 오류

(1) 부근에 남자가 전신화상을 입어서 새빨개져서 숨이 넘어갈 듯한 상태의 남자가 위를 향해
쓰러져 있어서… (인터뷰 자막)

→ _____

_____

(2) 창문에서 불이 나서. 저쪽 거리를 걷고 있는데 (자막)

→ _____

기타 문장 수정

(1) 지난 지방선거의 투표율로 가정하고, 이번 선거 전국 16개 지역별로 투표 가치를 분석해봤습니다. 지난 선거인 51.6%의 투표율로 가정할 때 전국 평균 1인당 투표비용은 3만9천원으로 분석됐습니다.

→ _____

_____

_____

(2) 반면 이혼 건수는 늘면서 지난해 12만 7천 건으로 이혼 숙려제 도입의 영향으로 이혼이 다소 줄었던 2008년보다 만 건 이상 증가했습니다.

→ _____

_____

(3) 수정법안의 국회 제출을 위한 대통령의 재가는 당분간 미뤄졌습니다. 한나라당 세종시 중진협의체가 활동을 마칠 때까집니다.

→ _____

_____

(4) 가던 길을 멈추고 그늘이 진 벤치에 앉아 뜨거운 햇볕을 피해봅니다.

[인터뷰]

공원을 찾은 나들이객들은 나무 그늘 아래로 모여들었습니다.

→ _____

_____

_____

(5) 경찰은 김수철이 어린 시절 고아원을 전전하면서 성적 학대를 받은 경험이 변태적 성범죄의
원인이 된 것으로 보인다고 밝혔습니다. 주의력과 대화 능력이 떨어지는 반사회적 성격 장
애가 있다는 것입니다.

→ _____

_____

_____

(6) '계좌 비밀을 절대 누설하지 않는다.' 전 세계 검은 돈의 집결지로 알려진 스위스의 은행에,
서울의 한 제조업체도 계좌를 만들었습니다.

→ _____

_____

기사 전개 수정

• 기사 내용이 자연스럽게 전개되도록 내용의 순서에 유의하여 문장을 수정해 보자.

(1) 북극에 가까운 아이슬란드는, 화산지역의 대지를 거대한 빙하가 무겁게 내리누르고 있습니다. 이곳에서는 틈만 나면 위로 솟구치려는 화산의 힘을 빙하의 무게가 눌러, 폭발을 억제해왔습니다. 빙하면적이 11000km^2, 여의도 면적의 천3백배가 넘습니다. 그런데 최근 급격한 지구온난화로, 아이슬란드의 빙하가 무서운 속도로 녹아내리기 시작했습니다.

→ _____

_____

_____

_____

(2) 일부 학생회의 경우 남학생 복지 개선을 내세운 공약으로 당선되기도 했습니다. 남학생 권리 찾기에 대한 요구가 반영된 결과입니다. 한 학생회장은 남자화장실을 대폭 개선하겠다고 공약해 당선되기도 했습니다.

→ _____

_____

_____

(3) 서울 내곡과 세곡지구는 접수 첫날인 오늘 마감됐지만 경기도는 대거 미달됐습니다. 세곡
은 12.4 대 1, 내곡도 9.75대 1을 기록했습니다.

→ _____

_____

6 전체 기사 수정

• 밑줄 친 부분을 중심으로 기사의 내용을 전체적으로 다듬어 보자.

(1) 크로스바를 훌쩍 뛰어 넘는 높이뛰기 선수. **어깨 근육과 가슴근**이 최대한 늘어나는 그 찰나의 순간이 샅샅이 해부됐습니다. 색소폰을 연주할 때는 허파가 커지면서 가슴뼈가 움직이고 **수레를 돌리는 남자는 목의 힘줄까지 팽팽해졌습니다.**

실제 인간의 몸을 사용한 인체의 신비 전시회가 10년 만에 다시 한국을 찾았습니다. 뇌와 척수에서 시작된 신경계가 **발끝까지 뻗은 과정도** 보여주고 있습니다. 이렇게 다양한 인체 표본이 가능한 것은 '플라스티네이션'이라는 **특수 처리 때문. 먼저 시신의 몸에서 수분을 빼고 아세톤 용액으로 교체한 다음 다시 아세톤을 플라스틱으로 채워넣습니다. 어머니 뱃속의 태아에서 노인이 되는 과정까지**, 이번 전시회는 인간의 삶과 죽음의 의미를 되새기게 합니다.

→ _____

_____

_____

_____

_____

_____

(2) 늦은 밤 캄캄한 주차장. **지켜보는 사람 하나 없는 한적한 주차장을 차량 한 대가 빠져나갑니다. 그때, 뒤에 있던 차를 들이받은 이 차는 그대로 내뺍니다.**(주차장을 빠져나가려고 후진하던 차가 뒤에 주차되어 있던 차와 부딪혔지만 그냥 달아남) **목격자도 없던 이 사고, 피해자만 억울한 일이 될 뻔했지만** 차량용 블랙박스에 사고 장면이 찍혀 가해자를 잡아낼 수 있었습니다.

어두운 밤 트럭 앞에서 서성이던 남성이 블랙박스가 설치된 걸 알았는지, 카메라 선 한 개를 끊어버립니다. **그리곤 손전등으로 비춰 가며 앞뒤 타이어에 펑크를 내곤 유유히 빠져나갑니다.** 똑같은 짓만 벌써 여섯 번째. 누군가 트럭만 세워 놨다 하면 이렇게 바퀴에 구멍을 내는 통에 피해자는 이사까지 갔습니다. 피해액이 300만 원이 넘었지만 가해자를 잡아내지 못했습니다. **경찰은 결국 블랙박스를 달으라고 권했고**, 정 씨는 카메라 네 개를 차량에 설치했습니다. 범인은 카메라 선 하나를 끊었지만 나머지 카메라에 모습이 찍혔고 경찰은 이 자료를 증거로 범인을 쫓고 있습니다.

→ _____

_____

_____

_____

_____

_____

뉴미디어 시대의 미디어 리터러시

(3) 보기만 해도 침이 고이는 매운 낙지를 통째로 밥에 넣고, 땀을 뻘뻘 흘려가며 금세 한 그릇을 뚝딱 비웁니다.

〈인터뷰〉 ○○○(회사원): "매우면 속이 시원하다고 할까. 맵지요. 그래도 그게 좋은 거니까…."

우리 국민들의 매운맛에 대한 사랑, 실제로 식품 판매 실적에서도 고스란히 나타납니다. 매운맛을 네 단계로 나눠 판매중인 한 고추장의 경우, 지난 1년 동안 판매된 7만 6천여 개 가운데 가장 매운맛이 절반 이상으로 제일 많이 팔린 것으로 나타났습니다. 정부도 매운맛에 대해 표준규격 마련에 나섰습니다. 단위는 '고추장 핫 테이스트 유닛'의 줄임말인 GHU. 시중에 판매되는 고추장의 매운맛 정도를 0에서 100으로 표시해, 모두 5단계로 나눕니다. 가장 순한 맛은 '30GHU 미만'으로, 가장 매운맛은 '100GHU 이상'으로 나타내는 방법입니다.

〈인터뷰〉 ○○○(한국식품연구원 박사): "매운맛인 캡사이신 함량하고 사람들이 먹었을 때 매운맛 정도를 실험해서 상관관계를 봐서 고추장 매운맛을 등급화시켰습니다."

정부는 관련 업체들과 최종 의견을 조율한 뒤 이르면 다음 달부터 이 표기법을 제품에 적용할 계획입니다.

그렇게 되면 소비자들의 선택의 폭이 넓어지는 것은 물론, 이런 고추장 등 한식의 세계화에도 도움이 될 것으로 기대됩니다.

→ _____

_____

_____

_____

_____

(4) 예년 같으면 고기압이 한반도는 물론 중국 북부와 만주 전역까지 뒤덮을 정도로 크게 발달하지만, 올여름은 한반도를 완전히 덮기에도 벅차, 우리나라가 고기압 가장자리에 딱 걸릴 **가능성이 높습니다**. 이렇게 되면 태평양상에서 증발한 막대한 물이 산으로 치자면 골짜기에 해당하는 고기압의 가장자리로만 밀려들어, 한반도에 강력한 비구름이 유입될 **가능성이 높습니다**.

〈인터뷰〉 ○○○/기상청 기후예측과장

"저기압이나 태풍도 이 고기압의 가장자리를 따라 우리나라로 내습할 수 있기 때문에 집중 호우의 가능성이 상당히 높아진다고 볼 수 있습니다."

비는 7월과 8월에 집중될 **가능성이 높고**, 예상 강우량은 예년 수준인 450~890mm를 크게 웃돌 전망입니다. 태풍도 6월까지는 잠잠하다 7~8월 들어 10여 개의 태풍이 집중적으로 발생할 **가능성이 높으며**, 그 중 2~3개가 한반도 부근으로 북상할 것으로 예상됐습니다.

→
_____

_____

_____

_____

_____

_____

참고문헌

1. 논저 및 논문

공천룡·문성제(2002), 방송시장 개방에 따른 제 외국의 방송법제와 우리의 방송법제 비교,『경남법학』16, 경남대학교 법학연구소, 9~54.

구본권(2005),『인터넷에서는 무엇이 뉴스가 되나: 인터넷 언론의 게이트키핑 구조』, 커뮤니케이션북스.

구현정(2016), 대중 매체 언어와 국어 연구,『어문논총』70권, 한국문학언어학회, 9~31.

구현정·정수희·김해수(2006), 텔레비전 어린이 만화에 나타난 국어사용의 문제점: 지상파 방송 3사 프로그램을 중심으로,『사회언어학』14권 2호, 한국사회언어학회, 49~73.

국립국어원·MBC(2006),『보도 가치를 높이는 TV 뉴스 문장 쓰기』, 시대의창.

김구철(2002),『방송뉴스리포팅 첨삭지도』, 커뮤니케이션북스.

김기태(2005), 방송언어의 공식성 사례 분석 연구: 연예·오락 프로그램 출연자 분석을 중심으로,『한국스피치커뮤니케이션학회 학술대회 자료집』, 한국스피치커뮤니케이션학회, 61~84.

김병홍(2012), 대중매체 언어와 자본주의: 텔레비전 뉴스를 중심으로,『어문연구』71권, 어문연구학회, 27~55.

김상우·이정헌·김민(2012),『방송기자의 모든 것: 현장에서 배우는 취재·촬영·편집·보도 A to Z』, 페이퍼로드.

김상준(2003),『방송 언어 연구: 아나운서·캐스터·리포터를 위한 이론과 실제』, 커뮤니케이션북스.

김상준(2005), 한국 방송언어의 특징,『국제한국언어문화학회 학술대회 자료집』, 국제한국언어문화학회, 41~55.

김성규·최혜원·한성우(2008),『방송 발음』, 커뮤니케이션북스.

김세중(2003),『신문문장분석』, 국립국어연구원.

김수현(2005), 방송 언어의 외래어 사용 실태,『이화어문논집』23권, 이화어문학회, 157~170.

김숙현(2004),『(디지털 시대의) 기사 취재에서 작성까지』, 범우사.

김영용(1999), 방송과 언어: 오락 프로그램의 언어문제와 개선방안,『한국방송학회 세미나 및 보고서』, 한국방송학회, 41~62.

김영주(2004),『방송통신 융합시대의 미디어 규제』, 한국언론재단.

김영주·정재민(2014),『소셜 뉴스 유통 플랫폼: SNS와 뉴스 소비』, 한국언론진흥재단.

김우룡(2002),『텔레비전 뉴스의 이해』, 커뮤니케이션북스.

김우룡·장소원(2004),『비언어적 커뮤니케이션』, 나남출판.

김위근·이동훈·조영신·김동윤(2013),『한국의 인터넷 뉴스: 언론사닷컴, 인터넷신문 그리고 포털 뉴스서비스』, 한국언론진흥재단.

김유경(1987), 방송언어에 관하여,『방송문화』, 충남대학교 방송국, 25~31.

김진수(2000), 프랑스어 사용 관련법 제정을 둘러싼 논란,『한국 프랑스학 논집』31권, 한국프랑스학회, 63~84.

김진수(2000), 프랑스의 언어 정책에 대하여,『프랑스 어문교육』9권, 프랑스어문교육학회, 1~17.

김학희·이재경(1998),『방송뉴스 취재와 보도』, 나무와 숲.

김한샘(2011), 방송언어의 공공성 진단 기준,『비교어문연구』30권, 비교어문학회, 37~59.

김형배(2007), 한국어의 불평등한 언어문화에 관한 연구: 방송 언어를 대상으로,『한민족문화연구』20권, 한민족문화학회, 157~186.

김희재(1996), 방송광고어 분석,『강남어문』9권, 강남대학교 국어국문학과, 115~145.

노은정·전민경(2016),『중국 해외 방송콘텐츠 규제 동향』, KISDI보고서.

류희림(2018),『현장에서 바로 적용하는 방송보도 기사쓰기』(개정판), 글로세움.

민현식(1999), 방송언어론,『화법연구』1권, 한국화법학회, 47~143.

바렌트, 에릭(1998), 김대호 역,『세계의 방송법』, 한울아카데미.

박갑수(1985),『방송언어와 어휘, KBS 한국 표준방송언어』, 한국방송공사.

박갑수(1996),『한국방송언어론』, 집문당.

박건식(2012),『방송 언어의 심의 양상과 인식에 대한 연구』, 고려대학교 박사학위논문.

박광숙(2006),『텔레비전 뉴스 텍스트의 국어 교육적 접근』, 전주교육대학교 석사학위논문.

박금자(2001),『인터넷미디어 읽기』, 커뮤니케이션북스.

박덕유·강미영·김수진·이혜경·이옥화·김철희(2014), 저품격 언어의 분석적 고찰,『언어학연구』30권, 한국중원언어학회, 45~73.

박덕유·김정자·김태언·이혜경·김원영(2015), 연예, 오락 방송언어의 청정 지수 개발 연구,『새국어교육』105권, 한국국어교육학회, 373~407.

박명진(2017),『TV드라마의 속성에 따른 TV화제성지수와 시청률의 상관관계 연구』, 숙명여자대학교 석사학위논문.

박선영(2001), 방송정책기구의 위상 및 역할, 『방송통신연구』 52권, 161~190.

박은희·심미선·김경희(2014), 연예오락프로그램에서의 방송언어심의, 『한국방송학보』 28권 5호, 한국방송학회, 74~110.

박재현·김한샘(2015), 분석적 계층화 과정을 활용한 방송언어 평가 척도 연구, 『사회언어학』 23권 3호, 한국사회언어학회, 87~108.

박정연·황성욱(2016), 인터넷 게임 방송 진행자의 언어 건전성 연구, 『한국소통학보』 15권 3호, 한국소통학회, 41~81.

박종민·이창환(2011), 한국어 분석 프로그램(KLIWC)을 이용한 남북한 방송극의 언어문화 구조 차이 분석, 『방송과 커뮤니케이션』 12권 3호, 문화방송, 5~30.

박종화(2003), 『미디어 문장과 취재 방법론』, 한울아카데미.

박태순(2000), 자유경쟁시대의 프랑스 방송법제, 『세계언론법제동향 7』, 한국언론재단.

방송위원회 편(2001), 『방송 프로그램 언어 분석』, 방송위원회.

배정근(2018), 디지털 모바일 뉴스환경과 카드뉴스에 대한 연구: 카드 뉴스의 개념과 특성, 『영상문화콘텐츠연구』 14, 동국대학교 영상문화콘텐츠연구원, 125~152.

사이버외국어대학교 교재편찬위원회(2004), 『미디어 글읽기와 글쓰기』, 한국외국어대학교출판부.

서은아(2011), 방송 언어의 공공성 기준에 관한 연구, 『겨레어문학』 47권, 겨레어문학회, 91~116.

서정섭(1999), 『알면 더 잘 보이는 언론과 언어』, 북스힐.

성욱제 역(2009), 『2009년 프랑스 공영방송법: 1986년 방송법 개정』(정책자료), KISDI.

성욱제(2009), 프랑스 공영방송법 제정: 배경, 과정, 의미, 『방송통신연구』 69호, 163~192.

성욱제(2010), 프랑스 공영 텔레비전의 책임과 의무: 2009년 6월 제11차 의무규정집 개정을 중심으로, 『방송문화연구』 22, 95~120.

성욱제·이재영(2013), 『국내 방송규제 합리화를 위한 국가 간 규제체계 비교 연구』, 정보통신정책연구.

손범규(2006), 남북한 월드컵 중계방송 언어 비교 연구: 2002년과 2006년 월드컵 중계방송을 중심으로, 『화법연구』 9권, 한국화법학회, 321~350.

손병우(2009), 방송의 사담(私談)화, 혹은 비어(卑語) 방송의 배경과 그 판단에 관하여, 『방송언어 관련 가이드라인 마련을 위한 토론회 자료집』, 방송위원회.

송기형(1999), 불어 사용법 연구: 시행 지침을 중심으로, 『교육한글』 11·12권, 한글학회, 163~194.

송기형(2004), 『프랑스어 사용법 연구』, 솔.

송기형(2005), 프랑스의 자국어 순화, 『새국어 생활』 15권, 국립국어원, 75~88.

송기형(2005), 국어 기본법과 프랑스어 사용법의 비교 연구, 『한글』 269권, 189~218.

시청각최고위원회(프랑스)(1996), 『유럽 6개국의 방송 규제 현황』, 방송위원회.

신귀범(2008), 『중국 TV방송시장의 현황과 그 방송법규 고찰』, 중앙대학교 석사학위논문.

신호철(2014), 매체, 언어, 매체언어 개념의 국어교육학적 분석, 『어문논집』 60권, 중앙어문학회, 367~388.

심을식(2002), 프랑스의 언어 정책, 『한국 프랑스학 논집』 38권, 한국프랑스학회, 73~92.

안정민(2006), 『디지털 컨버전스와 방송규제』, 한국학술정보.

안정민(2008), 새로운 방송질서와 방송규제: 방송규제에 대한 한국과 미국 사례의 비교법적 고찰, 『사이버커뮤니케이션학보』 25권, 143~175.

양영희(2016), 문법교육에서 매체(언어)의 수용 방안, 『우리말글』 70권, 우리말글학회, 131~154.

양철훈 외 10명(2008), 『사실만을 빠르고 알기 쉽게 전달하는 방송 뉴스 쓰기』, 랜덤하우스.

열린사회연구소(2007), 『유럽의 텔레비전 방송: 규제, 정책, 독립』, 커뮤니케이션북스.

오미영(2007), 방송 언어의 불손 전략: 공손 전략 논의를 바탕으로, 『한국소통학보』 7권, 한국스피치커뮤니케이션학회, 109~150.

오새내(2011), 사회언어학적 맥락으로 본 방송언어, 『한국어학』 51권, 한국어학회, 31~55.

오새내(2015), 방송 매체와 방언: 한국 방송 매체의 방언 사용에 대한 언어 태도를 중심으로, 『방언학』 22권, 한국방언학회, 61~82.

오준근(2004), 통합 방송법의 체계 및 내용상의 문제점과 그 개선방안, 『공법연구』 32권 2호, 405~430.

위안꿔웨이(2012), 『中國의 放送 政策과 法制에 關한 研究』, 호남대학교 석사학위논문.

유만근(1995), 우리 나라 방송 언어 발음 문제: 언어규범 몰각한 KBS 1TV 뉴스 사투리 범벅을 중심으로, 『새국어생활』 5권 4호, 국립국어연구원, 65~88.

유선영 외 20명(1996), 『신문 방송 기사문장』, 한국언론연구원.

윤재홍(2005), 한국지상파 방송3사의 방송뉴스언어 선택의 문제점과 개선방안 연구, 『한국소통학보』 4권, 한국스피치커뮤니케이션학회, 104~128.

윤재홍(2006), 『TV뉴스 취재에서 보도까지』(개정증보판), 커뮤니케이션북스.

이관규(2017), 매체 언어와 문법 교육, 『한글』 318권, 한글학회, 169~197.

이두원(1996), 선거보도의 방송언어, 그 문제점과 개선방안: TV뉴스의 정보가치와 이데올로기를 중심으로,『한국방송학회 세미나 및 보고서』, 한국방송학회, 33~46.

이봉원·홍종선(1998), 북한 언어의 운율 특성 연구: 방송 언어의 억양을 중심으로,『인문과학논집』6권, 강남대학교 인문과학연구소, 337~363.

이상우·고보현(2013), 매체언어 교육을 위한 제언,『교육연구』21권, 한남대학교 교육연구소, 3~44.

이상훈(2003),『디지털 방송정책의 이해: 프랑스 방송법을 中心으로』, 진한도서.

이석주·이주행·박경현·민현식·이은희·고창수(2002),『대중 매체와 언어』, 역락.

이선웅(2011), 국어과 교육과정에서의 방송언어 활용사: 거시적 관점의 서술을 중심으로,『한국언어문화학』8권 1호, 국제한국언어문화학회, 100~129.

이성범(2011), 의사소통 행위로서 TV 방송 자막의 언어학적 고찰,『언어와 정보 사회』15권, 서강대학교 언어정보연구소, 53~86.

이 염(2008),『중국 방송관계법과 방송정책의 변천』, 경북대학교 석사학위논문.

이완수·박재영(2013), 방송뉴스의 언어와 표현: 뉴스언어의 객관성과 공정성을 중심으로,『방송과 커뮤니케이션』14권 1호, 문화방송, 5~46.

이응백(1979), 방송말과 국민의 언어생활,『신문과방송』109호.

이응백(1988/1997),『방송과 언어』, 일조각.

이정복(1997), 방송언어의 가리킴말에 나타난 힘과 거리,『사회언어학』5권 2호, 한국사회언어학회, 87~124.

이정복·양명희·박호관(2006),『인터넷 통신 언어와 청소년 언어문화』, 한국문화사.

이주행(2004), 방송 언어 문화에 대한 고찰,『언어과학연구』31권, 언어과학연구회, 209~228.

이주행(2005), 화법 교육과정의 문제와 개선 방안: 방송 언어의 평가 지수와 평가 방법에 관한 연구,『화법연구』8권, 한국화법학회, 205~280.

이주행·류춘렬(2004), 방송언어의 평가지수에 관한 연구,『한국소통학회 세미나 자료』, 한국소통학회, 1~89.

이준환(2011), 방송 자막 언어의 특징과 관련 요인: 프로그램 종류에 따른 특징을 중심으로,『어문연구』39권 1호, 한국어문교육연구회, 33~61.

이창덕(2003), 라디오 방송과 국어교육,『국어교육학연구』17권, 국어교육학회, 43~77.

이창재(2010),『힘 있는 뉴스 리포트』, 커뮤니케이션북스.

이창환·김경일·박종민(2010), 남북한 방송언어의 차이에 대한 기초 분석,『한국산학기술학회 학술대회 자료집』, 한국산학기술학회, 622~625.

이홍식(2005), 텔레비전 방송 보도문의 언어 표현: 기자 리포트를 중심으로,『텍스트언어학』19권,

　　텍스트언어학회, 161~184.

임태섭(1999), 보도·교양 언어의 문제와 개선방안,『한국방송학회 세미나 및 보고서』, 한국방송학회,
　　1~40.

임흥식(2014),『방송 뉴스 기사 쓰기』, 나남.

자오리리(2009),『중국의 미디어 법제와 정책 분석: 신문출판, 방송, 영화, 인터넷, 뉴미디어를 중심으
　　로』, 강원대학교 석사학위논문.

장소원(2000), 방송인의 언어사용 실태와 문제점: 보도 프로그램의 경우를 중심으로,『방송통신연
　　구』51권, 한국방송학회, 255~283.

장소원(2001), 방송언어 표현의 문제점과 과제,『방송문화』235권, 한국방송협회, 36~39.

장소원(2003), TV뉴스 보도문의 텍스트 언어학적 분석,『텍스트언어학』15권, 텍스트언어학회,
　　341~362.

장소원(2004), The Interrelation between News Stories and Anchor Comments as
　　Macrostructures,『어학연구』40권 2호, 서울대학교 언어교육원, 489~506.

장소원(2004), 텔레비전 저녁 종합뉴스의 제목과 앵커멘트의 유형론,『방송과 우리말』1권, 1~33.

장소원(2005), 방송언어의 공공성 향상,『국어발전을 위한 전문가 토론회 자료집』, 2005년 국회 문화
　　관광위원회 토론회.

장소원(2005), 방송언어의 실태와 개선방안,『제32회 방송의날 기념 방송언어세미나 발표자료집』, 한
　　국아나운서연합회·한국방송협회.

장소원(2005), 방송언어의 공공성 향상을 위한 제언,『국어발전대토론회 자료집』, 국립국어원.

장소원(2009), 방송언어의 공공성 향상을 위한 제언,『2009년 7월 방송위원회 개최 방송언어 관련
　　대토론회 자료집』, 국립국어원.

장소원(2009), 방송언어 사용실태의 문제점과 대안: 드라마를 중심으로,『방송언어 가이드라인 마련
　　을 위한 토론회 자료집』, 방송통신심의위원회.

장소원(2010), 바람직한 청소년 언어문화 및 방송통신언어 질 제고 방안,『청소년 언어순화와 방송통
　　신 언어 개선을 위한 토론회 자료집』, 방송통신심의위원회.

장소원(2010), 보도문 작성의 기본 방안,『올바른 방송화법과 보도문 작성의 기본 방안』, MBC·국립
　　국어원.

장소원(2011), 뉴스 진행자의 바른 언어 사용을 위한 제언,『KBS 한국어연구회 자문위원회 자료집』.

장소원(2011), 다매체시대의 방송언어정책,『KBS 한국어연구회 자문위원회 자료집』.

장소원(2011), 국립국어원의 성과와 전망: 공공언어 개선 및 국민의 국어 능력 향상 분야,『새국어생
　　활』21권 1호, 국립국어원, 53~68.

장소원(2013), 방송보도의 말과 톤 문제, 『관훈저널』 129권, 관훈클럽, 66~72.

장소원(2013), KBS 한국어연구회 30년의 성과와 향후 과제, 『KBS 한국어연구회 창립 30주년 자료집』, 182~195.

장소원·강재형·정희원·정재은(2007), 『방송 화법』, 커뮤니케이션북스.

장소원·강재형·정희원·정재은(2007), 『방송 글쓰기』, 국립국어원과 MBC가 함께 하는 방송언어 총서 시리즈, 박영률출판사.

장소원·김성규·정승철(1998), 『이런 말 실수 저런 글 실수·광고언어』, 문화관광부.

장소원·신선경·이홍식·박재연(2007), 『방송 글쓰기』, 커뮤니케이션북스.

장향실 외(2003), 『방송언어와 국어연구』, 월인.

전혜영·박창원(1998), 『현대 국어의 사용 실태 연구: 방송과 신문에 사용된 언어를 중심으로』, 태학사.

정소영(2015), 빅데이터 시대에 카드뉴스의 유형과 활용 현황 분석, 『한국디자인문화학회지』 21-4, 한국디자인문화학회, 609~620.

정수희(2007), 방송언어의 규범과 언어 변화: 발음과 어휘(외래어)를 중심으로, 『이화어문논집』 24권, 이화여자대학교 한국어문학연구소, 41~61.

정재황(2007), 방송의 내용상 의무에 관한 연구: 프랑스 법을 대상으로, 『성균관법학』 19권 3호, 29~57.

정희창(2005), 방송언어의 표현과 공공성, 『제32회 방송의날 기념 방송언어세미나 발표자료집』.

조민하(2013), 방송 언어의 비표준어 사용 실태 조사를 통한 정책적 제안: 주말 드라마 분석을 중심으로, 『사회언어학』 21권 1호, 한국사회언어학회, 271~299.

조민하·홍종선(2015), 방송 언어의 외래어·외국어 사용 실태와 개선 방안: 주말 드라마를 중심으로, 『한어문교육』 34권, 29~52.

조복수(2016), 『중국 텔레비전』, 커뮤니케이션북스.

조태린(2017), 방송언어 개선 연구의 현황과 발전 방향, 『한국어학』 74권, 한국어학회, 169~197.

주창윤(2017), 방송의 품위와 방송언어, 『한글』 317권, 한글학회, 121~145.

차인태(2002), 방송 언어 관계자(제작자, 출연자, 작가 등)의 언어 자질 향상 방안 연구, 『방송 언어 사용 실태 및 개선 방안 연구』, 방송위원회.

차재은(2003), 『방송 언어와 국어 연구』, 월인.

최민재·양승찬·이강형(2013), 『디지털 미디어 시대의 저널리즘: 쟁점과 전망』, 한국언론진흥재단.

최민재·조영신(2011), 『스마트 미디어 환경과 뉴스 콘텐츠』, 한국언론진흥재단.

최재완(2006),『신문, 좋은 문장 나쁜 문장』(개정증보판), 커뮤니케이션북스.

최진근(1992), 방송언어에 나타난 음운현상 실태 연구,『우리말 글』10권, 대구어문학회, 155~206.

최진근(1993), 방송언어의 어휘 연구,『우리말 글』11권, 대구어문학회, 49~84.

최진근(1994), 방송언어의 문장 연구,『우리말 글』12권, 대구어문학회, 129~156.

최진근(1996), 한국과 중국 흑룡강성 조선족 방송언어의 비교 연구,『우리말 글』14권, 대구어문학회, 157~191.

최진근(1997), 한국과 조선 연변 조선족 방송언어의 비교 연구,『우리말 글』15권, 대구어문학회, 185~207.

편석환(2005), 영상광고 언어 연구: 방송광고 언어의 문제점과 개선방안을 중심으로,『한국디자인포럼』11권, 한국디자인트렌드학회, 483~495.

하성봉(2008),『中國 言論出版法에 관한 考察: WTO가입 이후를 중심으로』, 경희대학교 석사학위논문.

한국방송개발원(1994),『각국의 방송법제 비교연구』, 한국방송개발원.

한국방송진흥원 편(2000),『텔레비전 보도 프로그램의 언어 연구: 방송 3사 저녁 종합 뉴스 언어 분석』, 한국방송진흥원.

한국방송학회(1999),『방송 언어의 문제점과 개선 방안』, 한국방송학회.

한국방송학회 편(2005),『디지털 방송 미디어론』, 커뮤니케이션북스.

한국어문학교육학회(2015), 방송 언어의 외래어·외국어 사용 실태와 개선 방안: 주말 드라마를 중심으로,『한국어문교육』34권, 한국어문학교육학회, 29~52.

한영학(2012),『일본 언론법 연구』, 한울아카데미.

홍연숙(1994), 방송언어에 나타나는 단모음화 현상,『사회언어학』2권 1호, 한국사회언어학회, 1~19.

황유선·이재현(2011),『트위터에서의 뉴스 생산과 재생산: 8개 언론사와 일반인의 트윗 및 전파 행태에 관한 연구』, 한국언론진흥재단.

황하성·정영희·김설아(2012), 방송프로그램의 언어 건전성 평가를 위한 측정도구 개발에 관한 연구: 연예·오락 및 드라마를 중심으로,『커뮤니케이션 이론』8권 2호, 한국언론학회, 197~241.

ACT, AER & EPC(2004), *Safeguarding the future of the European audiovisual market: A white paper on the financing and regulation of publicly funded broadcasting*, 김형일 역(2007),『디지털 시대의 공영방송: 유럽 공영방송제도에 대한 상이한 입장과 전망』, 커뮤니케이션북스.

Bell, A.(1992), *The language of News Media*, Blackwell.

British Standard Committee(2000), *Delete Expletives?*, The Independent Television Commission.

Fairclough, N.(1995), *Media Discourse*, Edward Arnold.

Fowler, R.(1991), *Language in the News, Discourse and Ideology in the Press*, New York: Routledge.

Mott, G. F.(1962), *News Survey of Journalism*, Barnes & Noble Inc.

Newsome, D. N. & J. A. Wollert(1985), *Media Writing*, Wadsworth Publishing.

SBS·국립국어원(2007), 『멀티미디어시대 TV뉴스 이렇게 쓰자』, SBS·국립국어원.

Yorke, I.(1995), *Television News*(3rd. ed.), 백선기 역(2002), 『텔레비전 뉴스 제작론』, 커뮤니케이션북스.

2. 연구 보고서

과학기술정보통신부·방송통신위원회(2019), 『2019 방송산업 실태조사 보고서』.

국립국어연구원(2000), 『방송언어 오용 실태 조사』, 국립국어연구원.

국립국어연구원(2001), 『방송 언어 오용 사례』, 국립국어연구원.

국립국어원(2007), 제2회 국립국어원·SBS 방송언어 공동 연구, 『시청자와 함께하는 방송언어』, 국립국어원·SBS.

국립국어원(2011), 『보도 자료 쓰기 길잡이』, 국립국어원.

국립국어원(2014), 『2014년 한눈에 알아보는 공공언어 바로 쓰기』, 국립국어원.

국립국어원(2014), 『방송언어 오용사례』, 생각쉼표.

국립국어원(2015), 『재난 보도 언어 사용 지침』, 국립국어원.

국립국어원(2016), 『2016년 한눈에 알아보는 공공언어 바로 쓰기』, 국립국어원.

국립국어원·방송통신심의위원회(2009), 『방송에서의 외래어·외국어 오·남용 실태에 대한 개선방안(시안)』, 국립국어원·방송통신심의위원회.

국립국어원·KBS한국어진흥원(2011), 『한눈에 알아보는 오락 프로그램 언어 바로 쓰기』, 국립국어원·KBS한국어진흥원.

국립국어원·MBC(2006), 『보도 가치를 높이는 TV 뉴스 문장 쓰기』, 시대의 창.

국립국어원·MBC문화방송(2005), 제1회 국립국어원·MBC문화방송 공동 연구, 『방송 보도문 개선을 위한 연구』, 국립국어원·MBC문화방송.

국립국어원·SBS(2006), 제1회 국립국어원·SBS 방송언어 공동 연구, 『방송언어의 경어법 개선을 위한 연구』, 국립국어원·SBS.

국립국어원·SBS(2010), 제5회 국립국어원·SBS 방송언어 공동 연구, 『방송 언어와 국어 교육』, 국립
국어원·SBS.

국립국어원 외(2007), 『방송 프로그램 제목 언어사용 실태조사』, 국립국어원.

국립국어원 외(2007), 제3회 국립국어원·MBC문화방송 공동 연구, 『구어적 의사소통 능력 향상을
위한 교육 프로그램 연구』, 국립국어원·MBC문화방송.

국립국어원 외(2008), 제3회 국립국어원·SBS 방송언어 공동 연구, 『방송언어의 품격 향상을 위한
아나운서 국어 사용 연구』, 국립국어원·SBS.

국립국어원 외(2011), 『신문과 방송의 언어 사용 실태 조사』, 국립국어원.

국립국어원 외(2013), 『방송의 저품격 언어 사용 실태 조사』, 국립국어원.

김대행·신상일·차인태(2002), 『방송 언어 사용 실태 및 개선 방안 연구』, 방송위원회.

김미형 외(2014), 『2014년 방송언어 개선 사업·재난방송언어 사용 실태 분석 및 개선 방안 연구』, 국
립국어원.

김수정 외(2008), 제4회 국립국어원·MBC문화방송 공동 연구, 『사회인을 위한 효과적인 의사소통 교
육 연구』, 국립국어원·MBC문화방송.

나미수(2011), 『방송프로그램 언어 건전성 평가지수 개발 연구』, 방송통신심의위원회.

문화체육관광부 국어정책과(2012), 『한눈에 알아보는 보도 자료 바로 쓰기』, 문화체육관광부 국어정
책과.

방송위원회(2000), 『프랑스방송법』, 방송조사자료 2000-3, 방송위원회.

방송위원회(2002), 『중국방송법』, 방송조사자료 2000-1, 방송위원회.

방송통신심의위원회(2008), 『지상파 3사 일일드라마에 나타난 호칭어·지칭어 관련 언어사용 사례
분석』, 방송통신심의위원회.

방송통신심의위원회(2009), 『방송에서의 외래어 외국어 오남용 개선방안』, 방송통신심의위원회.

방송통신심의위원회(2009), 『올바른 방송언어 사용을 위한 길잡이』, 방송통신심의위원회.

방송통신심의위원회(2009), 『올바른 방송언어의 확립을 위한 방송언어 개선방안』, 방송통신심의위
원회.

방송통신심의위원회(2009), 『방송언어 관련 가이드라인 마련을 위한 토론회 자료집』, 방송통신심의
위원회.

방송통신심의위원회(2011), 『방송언어 이용환경 개선방안』, 방송통신심의위원회.

방송통신심의위원회(2011), 『프랑스 방송심의 규정 및 사례』, 해외방송통신조사자료 2011-1호.

방송통신심의위원회(2012), 『방송언어 개선을 위한 방송 글쓰기 교육프로그램 개발 연구』, 방송통신

심의위원회.

방송통신심의위원회(2012), 『방송프로그램 언어 건전성 평가지수 개발 연구』, 방송통신심의위원회.

방송통신심의위원회(2014), 『방송통신융합에 따른 콘텐츠 규제체계 정비 방안』, 방송통신심의위원회.

방송통신심의위원회(2014), 『연예오락프로그램의 방송언어 건전성 실태 및 심의 개선 방안 연구』, 방송통신심의위원회.

방송통신심의위원회(2015), 『미디어콘텐츠 수평적 규제체계 정립 방안 연구』, 방송통신심의위원회.

방송통신심의위원회(2015), 『방송언어에 대한 시청자 및 제작자 인식조사 연구』, 방송통신심의위원회.

방송통신심의위원회(2015), 『방송통신심의위원회 심의 제재에 나타난 종편 시사·보도 방송언어 문제점 분석』, 방송통신심의위원회.

방송통신심의위원회(2015), 『방송품위와 방송언어 관계에 대한 문헌 조사』, 방송통신심의위원회.

방송통신심의위원회(2015), 『융합형 콘텐츠 서비스 실태 조사 연구』, 방송통신심의위원회.

방송통신심의위원회(2015), 『인터넷 공동규제 시스템 정립 방안 연구』, 방송통신심의위원회.

방송통신심의위원회(2016), 『2015년 인터넷 불법·유해정보 실태 조사 보고서』, 방송통신심의위원회.

방송통신심의위원회(2016), 『예능 프로그램의 자막 사용 점검 및 분석』, 방송통신심의위원회.

방송통신심의위원회(2017), 『방송통신심의위원회 방송언어 제재 실태 분석』, 방송통신심의위원회.

방송통신심의위원회(2017), 『어린이·청소년 보호를 위한 융합미디어 콘텐츠 이용 실태조사』, 방송통신심의위원회.

방송통신심의위원회(2017), 『연예오락프로그램의 방송언어 건전성 실태 및 심의 개선 방안 연구』, 방송통신심의위원회.

방송통신심의위원회(2017), 『외국(독일·프랑스)의 유사방송 콘텐츠 규제 실태 조사』, 방송통신심의위원회.

방송통신심의위원회(2017), 『유사방송 콘텐츠 규제 개선 방안 연구』, 방송통신심의위원회.

방송통신심의위원회(2017), 『인터넷에서의 혐오표현(hate speech) 규제개선방안 연구』, 방송통신심의위원회.

방송통신심의위원회(2017), 『청소년 유해정보 필터링 S/W 이용 실태 조사』, 방송통신심의위원회.

방송통신심의위원회(2018), 『뉴미디어 환경에서의 인터넷 내용규제 실효성 제고 방안 연구』, 방송통신심의위원회.

방송통신심의위원회(2018), 『스마트 미디어 시대의 방송 내용 규제 방안 연구』, 방송통신심의위원회.

방송통신심의위원회(2018), 『스마트 미디어 시대의 방송통신 내용규제 체계 정립방안 연구』, 방송통신심의위원회.

방송통신심의위원회(2018), 『스마트 인터넷 및 융합미디어 내용규제 방안 연구』, 방송통신심의위원회.

방송통신심의위원회(2018), 『어린이·청소년 보호를 위한 융합미디어 콘텐츠 이용 실태조사』, 방송통신심의위원회.

방송통신심의위원회(2018), 『인터넷 개인방송 산업 현황 및 자율규제 조사』, 방송통신심의위원회.

방송통신심의위원회(2019), 『2019 방송매체 이용행태 조사』, 방송통신심의위원회.

방송통신심의위원회(2019), 『어린이·청소년 인터넷 개인방송 이용실태조사』, 방송통신심의위원회.

방송통신심의위원회(2020), 『인터넷에서의 성차별적 혐오표현에 대한 심의방안연구』, 방송통신심의위원회.

방송통신심의위원회 편(2011), 『BBC 제작 가이드라인 및 심의 사례』, 방송통신심의위원회.

방송통신위원회(2019), 『2019 방송산업 실태조사 보고서』, 방송통신위원회.

엄효섭·장소원(2009), 『뉴스 프로그램에 나타난 언어 사용 실태 조사: SBS '8 뉴스'를 중심으로』, 방송언어특별위원회.

외교부(2013), 영국 개황, 외교부.

이선웅 외(2010), 『국어 교육의 관점에서 본 방송언어 연구』, 국립국어원.

장소원(2009), 『방송언어 가이드라인(안)』, 방송통신심의위원회.

장소원(2018), 『미디어 언어의 이용 환경 분석 및 실태 조사』, KAIST-D'LIVE.

장소원(2019), 『미디어 언어의 규제 및 계도를 위한 정책 개발』, KAIST-D'LIVE.

장소원·김성규·김우룡(2000), 『방송인 대상 언어 표현 교정 프로그램의 개발에 관한 연구』, 한국방송협회.

장소원 외(2010), 『방송언어 이용환경 개선방안 연구 보고서』, 방송통신심의위원회.

전수태(2002), 『북한 방송 용어 조사 연구』, 국립국어원.

조태린 외(2009), 제4회 국립국어원·SBS 방송언어 공동 연구, 『방송에서의 외래어·외국어 사용 실태 연구』, 국립국어원·SBS.

차인태·장소원(2009), 『예능 프로그램에 나타난 호칭어·지칭어와 부적절한 언어표현 관련 사례 분석』, 방송언어특별위원회.

한국방송공사 편(2010), 『KBS 방송 제작 가이드라인』, 한국방송.

한국방송통신전파진흥원(2014), 『국내·외 방송통신 규제동향 및 사후규제 동향 분석보고서』, 한국방송통신전파진흥원.

뉴미디어 시대의 미디어 리터러시

한국콘텐츠진흥원(2019), 『2018 방송영상산업백서』, 한국콘텐츠진흥원.

KBS한국어연구회(1982), 『국민언어연구회 발족을 위한 학술강연회 논문집』, 한국방송공사.

KBS한국어연구회(1983), 『KBS 표준한국어 발음사전』, 한국방송공사.

한국방송공사·한국어연구회(1983~2009), 『방송언어순화 자료집』, 한국방송공사.

KBS한국어연구회(1987), 『방송과 표준 한국어 제1집』, 한국방송공사.

KBS한국어연구회(1987), 『방송언어 변천사』, 한국방송사업단.

KBS한국어연구회(1988), 『방송과 표준 한국어 제2집』, 한국방송공사.

KBS한국어연구회(1988), 『방송언어 연구 논총』, 한국방송공사.

KBS한국어연구회(1989), 『아나운서 방송교본 I』, KBS한국어연구회.

KBS한국어연구회(1990), 『아나운서 방송교본 II』, KBS한국어연구회.

KBS한국어연구회(1994), 『남북한 방송언어의 동질성 회복을 위한 연구』, KBS한국어 연구회.

KBS한국어연구회(1995), 『KBS 한국어연구회자료집』, 한국방송공사.

KBS한국어연구회(2006), 『세계 한국어 방송인을 위한 방송언어 과정』, KBS한국어 연구회.

KBS한국어연구회(2007), 『해외 한국어 방송인을 위한 우리말 방송 길라잡이』, KBS한국방송·방송위원회.

KBS한국어연구회(2010), 『해외 한국어 방송인을 위한 표준 한국어 방송』, KBS한국어진흥원.

KBS한국어연구회(2015), 『한국어 연구논문 제65집』, 한국방송공사.

KBS한국어연구회·방송연수원(1985), 『한국표준방송언어』, 한국방송공사.

MBC우리말위원회(2004), 『방송과 우리말』, 문화방송 우리말위원회.

MBC우리말위원회(2005), 2005년 1분기 보고서, 『고빈도 보도어휘의 활용 방안』, 문화방송 우리말위원회.

MBC우리말위원회(2005), 2005년 4분기 보고서, 『방송 언어 오류 유형 분석: 1기 우리말 위원회의 주간 방송 언어 보고서를 바탕으로』, 문화방송 우리말위원회.

MBC우리말위원회(2007), 2007년도 우리말위원회 연구 과제, 『대선방송 화법 실무지침 개발』, 문화방송 우리말위원회.

MBC우리말위원회(2008), 2008년도 1분기 우리말위원회 전문위원 연구 과제, 『스포츠 중계방송의 언어: 현실과 개선 방안』, 문화방송 우리말위원회.

MBC우리말위원회(2008), 『주간 방송 언어 보고서·우리말 도우미』, 아나운서국 우리말위원회.

3. 기사 및 뉴스

개그맨 장동민, 한부모 가정 아동 조롱 개그로 또 논란, 『YTN 김선영의 뉴스 나이트』, 2016년 4월 6
　　일. http://www.ytn.co.kr/_ln/0106_201604062216535274.

경찰, '화성연쇄살인사건' 유력 용의자 확인, 『경향신문』, 2019년 9월 18일. http://news.khan.co.kr/
　　kh_news/khan_art_view.html?artid=201909181947001&code=940100.

'괜찮겠지' 하다 전파 … 발열땐 병원가야, 『문화일보』, 2020년 2월 19일, A2면.

'살인의 추억' 그놈 33년 만에 찾았다, 『중앙일보』, 2019년 9월 19일, A1~2면.

〔술 권하는 TV〕③ 방송 규제 '논란의 역사' 그럼에도…, 『헤럴드경제』, 2018년 3월 21일. http://biz.
　　heraldcorp.com/culture/view.php?ud=20180321140324825215 0_1.

술 취해 70대 할머니 쫓아다니며 폭행, 『SBS 8 뉴스』, 2020년 1월 2일. https://news.sbs.co.kr/
　　news/endPage.do?news_id=N1005588529&plink=THUMB&cooper=SBSNEWSPROGR
　　AM&plink=COPYPASTE&cooper=SBSNEWSEND.

아이 한 명 안 낳는 나라..'인구재앙 우려' 감소 폭, 『SBS 8 뉴스』, 2019년 8월 28일. https://news.
　　sbs.co.kr/news/endPage.do?news_id=N1005414431&plink=THUMB&cooper=SBSNEW
　　SPROGRAM.

작년 수출 −10.3%… 10년만에 두자릿수 감소, 『동아일보』, 2020년 1월 2일, A1면.

제주 쓰레기 대란 이틀만에 '찜찜한 일단락'…불씨 여전, 『News 1』, 2019년 8월 21일. http://news1.
　　kr/articles/?3700874.

제주 쓰레기매립장 논란 일단락…"문제해결 상호 협력", 『연합뉴스』, 2019년 8월 21일. https://www.
　　yna.co.kr/view/AKR20190821166300056?section=search.

출근길 혼잡 예상… "교통통제 확인후 출발하세요", 『동아일보』, 2020년 8월 10일, A12면.

70년간의 노력으로 되찾은 파란 하늘, 『KBS1 뉴스 9』, 2020년 1월 3일. http://news.kbs.co.kr/
　　news/view.do?ncd=4355686.

코로나 감염 방지에만 신경썼나… 정신질환 치료엔 손 놓았던 격리시설, 『한국일보』, 2020년 2월 20
　　일, A11면.

학자금 대출금리 연 2.0%로 인하…128만 명 혜택, 『KBS1 뉴스5』, 2020년 1월 6일. http://news.
　　kbs.co.kr/news/view.do?ncd=4356779.

합계출산율 0.98…사실상 세계 유일 '0명 대', 『JTBC 뉴스룸』, 2019년 8월 28일. http://news.jtbc.
　　joins.com/article/article.aspx?news_id=NB11872695&pDate=20190828.

'화성 연쇄살인마' 유력 용의자 특정…사상 최악의 미제 사건 해결되나?, 『비디오머그』, 2019년 9월

18일. https://youtu.be/0VxHay99RrQ.

'화성 연쇄살인' 용의자 확인…"강간·살인 무기수", 『MBC 뉴스데스크』, 2019년 9월 18일. http://
    imnews.imbc.com/replay/2019/nwdesk/article/5502185_24634.html?menuid=nwdesk.

『NEWSROOM』, 2020년 1월 31일. http://transcripts.cnn.com/TRANSCRIPTS.

习近平对四川西昌市经久乡森林火灾作出重要指示 要求坚决遏制事故灾难多发势头 全力
    保障人民群众生命和财产安全 李克强作出批示, 『新闻联播』, 2020년 3월 31일. http://
    tv.cctv.com/2020/03/31/VIDEUrFLj3Ne9EgiFvhQGjRA200331.shtml?spm=C31267.
    PFsKSaKh6QQC.S71105.21.

4. 웹사이트

국가법령정보센터. http://www.law.go.kr.

국립국어원. https://korean.go.kr.

국민대통합위원회. https://blog.naver.com.

굿데이터코퍼레이션. http://www.gooddata.co.kr.

네이버 뉴스 스탠드, 2020년 12월 8일. https://newsstand.naver.com.

네이버 정보통신용어사전. https://terms.naver.com/entry.nhn?docId=796466&cid=42347&
    ategoryId=42347.

네이버 지식백과, 한국정보통신기술협회(2008), 손에 잡히는 방송통신융합 시사용어, 2018년 3월 2
    일. http://terms.naver.com/entry.nhn?docId=3587019&cid=59277&categoryId=59279.

네이버 지식백과, NHK·일본 최대 공영방송사(세계 방송사, 2013년 2월 25일, 커뮤니케이션북스),
    2018년 3월 2일. http://terms.naver.com/entry.nhn?docId=1625334&cid=42192&categor
    yId=42205.

닐슨코리아. http://www.nielsenkorea.co.kr.

다음. www.daum.net.

다음 메인 화면, 2020년 12월 8일. https://www.daum.net.

문화체육관광부 정기간행물 현황 등록일람표. http://www.index.go.kr/potal/main/EachDtlPage
    Detail.do?idx_cd=1645.

미국 연방통신위원회. https://www.fcc.gov/about-fcc/organizational-charts-fcc.

미국 연방통신위원회 방송 가이드라인. https://www.fcc.gov/consumers/guides/obscene-indecent-and-profane-broadcasts.

미국 연방통신위원회 방송언어 규제 사례. http://www.justice.gov/osg/briefs/2011/3mer/2mer
/2010-1293.mer.rep.pdf.

방송통신심의위원회. http://www.kocsc.or.kr.

방송통신심의위원회 방송언어특별위원회. http://www.kocsc.or.kr/02_infoCenter/info_
BroadcastLang_List.php.

방송통신심의위원회 보도자료. http://www.kocsc.or.kr/cop/bbs/selectBoardArticle.
do?bbsId=Press_main&nttId=4947&menuNo=050000&subMenuNo=050100.

세계한국어대회 페이스북, 2019년 10월 22일. https://www.facebook.com/WCKL2020/
posts/145468443965069.

웹드라마 연애세포. https://tv.naver.com/lovecell.

일본 민간방송연맹. http://www.j-ba.or.jp.

일본 방송프로그램심의회 및 방송윤리프로그램향상기구. https://www.bpo.gr.jp.

프랑스 광고규제위원회. https://www.arpp.org.

프랑스 문화부/프랑스어총괄실. http://www.culturecommunication.gouv.fr.

프랑스 법령 검색 사이트. www.legifrance.gouv.fr.

프랑스 시청각최고위원회(CSA). www.csa.fr.

프랑스 시청각최고위원회의 시청각 매체에서의 프랑스어 사용에 관한 권고. http://en.www.csa.
fre05d.systranlinks.net/Television/Le-suivi-des-programmes/Le-respect-de-la-
langue-francaise/Recommandation-du-18-janvier-2005-du-CSA-relative-a-l-
emploi-de-la-langue-francaise-par-voie-audiovisuelle.

한국언론진흥재단(2008), 인터넷 포털의 언론 지위 인식 설문조사. https://www.kpf.or.kr/front/
mediaStats/mediaStatsDetail.do.

NHK방송심의회의 의사록. http://www.nhk.or.jp/pr/keiei/bansin/index.html.

뉴미디어 시대의 미디어 리터러시

분석 프로그램 목록

장르	채널	프로그램명(방송사)	분석 시간
뉴스	지상파	KBS 뉴스 9(KBS) MBC 뉴스데스크(MBC) SBS 8 뉴스(SBS)	200분
	종합편성	TV조선 뉴스 9(TV조선) JTBC 뉴스룸(JTBC) 뉴스A(채널A) MBN 뉴스 8(MBN)	275분
	케이블	YTN24(YTN) 뉴스투나잇(연합뉴스TV)	120분
예능	지상파	해피투게더3(KBS) 황금어장 라디오스타(MBC) 해피선데이(중 1박 2일)(KBS) 정글의 법칙(SBS) 나 혼자 산다(MBC) 미운 우리 새끼(SBS)	600분
	종합편성	인생감정쇼 얼마예요?(TV조선) 아는 형님(JTBC) 나만 믿고 따라와, 도시어부(채널A) 효리네 민박2(JTBC) 하트시그널2(채널A) 비행소녀(MBN)	500분
	케이블	인생술집(tvN) 주간 아이돌(MBC every1) 윤식당 시즌2(tvN) 맛있는 녀석들(comedy TV) 어서와 한국은 처음이지?(MBC every1) 선다방(tvN)	520분
	인터넷 (웹예능)	취중젠담(크리스피 스튜디오) 포토피플2(네이버 TV & V LIVE) 빅픽처2(네이버 TV & V LIVE) 판벌려(판을 벌이는 려자들)(VIVO TV)	120분

드라마	지상파	황금빛 내 인생(KBS) 라디오 로맨스(KBS) 돈꽃(MBC) 위대한 유혹자(MBC) 리턴(SBS) 키스 먼저 할까요?(SBS)	435분
	종합편성	회사를 관두는 최고의 순간(TV조선) 대군─사랑을 그리다(TV조선) 미스티(JTBC) 밥 잘 사주는 예쁜 누나(JTBC) 리치맨(MBN) 미스 함무라비(JTBC)	385분
	케이블	슬기로운 감빵생활(tvN) 김비서가 왜 그럴까(tvN) 작은 신의 아이들(OCN) 라이프 온 마스(OCN) 미스터 션샤인(tvN) 나쁜 녀석들: 악의 도시(OCN)	430분
	인터넷 (웹드라마)	퐁당퐁당 LOVE 아이엠 연애세포 세가지색 판타지(우주의 별이) 로맨스 특별법 하찮아도 괜찮아 퀸카메이커 고품격 짝사랑	245분
스포츠	지상파	KEB 하나은행 초청 축구 국가대표팀 친선경기 대한민국 대 이란(KBS)	90분
	케이블	2019 신한은행 마이카 KBO 리그(KBS N SPORTS) 2019 신한은행 마이카 KBO 리그(MBC SPORTS+) 2019 신한은행 마이카 KBO 리그(SBS Sports)	270분
어린이	지상파	또봇V(KBS2) 터닝메카드 시즌3(KBS2) 빠샤메카드(MBC) 보니하니(EBS) 헬로카봇 7 유니버스(SBS) 애니메이션 런닝맨(SBS)	180분
	케이블	메탈리온(투니버스) 신비아파트(투니버스) 도티와 잠뜰 TV(애니맥스) 안녕 자두야 시즌2(애니맥스)	120분